本书得到“王铁崖国际法基金”的经费资助，谨致谢意。

PKU International and Comparative Law Review

北大国际法与比较法评论

第14卷·总第17辑

北京大学法学院 编

法律出版社
LAW PRESS·CHINA

目　录

主题研讨

国际法与环境

论　文

译　文

学术活动

Contents

Symposium: International Law and Environment

Articles

Translations

Academic Activities

国际法与环境

污染者负担原则及其在国家管辖范围外海洋保护区的适用

◇ 何志鹏* 姜晨曦**

【内容摘要】作为国际环境法的核心原则之一，污染者负担原则从汉语的称呼上就存在需要研讨的细节，因为它包含了对该原则的不同理解。进而，通过国际文件和国内规则了解其产生和发展的历程、透过立法和规则认识其在适用过程中的策略，特别是关于适用领域和具体负担形式的做法，有助于明确认识其内涵。这一原则在理论上非常正当，然而在实践中存在主体难于确定、因果关系证成困难、负担范围不清晰、价值定位不妥善等一系列问题，有待于进一步完善。在国家管辖外海域这一原则如何妥善适用仍在讨论之中，为此，中国应当根据自身的目标定位和实践经验提出自己鲜明的立场。本文特别针对该原则的内涵、与其他原则的关系、适用方式、国内法与国际法之间的关系、负担的方式、国际合作、监督机制等方面，提供有益、有效的建议。

【关键词】污染者负担原则、海洋保护区、国家管辖范围外海域

污染者负担原则(Polluter Pays Principle,PPP)，是与环境保护有关的基本原则之一，在估值环境损害追责方面发挥着日益重要的作用。然而，其具体内涵和演进仍有待深化认识。当前，鉴于国家管辖范围外的区域(Areas Beyond National Jurisdiction,ABNJ)所蕴含的巨大资源潜力，为了在保护环境与资源合理开发和利用之间实现合理的平衡和人类的可持续发展，国际

* 法学博士，吉林大学法学院、公共外交学院教授。

** 吉林大学法学院博士研究生。

社会已经开始并正在继续在 ABNJ 内建立海洋保护区。为此,有必要对污染者负担原则进行规则层面与实践层面的分析,探讨在国家管辖范围外的海洋保护区内适用此规则的可行性以及确立相关制度的必要性。

本文首先对 PPP 的概念进行辨析,对污染者负担原则的适用进行了实证分析,以此总结出该原则在实践中的适用难题,最终用于辅助 ABNJ 内建立海洋保护区应当或可能采取、借鉴的措施。着重从中国的立场和角度,对于中国应当对在 ABNJ 内建立海洋保护区采取何种态度和措施提出相关建议,旨在推动污染者负担原则在这一领域得以适用并发挥其应有之义。

一、污染者负担原则的内涵

PPP 基本存在污染者付费原则、污染者支付原则、污染者自负原则、污染者负责原则和污染者负担原则五种译法。研究 PPP 这一制度首先需要明确其概念的内涵和外延,即需要逐一分析以上几种译法的准确性。

污染者付费原则体现的是将环境退化的代价课加于引起环境问题的一方,将其作为一种经济刺激,以起到治理环境损害的作用。而随着实践的发展,可以看出即使历史上存在将 PPP 与付费等同的观点,现今也绝不应将 PPP 局限于付费,因为 PPP 要求污染者承担的绝不仅仅是损害赔偿责任,而是一种包含了预防、控制、减少污染在内的综合责任。[1] 污染者需将被污染的环境恢复原状,有时甚至需要承担刑事和行政责任。

而污染者支付原则与付费原则是相关的,两者并无并实质性的区别。基于上述原因可知,将 PPP 局限于付费或是支付是不合理的。

污染者自负原则,则是侧重于污染者必须自行承担已经或者可能造成的环境污染或损害全部的治理和赔偿的责任。而在实践中这种观点在具体应用时,要求污染者自行承担全部责任,在很多情况下是不可行的。[2] 基于环境损害的特征,首先要提及的是,环境损害具有复杂性、多样性。也就是说,环境损害往往是由多种因素综合作用的结果,特别是在跨界环境损害

---

〔1〕 徐祥民、孟庆垒等:《国际环境法基本原则研究》,中国环境科学出版社 2008 年版,第 234~236 页。

〔2〕 同上注,第 234~236 页。

中这种特征更加明显，这就使得环境污染行为与损害结果之间的因果关系难以确定，进而导致污染者确定和损害程度量化的困难。具体界定和划分责任范围现今往往是难以实现的，而环境责任的承担应当是适当比例的责任。其次，环境损害具有时间长、范围广、影响大的特点。单一的环境事故所造成的损害可能在很大的范围内延续相当长的时间，甚至波及整个生态系统。在这种情况下，客观上单个污染者是无法承担这种责任的。因此，为了使受害者得到救济，在国内环境保护领域，存在环境税、环境保险等制度，在国际环境保护领域，也有专门用于特定领域的环境损害基金和发达国家提供给发展中国家用于环境治理的国际援助基金。由此可见，将 PPP 译为污染者自负原则也是不准确的。

而污染者负担原则涵盖了包括承担污染治理费用在内的诸多法定义务，更符合 PPP 这一原则的宗旨和本意。污染者不仅有治理污染的责任，而且还应承担防治区域环境污染的责任以及参与区域污染控制并承担相应费用的责任。污染者负担原则涵盖了包括承担费用在内的诸多法定义务，其具体责任内容包括了污染防治责任、损害赔偿责任、损害补偿责任，[3]更符合环境保护法的宗旨和本意，因而将 PPP 译为污染者负担或是污染者偿付原则似乎更为贴切。因此，尽管世界银行认为对 PPP 可以采取两种不同的方法来解释：一是“标准的污染者付费的原则”，即要求排污者只负担控制污染和消除污染的费用；二是“扩展的污染者负担原则”，要求除前述费用以外，应给予遭受环境污染的居民一定的补偿，[4]而本文仍然选择“负担”这种解释。这种狭义和广义的解释似乎更能对 PPP 的不同理解之间的冲突起到缓和作用。可以明确的是，污染者并不应仅仅负担治理费用这一项法律义务而忽略其他应尽之责。

综上所述，本文支持将 PPP 译为污染者负担原则。虽然有观点认为对于此原则含义的解释以及在实践中的具体适用情形有待进一步明确，[5]但

---

〔3〕 李挚萍、叶媛博：《我国环境基本法中基本原则的立法探析》，载《政法论丛》2013 年第 5 期，第 57～63 页。

〔4〕 世界银行编著：《1992 年世界发展报告——发展与环境》，中南财政经济出版社 1992 年版，第 77 页。

〔5〕 Philippe Sands, Jacqueline Peel, Adriana Fabra, Ruth MacKenzie, *Principles of International Environmental Law* (Third Edition), London: Cambridge University Press, 2012, p. 228.

综合上述观点,可以概括确定的是 PPP 主要是指污染者对于造成的环境污染或公害,无论其有无过错,都应承担责任和相应的费用,治理污染、恢复生态。PPP 使造成环境损害的污染者有责任支付赔偿并承担弥补损害的费用。

PPP 这一原则的核心是造成污染的主体应对污染的移除负责。这一原则能够与其他环境法基本原则:预防措施的原则(Principle of Preventive Action)、合作原则(Cooperation)、可持续发展(Sustainable Development)、预防原则(Precautionary Principle)等起到互补的作用。简而言之,该原则包含了污染者预防、治理、补偿、赔偿几个方面的要求。

二、污染者负担原则的具体适用

(一)污染者负担原则的具体适用领域和制度安排

OECD 于 1972 年提出的 PPP 是适用于欧洲经济环境发展方面的政策,起初 PPP 是作为经济政策方面的一项原则,是为了要求污染者对其经济行为所造成的污染进行防治或采取控制措施而产生的。根据 1975 年 OECD 理事会颁布的《关于环境事项成本分摊和公共机构的建议》,落实污染者负担原则的最适当手段就是建立环境税(费)制度,使污染者为环境预防、控制和治理等方面公共政策的实施提供资金保障。[6] 1997 年 OECD 颁布的《关于单一市场税收、费用和环境收费方面的通信》提出,有关课税应当通过在货物和服务的价格中包括环境成本的方法,确保污染者负担原则充分实施。[7] 欧盟在 2002 年发布的《环境责任白皮书》中指出,建立环境成本的市场机制,既能够鼓励企业采取更多、更有效的环境预防措施,促进环保技术的发展,又能通过市场鼓励消费者减少对环境污染较大的产品的消费,从

---

〔6〕 OECD, Recommendation Regarding Cost Allocation and Action by Public Authorities on Environmental Matters, C(97)9(final), 1997.

〔7〕 柯坚:《污染者负担原则的嬗变》,载《法学评论》2010 年第 6 期,第 86 页。

而减少污染,[8]采取 PPP 的目标即是将环境成本内部化。随着环境问题的不断演变,此原则已经转变为规定污染者义务的基本原则,不仅适用于污染预防和控制,也适用于其他与环境费用或管理相关的问题,如支付能力、绿色能源税收和关于不遵守许可证制度等方面。一些西方国家和区域性国际组织,已经在制定一些新的环境税、延伸的生产者责任、消费者的环境责任等方面的环境法律和政策,用以应对气候变化等方面的问题。[9]

随着实践的发展,PPP 这一原则适用的主体、责任范围和适用领域都在不断扩大。[10] 对于承担责任的主体范围的扩大,原因即在于污染者并不能涵盖所有的环境影响者,而是可能包括生产者、消费者等原因者或受益者,实际应负担费用的主体贯穿于从原材料的加工、生产到流通、消费、废弃以及再生等各个环节。[11] 在 OECD 的一些建议和决定中,则使用了“使用者负担原则”(User-Pays Principle),如 1989 年《关于保护水产资源管理的建议:整合、需求管理和地下水的保护》[12]、1991 年《关于环境政策的经济手段的建议》[13]、1992 年《海岸带综合管理的建议》[14],尽管该原则更多的是侧重于资源领域与资源使用者。

PPP 在产生之初作为经济原则,污染者所要承担的责任范围为恢复环境所需的费用,随后的发展将民事等法律责任涵盖在内,即对环境私益的赔偿。OECD 理事会 1991 年《关于环境政策中经济手段的使用的建议》中提

[8] Eric Thomas Larson, "Why Environmental Liability Regimes in the United States, the European Community, and Japan Have Grown Synonymous With the Polluter Pays Principle", *Vanderbilt Journal of Transnational Law*, Vol. 38, 2005, p. 541.

[9] 柯坚:《污染者负担原则的嬗变》,载《法学评论》2010 年第 6 期,第 86 页。

[10] Muhammad Munir, "History and Evolution of The Polluter Pays Principle: How an Economic Idea Became a Legal Principle?", available at http://ssrn.com/abstract=2322485, last accessed at March 1, 2016, pp. 12-25.

[11] Eric Thomas Larson, "Why Environmental Liability Regimes in the United States, the European Community, and Japan Have Grown Synonymous With the Polluter Pays Principle", *Vanderbilt Journal of Transnational Law*, Vol. 38, 2005, p. 541.

[12] OECD, Recommendation of 31 March 1989 Concerning the management of Aquatic Resources Integration Demand Management and Protection of Ground waters, C(89)12(final), 1989.

[13] OECD, Recommendation Concerning the Use of Economic Instruments in Environmental Policy, C(90)177(final), 1990.

[14] OECD, Recommendation on the Integrated Management of Coastal Zones, C(92)114(final), 1992.

出，可持续发展和经济有效的环境资源管理，不仅需要对治理和控制污染措施的成本予以内部化，而且要求将因污染造成的损害内部化。[15] 也就是说，污染者所要承担的成本除污染的预防和治理之外，还包括民事赔偿责任。2002 年 OECD 发布的《污染者负担原则与国际贸易关系的报告》则指出，污染者的责任要延伸到其他成本上，不仅包括污染防治和控制费用，还包括环境税收、清除和恢复成本以及损害赔偿费用。[16]

时至今日，PPP 已经发展为明确包括两方面的主要内容：一是污染者向作为公共环境资源看护人和管理人的国家缴纳一定税费，作为对利用公共环境资源的所致损害的补偿，即对环境公益的补偿，以及作为国家治理和控制环境污染的费用，即对环境公益的恢复；二是对因环境污染遭受人身、财产损失的公民、法人和其他组织，污染者承担赔偿的民事法律责任，即对环境私益的赔偿。该原则作为对环境损害赔偿的重要指导原则而存在，[17] PPP 包含民事赔偿责任已经成为国际和国内社会普遍承认的做法。

而在适用的领域上，PPP 由与贸易有关的工业生产而造成的环境损害发展为涉及农业[18]、水污染[19]、土壤[20]、大气污染、海洋资源保护，意外污染、残余污染、跨界污染等环境污染[21]等环境保护管理的各个方面。PPP 适用于成本回收和负担分配问题的解决：此原则作为基础性原则，污染者承担治理污染的费用是一国国内治理污染以及国际社会各国间协调合作的基础。尤其是 PPP 和环境成本回收同样对水资源治理、海洋环境保护起到越来越大的作用，这一原则作为责任分担的工具，用于确定污染来源和进行分

---

〔15〕 OECD, Recommendation Concerning the Use of Economic Instruments in Environmental Policy, C(90)177(final), 1990.

〔16〕 Joint Working Party on Trade and Environment, OECD, The Polluter-Pays Principle as It Relates to International Trade, COM/ENV/TD(2001)44(final), 2002.

〔17〕 柯坚：《污染者负担原则的嬗变》，载《法学评论》2010 年第 6 期，第 85 页。

〔18〕 OECD, Agricultural and Environmental Policies Opportunities for Integration, 1989. 该文件中指出将污染者负担原则的适用扩大到农业污染中。

〔19〕 罗汉高、李明华：《欧盟"污染者付费原则"的新进路——基于欧盟成本回收和负担分配的判例法》，载《成都行政学院学报》2015 年第 1 期，第 85 页。

〔20〕 Rik Mellenbergh, "Soil Protection Law and Reclaiming Soil Decontamination Costs in the Netherlands", 3 *J. Eur. Envtl. & Plan. L.* 240, 2006, p. 245.

〔21〕 Muhammad Munir, *History and Evolution of The Polluter Pays Principle: How an Economic Idea Became a Legal Principle?*, available at http://ssrn.com/abstract=2322485, last accessed at March 1, 2016, pp. 16 – 23.

配的责任。该原则也对跨界污染案件的解决和巩固各级政府之间的合作产生了积极作用。国际社会的实践中存在费用在相关国家之间按比例分别承担的情形。在具体的实践过程中存在环境损害赔偿多方赔付的问题。两个或两个以上的环境危害行为人共同就所造成的损害承担连带或按份责任，可能涉及环境共同侵权行为、共同危险环境行为或无过错联系的多数人环境致害行为的责任承担问题。[22]

PPP 在国内实施的过程中产生了多种创造性的方式：用于支付建立和营运废物处理服务的用户费、对用完即弃的商品收税、对企业和机构收取关于许可超过国家和地方排放标准排放污染物的费用和对污染物科以消除和控制污染责任、排放污染物的数量而对企业征税或对某些有害环境的行为收取许可证费或者对污染者收取因预防或减轻污染而支付的费用，以及使用生态标志项目。[23]

（二）污染者负担原则于重要适用领域的解读

前文已述，PPP 在国际油污损害赔偿中得到了很好的诠释。1973 年《防治船舶污染的国际公约》制定，在国际海事组织的资助下，一套有关确认责任和赔付的体制得以建立，专门用于环境破坏或船只事故而造成的海洋污染。1969 年《油污损害民事责任国际公约》（The Civil Liability Convention）只适用于油轮漏油的情形，规定油轮主必须对可能需要负担的责任担保，这就意味着一旦邮轮失事，油轮主承担的责任最多就是保险公司所能赔付的上限，也就是说该公约不能解决所有情况下的赔偿事宜。因此 1971 年《建立石油污染损害赔偿国际基金的国际公约》（The International Convention on the Establishment of an International Fund for Compensation for Oil Pollution Damage，the Fund Convention）增加了赔偿石油泄漏损失的有效资金，通过设立事后征收制度让石油行业承担责任的第二层责任关系来增加资金来源。此后两公约于 1992 年被修改，修改后的两公约均增加了赔偿力度并完全替代了最初的 1969 年民事责任/1971 年基金公约体制。1996

〔22〕 罗汉高、李明华：《欧盟"污染者付费原则"的新进路——基于欧盟成本回收和负担分配的判例法》，载《成都行政学院学报》2015 年第 1 期，第 85 页。

〔23〕 王曦：《联合国环境规划署环境法教程》，法律出版社 2002 年版，第 58 页。

年《与危险及有害物质海上运输有关的损害赔偿与责任国际公约》(The International Convention on Liability and Compensation for Damage in Connection with the Carriage of Hazardous and Noxious Substance by Sea)将之前两公约的赔偿机制纳入一个公约中,第一层要求船舶所有人对承运有害有毒物质的船舶进行强制保险;第二层要求有毒有害物质的进口商/收货人分摊基金,设立国际有害有毒物质基金。当船舶所有人对产生的损失免除赔偿责任或因财务原因无力满足受损方的赔偿要求或损害超出船舶所有人的责任限额时,基金对受损方予以补偿。2001 年《油轮泄油造成的环境损害的民事责任的国际公约》(The International Convention on Civil Liability for Bunker Oil Pollution Damage)负责有关油轮燃油泄漏导致污染的责任确认和赔偿事宜,其资金来源于轮船主所必须购买的保险,该公约已于 2009 年对中国生效。对于石油污染事故,欧洲委员会建立的"COPE 基金"用以对发生在欧洲任何地方的石油污染事故提供除 1992 年公约以外的赔偿,额外的赔偿将由石油输入国负担,但是只有欧洲的石油输入国遵守这一约定。IOPC 基金大会成立的工作小组在之后的会议中,决定建立一个辅助基金,这就意味着除 1992 年机制下的赔偿,这一辅助基金为石油泄漏而造成的海洋环境污染提供了第三层赔偿机制,尽管这一辅助基金采取自愿加入的方式,但对于使海洋污染能够得到及时有效充分的赔偿仍具有一定意义。

(三)污染者负担原则于中国的具体适用

环境侵权是由于人为活动导致环境污染、生态破坏,从而造成他人的财产或身体健康方面的损害的一种特殊侵权行为。环境的保护不仅关涉个体的利益、维护个体的权利,更重要的是维护生存环境,实现代际平衡。责任范围的扩展、阶段的延长必然意味着主体范围的扩大,环境责任主体不限于污染排放者,还包括污染物产生者,污染治理的责任范围不局限于主体自身,还扩展至区域的环境保护。PPP 以法律的强制性和规范性,明确规定污染者和破坏环境者的责任,要求环境保护与人们的经济利益和其他利益相结合,以保证环境保护的顺利进行。强调污染环境造成的损失及防止污染的费用应当由排污者承担,而不应转嫁给国家和社会,明确表明了和规定了污染者不仅承担治理污染的责任,而且具有防止区域污染的责任,有参与区域污染控制并承担相应费用的责任,[24]有在国家、社会中采取各种预防措施,以防止开发和建设活动中产生的新的环境污染和破坏,环境保护工作应包括积极自觉参与并且承担相关费用的责任。

PPP 在中国主要指以下几方面的责任:

1. 污染防治责任

污染者是治理污染的重要责任主体,有学者认为在国际社会气候保护方面适用该原则时,应考虑到此领域难以定义传统意义上的污染者,故而应将"污染者"改称为"受益者",更加全面和科学。另一方面,消费者应当承担相应的环境成本而非仅由生产者承担。[25] 更有学者研究了近年来污染者负担原则在实践中的适用情况而总结出国家和地方政府承担连带责任的情况,甚至是这一原则完全相反的适用(Polluter-dose-not-pay)[26]。

"污染者负担"不同于"谁污染,谁治理"和"污染者治理"之处,就在于前者可以不依靠自己的力量来解决环境问题或是造成的环境损害。将污染治理的行为主体和责任主体分离已不鲜见,例如污染者将相关费用和资料交由主管机关或是专业的污染治理机构来解决环境损害问题,污染者可以由此解决自身可能存在的处理污染的技术或专业难题,在解决环境问题的同时促进环保产业的发展,并使行政机关的管理得以落实。对于 PPP 另一方面则在于防患于未然,这也不同于我国法律之前所确定的两个原则,采取的以事后治理为主的思想。"污染者负担"意味着污染者需要着眼于全程的控制,并从源头上预防,而非仅仅是事后的治疗。

2. 损害补偿责任

(1)污染者向作为公共环境资源代表者和管理者的国家缴纳一定的税费作为环境资源利用和所致损害的补偿,即对公益权的补偿,如排污费的缴纳;[27](2)污染者向受污染侵害而受损的受害者个体提供损害救济和补偿。

---

〔24〕 赵旭东:《环境法的"污染者负担"原则研究》,载《环境导报》1999 年第 5 期,第 8 页。

〔25〕 陈艳艳、周国模、田信桥:《气候变化背景下污染者负担原则的适用》,载《生态经济》2011 年第 11 期,第 71 ~ 72 页。

〔26〕 Barbara Luppi, Francesco Parisi, Shruti Rajagopalan, Environmental Protection for Developing Countries: The Polluter-Does-Not-Pay Principle, available at http://ssrn.com/abstract = 1339063, last accessed at June 1, 2015, pp. 2 – 15.

〔27〕 赵旭东:《环境法的"污染者负担"原则研究》,载《环境导报》1999 年第 5 期,第 8 页。

私益补救可以通过基金的形式进行补救或由政府进行协调处理。关于环境受害的行政补救，各国大多数通过对所有排放污染物者收取污染费或排污税的方法筹集补偿基金，[28]而后用此基金向受到损害的个体进行补偿。

3. 损害赔偿责任

污染者在对受到环境损害的公共利益和私人利益进行补偿的同时，还必须对因其行为造成的损害进行赔偿。中国《民法通则》第124条将环境侵权损害作为特殊的侵权行为之一。[29]

4. 刑事责任：环境犯罪

中国刑法规定了破坏环境资源保护罪。

也有学者将PPP归纳为预防、治理、补偿和赔偿四个方面。所谓生态补偿是指国家为了调节和平衡环境生态利益，综合运用行政管理和市场经济手段，对有重大生态价值的区域进行开发限制，对生态破坏严重的区域进行财政转移支付，对发展循环经济、资源节约和环境友好型的企业进行鼓励等一系列措施的统称，[30]中国较为普遍的生态补偿方式是由污染者向国家缴纳排污费。

中国PPP适用的演进过程存在中于“污染者付费、开发者养护、利用者补偿、破坏者恢复”这一时期。也随着立法产生了如“三同时”制度、许可证、限期治理、环境监测等环境保护措施。正如前文所述，罚金和民事责任也可被视为实施污染者偿付原则的方式，其目的都是为了使行为者更加注意自己的行为而避免支付作为罚金的费用。根据经济分析，在完美的市场环境下，当预防更能避免污染时，行为者应更倾向于在预防方面投资，因为恢复成本更大。而市场是不完美的，恢复的成本存在低于预防所要承担的费用。PPP的适用在统一的环境法存在的地域更易适用，例如在一国之内或是如欧盟一样的区域。

目前在中国，PPP这一原则的核心是征收排污费制度，即国家环境管理机关依照法律规定对排污者征收一定费用的管理措施。征收对象是超过国

---

〔28〕 陈泉生：《环境法原理》，法律出版社1997年版，第87页。

〔29〕 潘慧庆：《浅析我国的“污染者负担”原则》，载《科教文汇》2007年6月（中旬刊），第155页。

〔30〕 叶媛博：《污染者负担原则对环境公共利益的保护》，载《中山大学法律评论》第12卷第1辑，第146～148页。

家和地方规定的污染物排放标准的企事业单位，排污费的征收并不免除其应承担的治理污染、赔偿损失和其他法定责任。[31]

针对一些污染者在缴纳了一定的排污费/税后，继续排污损害环境的行为，一些国家采取了惩罚性赔偿制度，作为污染者负担适用的新制度。这种制度是指对于违反环境法规的行为者，对其造成的环境污染，不仅要求其赔偿损失，并同时责令其支付惩罚性的赔偿金。这种费用往往高于其污染所造成的损失，目的即在于惩戒行为者并起到警示的作用。如美国《加州海岸带法》第30822条规定：加州海岸带委员会可以对故意违反该法规定者提起惩罚性赔偿之诉，该赔偿费额由法院决定，法院在决定此数额时，应考虑使其足以威胁后来的违法者。[32] 有学者建议中国应当取消排污收费制度，而实行绿色环保税制度，在生产——分配——交换——消费四个环节征收绿色环境保护税。[33] 而中国现行环境保护法第43条规定污染物排放者应当按照规定缴纳排污费，而对于依法已经征收环境保护税的，不再征收排污费，并未以环保税取代排污收费制度。

而欧洲法院在对PPP的适用过程中反映出以下特点：污染者仅对由其引起的环境污染负责，也就是说污染者仅对其污染行为所造成的费用承担责任，[34]对非自身行为所产生的环境污染没有消除或防止的义务；多源头污染的判例中，所有的污染者都必须对消除污染负有责任并且所有污染者必须承担他们对多源污染问题的比例责任；环境行为和环境损害之间的因果关系的推断是允许的；污染者不同程度的赔偿责任分担是允许的，对污染者按不同程度的比例承担污染费用是允许的，除非涉及的成本相对于污染的能力明显不相称。[35] 对环境污染都不具有责任或对环境损害的风险没有作用的各方，均不是PPP的适用范围。从欧洲法院的判例中可以看出其

---

〔31〕 潘慧庆：《浅析我国的“污染者负担”原则》，载《科教文汇》2007年6月（中旬刊），第155页。

〔32〕 陈泉生、周辉：《论环境责任原则》，载《中国发展》2004年第4期，第31页。

〔33〕 阳相翼：《污染者负担原则面临的挑战及其破解》，载《法学论坛》2012年第12期，第142页。

〔34〕 见判例 The Queen v. Secretary of State for the Environment and Minister of Agriculture, Fisheries and Food ex parte：H. A. Standley and Others and D. G. D. Metson and Others。

〔35〕 罗汉高、李明华：《欧盟“污染者付费原则”的新进路——基于欧盟成本回收和负担分配的判例法》，载《成都行政学院学报》2015年第1期，第87页。

在具体的适用中,尤其强调辅助性原则(Principle of Subsidiarity)和比例原则(Principle of Proportionality)的应用,尽管对于比例原则的适用并不是精准而确定的。

三、污染者负担原则的实践难题

尽管PPP适用的领域和范围都在不断扩大,接受和认可此原则的国家和国际公约都在不断增多,但在实践中PPP究竟能够在何种程度上得到适用仍是不确定的,是否所有清除污染的费用全部由污染者承担,如果不是,那么污染者应当承担多少费用,诸如此类问题自该原则产生时至今日一直未能得出确切答案。PPP的适用产生了很多现实问题,具体分析主要可以概括为:

(一)适用性及与其他原则的冲突

即使1992年后许多国际条约将PPP纳入,但在实践中确定由谁来承担环境污染损害费用时,这一原则却未被时时遵守。[36] 实践中PPP的具体适用情况并不尽如人意。《莱茵氰化物公约》(Rhine Convention on Chlorides)明确规定荷兰作为污染的接受国应承担污染预防的费用,在仲裁案中根本没有运用PPP。[37] 切尔诺贝利核电站案中,没有一个辐射泄漏影响的国家向苏联提出了赔偿请求,苏联也拒绝承担任何责任,其认为受影响国家采取的措施是过于谨慎的行为。[38] 国际法委员会起草的《关于预防源于危险活动的跨界损害的草案》(Draft Articles on Prevention of Transboundary Harm from Hazardous Activities)还指出污染方和受影响一方之间的公平利益分配因素,委员会不禁止考虑污染国和接受国之间的利益平衡问题,其认为可能

---

〔36〕 Elli Louka, *International Environmental Law: Fairness, Effectiveness, and World Order*, London: Cambridge University Press, 2006, p. 51.

〔37〕 Elli Louka, *International Environmental Law*, London: Cambridge University Press, 2006, p. 51.

〔38〕 Gunther Handl, "Paying the Piper for Transboundary Nuclear Damage: State Liability in a System of Transnational Compensation", in Daniel Barstow Magraw (ed.), *International Law and Pollution*, 1991, pp. 150, 152.

受到影响的国家应对环境保护采取预防措施方面做出贡献。[39] 以上这些主张和现实案例与 PPP 的要求并不相符。

与此同时,学者对于此项原则是国际环境法上的原则还是自由贸易的经济目标缺乏肯定的意见,且对这项原则是否构成对国际贸易的扭曲、是否与向发展中国家提供经济援助以帮助他们控制污染的规则构成冲突表示怀疑。[40] 在国际贸易中,没有对污染控制有效立法的国家的生产者将具有竞争优势,而对污染控制进行严格立法将会延缓国家的经济增长。其实实际情况并不完全如此。经济增长不等于经济发展,长远看来,对环境控制较严的国家在经济发展中往往不易受环境问题的制约。批评者还认为向发展中国家提供经济援助以帮助他们控制污染本身,也可以被认为是与这条原则相悖的。

(二)污染者难以确定的责任主体难题

由于环境侵权的间接性以及环境损害的长期性、累积性、潜伏性等特点,形成了造成环境损害的污染者难以确定的问题。在无法确定污染者的时候,往往需要一国政府使用公共资金来采取应对措施。这种情况也可能会发生在污染者没有能力治理污染或是政府为保证企业继续运营的情形下。现今也存在将污染者的范围扩大的观点,德国、日本直接将 PPP 改为"原因者负担原则""受益者负担原则"。"行为者"不仅包括污染行为人,还包括污染项目的决策者;"受益者"不仅包括造成环境污染的生产者,还包括产品的消费者[41]。实际支付费用的主体从材料的加工、生产到流通、消费、废弃以及再生等各个环节都存在着分担费用的现象,污染者难免难以涵盖应当承担责任的主体。因此,有学者认为,从生态保护的立场看,将污染者负担原则改为原因这负担原则更为合适。[42]

亦有观点认为,这一原则将会扭曲国际贸易。污染者在多数情况下,不

〔39〕 Elli Louka, *International Environmental Law*, London: Cambridge University Press, 2006, p. 52.

〔40〕 郝鲁怡:《论污染者负担原则》,载《宁波广播电视大学学报》2009 年第 2 期,第 43 页。

〔41〕 叶媛博:《污染者负担原则对环境公共利益的保护》,载《中山大学法律评论》第 12 卷第 1 辑,第 158 页。

〔42〕 汪劲:《环境法学》(第三版),北京大学出版社 2014 年版,第 113 页。

会将成本内化，而是将污染控制的成本转移到产品价格中而由消费者承担。而事实上，这正是环境损害费用由污染者负担的一种形式。但是悖论之处在于，究竟应将此概念定义为污染者付费还是获利者付费才更为恰当，因为消费者可以作为获利者但却并非直接的环境污染者。

又有学者认为，在气候变暖的语境下使用 PPP 是有缺陷的，不加思考的直接适用，会威胁应对气候变暖的国际合作和气候资源的公平分配。因为这一原则无法辨析谁才是真正的污染者，除国家外，各种非国有组织和企业、个人甚至是大自然本身都可能是污染者，而且这种集体主义辩护很难站得住脚；其次，先前的污染者已经不复存在，要求其后代承担祖先的责任会让这一原则变成“得利者付费”，也会遭遇“非同一性问题”的挑战，并且污染者还会处于“可原谅的无知”的状态；最后，该原则有一定的适用条件，需要确定时间点等要求。基于此种观点，有学者提出了“有能力者负责原则”作为对“污染者付费原则”的补充，[43] 尽管可行性尚待讨论，但足以说明承担环境损害的主体仍是存在争议的。

（三）因果关系证明难题

环境侵权存在间接性、潜伏性、延长性、广属性和累积性的特点，环境损害往往循序渐进，证明困难。同样的污染物质导致的损害结果可能会有所不同。另一方面，环境损害通常不直接作用于受害人，而是首先作用于周围的环境然后再通过环境这一中介物，对生存于其中的自然人及其财产等造成损害。加害人的活动往往具有继续性、反复性。而由于环境侵权的这些属性可能会使损害的呈现具有滞后性，连带使得损害的评估、因果关系的分析难以得出确定的结论，也就使责任人的确定、责任赔偿范围的确定变得困难。不能把污染归咎于一个具体明确的原因时，也就不能有效地提出赔偿请求。也就是说，损害鉴定难、损害赔偿周期长等问题可能会使得环境损害不能得到及时救济。

---

〔43〕 徐峰：《谁之责任，何种义务——“污染者付费原则”的思与辩》，载《自然辩证法研究》2014 年第 8 期，第 78 页。

（四）外部不经济性和私人成本社会化

PPP 最初产生的原因即是将环境成本内部化，而在实践的过程中却不能完全实现预设的目标，甚至存在背道而驰的情况，例如 OECD 无法将其完全内部化，美国能源外部费用在很大程度上不能实现内部化。[44] 1972 年 OECD 的建议本身即不要求减少污染以达到最佳环境状态，并且随后成员国的实践也是将部分而非完全内在化作为基本原则。[45] 企业本身就不愿自觉将环境成本纳入生产成本，尤其是在地方保护主义盛行的地区，追求经济利益的企业利用法律漏洞规避污染防治责任的现象仍然存在。[46] 再加之政府监管的不到位，增加了环境成本内在化的实现难度。

（五）负担的范围与补贴问题

可以确定的是，污染者偿付的费用应当包含公共机关为预防和控制污染而需采取的必要的措施，而消除污染、清洁和恢复原样的费用是否应包含在内仍然存在争议。一些国家实践不支持所有的费用均由污染者承担，尤其是国家管辖范围内的争议。[47] OECD 认为该原则不仅针对污染，也包括“鼓励合理利用稀缺环境资源的管理措施”，但其“不是污染损害的赔偿原则”。[48] 而 PPP 的适用多是要求环境恢复到一个可以接受的状态，而何为可接受的状态是由主管机关自由裁量的，因此国家在适用此原则时，可能会考虑到经济、社会影响政策导向等其他方面的内容，而影响到最终标准的确

---

〔44〕 Hubbard, Harold M., “The Real Cost of Energy”, *Scientific American*, Vol. 264, No. 4, April, 1991, pp. 18 – 23.

〔45〕 Muhammad Munir, ” *History and Evolution of The Polluter Pays Principle: How an Economic Idea Became a Legal Principle*?”, available at http://ssrn.com/abstract=2322485, last accessed at June 1, 2016, p. 10.

〔46〕 叶媛博：《污染者负担原则对环境公共利益的保护》，载《中山大学法律评论》第 12 卷第 1 辑，第 154 页。

〔47〕 See e. g. Case C-293/97, R. v. Secretary of State for the Environment and Ministry of Agriculture, Fisheries and Food, ex parte H. A. Standley and Others and D. G. D. Metson and Others (1999) ECR I-2603, paras. 51-2 (the polluter pays principle reflects a principle of proportionality, and does not mean that farmers must take on burdens for the elimination of pollution to which they have not contributed).

〔48〕 汪劲：《环境法学》（第三版），北京大学出版社 2014 年版，第 112 页。

定因素，这也就影响到了污染者负担这一原则适用范围的大小。此外，欧洲法院采取的比例原则还并不具有普适性。

PPP 在实践中还存在被排除适用的情形。例如，在给予补贴时，分析确定 PPP 对于补贴规则的影响，不可忽视 WTO 的潜在作用。[49] 实践中已产生了适用 PPP 时与补贴有关的案例。而实践中是否能产生一致的做法仍有待观察以确定。

（六）功能和价值追求难以实现

概括而言，PPP 具有以下几个功能：(1)再分配功能。PPP 要求污染者将污染行为的成本内在化，只要污染者支付了合适的价格，可以在一定限度内继续污染。(2)预防功能。通过鼓励减少排放、采取其他保护环境的措施来缓解污染，而不仅仅是要求污染者支付环境损害造成后的治理、恢复费用。(3)救济功能。即使是污染者遵守了环境保护有关的规定，也并不能免除其在环境损害产生时应当承担的责任，污染者仍然需要对污染的受害人给予补偿。然而对于上述功能，由于 PPP 自身一些概念界定的模糊性以及在实践中具体适用时所受到的重重阻力，该原则的价值被大打折扣，PPP 应当发挥的作用、所追求的价值内涵也不能很好的实现。

而对于中国，PPP 的适用还存在其自身的特殊性，中国企业的环境成本内在化从市场运行到政府监督都存在问题。首先，中国市场内普遍存在着企业不愿自觉地将环境成本纳入生产成本中的情形，企业偷排污染物的情况屡见不鲜。为了追求经济利益，一些企业甚至会利用法律漏洞规避环境污染防治责任。其次，国内市场的消费者有关绿色消费的观念比较淡薄。消费者普遍对于环境保护、可持续发展等与人类生存和命运相关的认识较少，且相关教育的普及面狭窄，使得与环境污染防治和环境损害责任承担相

---

〔49〕 See Frank Biermann (PIK), Frédéric Böhm (DIW Berlin), Rainer Brohm (PIK), Susanne Dröge (DIW Berlin), Harald Trabold (DIW Berlin), The Polluter Pays Principle under WTO Law: The Case of National Energy Policy Instruments, Environmental Research of The Federal Ministry of The Environment, Nature Conservation And Nuclear Safety Research Report 201 19 107 UBA-FB 000555/e, available athttps://www.researchgate.net/publication/237390617_The_Polluter_Pays_Principle_under_WTO_Law_The_Case_of_National_Energy_Policy_Instruments, last accessed at June 11, 2015. See case e.g., GATT Dispute Settlement Panel, US-Chemicals Tax case (1987), holding that GATT rules on tax adjustment allow contracting parties to apply the polluter pays principle but do not require it.

关的制度的适用在实践中并不能得到广泛民众的支持。再次,由于政府监管不到位、机构设置不健全等原因,在污染治理方面,中国国内常常出现公共环境污染无人治理,或者是由政府代替污染者治理的情况。前文已经指出,PPP 的出现就是为了防止政府使用公共资金用于环境污染防治,而使公众承担不应由其承担的环境污染的不利后果,同时又要承担环境修复和治理的财政负担。然而在实践中,在无法确定污染者或是污染者没有能力治理污染的情况下,政府作为公共环境的管理者,自然要承担环境修复和治理的责任。尤其需要强调的是,即便在污染者能够确定的情形下,地方政府也可能会为了平息事端、保障企业正常生产、追求经济增长等方面的考量,而自愿代替企业承担治理环境损害的责任。同时,由于中国的生态补偿法律制度尚不完善,补偿机制也尚未建立,在损害赔偿方面,索赔主体的缺失,维权意识的淡薄,相关追责制度和规则的缺失,使中国现有的环境保护法律制度并不能为环境损害赔偿提供一个良好的依托,进而较为全面地弥补实际造成的环境生态损害。由 PPP 在中国国内的适用过程中产生的困难和障碍可以看出,PPP 在应用到某一国家或区域的专门领域时,可能会产生普遍规则、原则难以解决的特殊问题,这就需要在实践中探索和研究合理且有效的具体适用方法来完善这一制度,PPP 于国家管家范围外的海洋保护区亦如此。

四、污染者负担原则在 ABNJ 海洋保护区的适用

(一)污染者负担原则在海洋保护区的可适用性

前文已经指出,污染者负担环境损害后果这一原则在国际法领域上呈不断延伸的趋势,某具体适用范围也在不断扩大。而对于国家管辖范围外区域,其同样涉及水、土壤、大气、海洋等环境开发和保护的各个方面,由此联合国大会决议已将污染者负担原则作为 ABNJ 的指导原则之一。[50] 众

〔50〕 Preparatory Committee established by General Assembly resolution 69/292: Development of an international legally binding instrument under the United Nations Convention on the Law of the Sea on the conservation and sustainable use of marine biological diversity of areas beyond national jurisdiction, p. 5.

所周知，公海是 ABNJ 的重要组成部分，海洋保护区（Marine Protected Areas，MPAs）的建立是对于公海环境资源的开发和保护的重要形式。因此创建一个能够在 ABNJ 建立的 MPAs 内进行适用的，能够对 MPAs 内的环境损害进行有效治理和追责的制度体系是十分重要的。也就是说，探讨 PPP 在 MPAs 的适用性是十分必要的。

在海洋环境保护的国际规则层面，《联合国海洋法公约》（United Nations Convention on the Law of the Sea，UNCLOS，于 1982 年 12 月通过，1994 年 11 月 16 日生效，以下简称公约）具有十分重要的地位，公约旨在较为全面地规定有关海洋法各个方面的规则和制度。公约序言中载明："认识到有需要通过本公约，在妥为顾及所有国家主权的情形下，为海洋建立一种法律秩序，以便利国际交通和促进海洋的和平用途，海洋资源的公平而有效的利用，海洋生物资源的养护以及研究、保护和保全海洋环境。"公约共有 320 条以及 9 个附件，涵盖了包括环境控制、与海洋有关的争端解决等用于管制海洋空间、追究环境损害责任方面的内容。公约被作为习惯国际法而具有法律约束力，并为海洋环境的管理和保护提供了基本原则和义务框架。也就是说，公约已经对环境损害责任承担问题作出了一些规定。

公约规定的国家保护海洋环境的义务，主要有以下三种主要形式：（1）政府有明确保护海洋环境的义务。政府有义务不污染海洋环境以及绝不豁免其国民此类行为。（2）政府有义务在全球和区域基础上合作。这包括对于制定支持保护海洋环境的规则、条例和标准的基础性的认同。（3）政府有义务在国家层面上适用、制定和执行国际承认的保护海洋环境的标准。

公约第Ⅻ部规定了海洋环境的保护和保全，该部分包含 40 条规定（第 192 至第 265 条），涉及海洋环境保护的基本义务、控制各种来源的海洋污染、防止和减少海洋污染的国际合作要求、技术协助、国家管辖范围内的监测和环境评价活动要求、国家实施管制污染的法律法规要求等内容。该部分一个重要意图即是对保护海洋环境的愿望与保持海洋航行自由的特殊强调进行平衡。公约第 192 条指出了各国有保护和保全海洋环境的义务（一般义务），这是第一次在国际条约中明确涵盖了关于此方面的强有力的规定。第 194 条规定了防止、减少和控制海洋环境污染的措施，公约所规定的保护海洋环境义务的履行必须以不危及其他环境的方式进行。公约第 195、196 条规定国家有义务不进行直接的或间接的将损害或有害物质转移至另一区域,或是将一种污染转化为另一种,或是将外来货新物种引进到一个环境的特殊区域。

第二节强调了全球性和区域性的合作。公约第 198 条关于即将发生的损害或实际损害的通知:当一国获知海洋环境即将遭受污染损害的迫切危险或已遭受污染损害的情况时,应立即通知其认为可能受这种损害影响的其他国家以及各主管国际组织。第 199 条对污染的应急计划:在第 198 条所指的情形下,受影响区域的各国,应按照其能力,与各主管国际组织尽可能进行合作,以消除污染的影响并防止或尽量减少损害。为此目的,各国应共同发展和促进各种应急计划,以应付海洋环境的污染事故。第 200 条关于研究、研究方案及情报和资料的交换:各国应直接或通过主管国际组织进行合作,以促进研究、实施科学研究方案,并鼓励交换所取得的关于海洋环境污染的情报和资料。各国应尽力积极参加区域性和全球性方案,以取得有关鉴定污染的性质和范围、面临污染的情况以及其通过的途径、危险和补救办法的知识。

第四节为关于监测和环境评价的规定,第 204 条对污染危险或影响的监测:(1)各国应在符合其他国家权利的情形下,在实际可行范围内,尽力直接或通过各主管国际组织,用公认的科学方法观察、测算、估计和分析海洋环境污染的危险或影响。(2)各国特别应不断监视其所准许或从事的任何活动的影响,以便确定这些活动是否可能污染海洋环境。第 205 条报告的发表:各国应发表依据第 204 条所取得的结果的报告,或每隔相当期间向主管国际组织提出这种报告,各该组织应将上述报告提供所有国家。第 206 条对各种活动的可能影响的评价:各国如有合理根据认为在其管辖或控制下的计划中的活动可能对海洋环境造成重大污染或重大和有害的变化,应在实际可行范围内就这种活动对海洋环境的可能影响作出评价,并应依照第 205 条规定的方式提送这些评价是结果的报告。

由以上条约的规定可以看出,这些条款都是与 PPP 有紧密联系的,公约该部分针对的就是可能产生海洋环境污染的活动,具体设立了监测、评价和报告等制度,这也符合 PPP 为保护环境而采取的预防和补救措施,而非仅仅进行事后追责的宗旨。

第五节为防止、减少和控制海洋环境污染的国际规则和国内立法。对于来自各个种类的污染,普遍规定了各国防止、减少和控制以及采取必要措施的义务，各国应通过主管国际组织或外交会议尽力采取行动，尽力制定全球性和区域性规则、标准和建议的办法及程序，以防止、减少和控制对海洋环境的污染。对于陆源污染和国家管辖的活动造成的污染，公约还强调了各国应尽力在适当的区域一级协调这方面的政策，这也反映出了不同国家关于海洋环境保护的规定有所不同而公约追求统一化的趋势。

第九节涉及了国家的责任问题，“各国有责任履行其关于保护和保全海洋环境的国际义务。各国应按照国际法承担责任”，“各国对于在其管辖下的自然人或法人污染海洋环境所造成的损害，应确保按照其法律制度，可以提起申诉以获得迅速和适当的补偿或其他救济”。结合 2001 年国际法委员会通过的《国家对其国际不法行为的责任草案》，构建与海洋污染相关的国家责任、民事赔偿责任制度成为可能。（与《国际油污损害民事责任公约》《国际燃油损害民事责任公约》《关于海运有毒有害物质的责任和赔偿公约》等公约关于环境损害赔偿责任制度的规定一道构建此种制度安排。）

可以看出，针对海洋环境保护，UNCLOS 已经对海洋环境损害责任承担、海洋环境保护的国际义务等问题进行了总体性的规定，而 PPP 的宗旨和目标与公约的价值追求都是一致的，甚至在具体制度的设定、成员国的具体义务方面都是有重合的。也就是说，以上条款的规定表明在海洋环境保护领域，PPP 的适用具有可行性和必要性。PPP 已然是追究环境损害责任，预防、治理、消除污染不可缺少的环境保护的基本原则之一，PPP 当然也要适用于 ABNJ 的 MPAs。

而针对海洋环境保护，尤其是在 ABNJ 的 MPAs 的兴起和不断建立已经是势不可当，PPP 的适用更具有紧迫性。因为 ABNJ 内缺乏各个国家之上统一的权力机构，来限制各国的主权对其进行规制，而对海洋环境进行保护、对污染行为进行管理、控制和追责，需要科学、有效、合理的制度进行调节。因此借鉴已有规则，将 PPP 的适用范围扩展到 ABNJ 的 MPAs，以确定环境保护的责任主体并使其应当承担的国际义务得到履行，使环境保护的基本原则能够得以适用，是十分必要的。而正如 UNCLOS 以及其他公约的规定，PPP 在海洋环境保护方面已经存在相同或相近的规则及制度，对于在 MPAs 内进行环境损害责任追究，环境成本分配，环境保护这些目标的追求，PPP 都能够起到良好的引导作用。因此 PPP 在 ABNJ 的 MPAs 适用的可行性也是不容置疑的，PPP 对于海洋环境污染的防治和消除是必然要适用的。

（二）污染者负担原则在国家管辖范围外海洋保护区的适用建议——中国立场

对于海洋环境保护，现有的国际法规则存在两层相互独立的制度框架：(1)对于全球具有实践意义的基本原则和规则(例如，习惯国家法的原则，UNCLOS，1992 年联合国环境与发展大会的行动计划，Agenda21 第 17 章，世界可持续发展峰会制定的实施计划等)；(2)国际和区域层面，由诸多条约组成的实施基本规则的规制体制(例如，多边环境协议)。[51] 两个独立的体制相互影响和补充，其中 UNCLOS 起到了连接的作用、指导性的作用和原则性的示范效果。然而对于 MPAs 的创设并无统一而十分具体的规则，尤其是在实践中仍存在模糊性的 PPP 在具体应用到 MPAs 的建立这一领域应如何进行，是有待进一步研究的，本文认为中国在联合国制定有关国家管辖范围外 MPAs 的具体使用规则时，应积极参与并采取以下作为：

1. 明确 PPP 涉及的法律概念

从欧盟 Directive 2004/35/CE of The European Parliament and of The Council of 21 April 2004 on environmental liability with regard to the prevention and remedying of environmental damage(以下简称欧盟 Directive 2004/35/CE)可以看出追求规则的统一化是适用 PPP 过程中需要面对的重要问题之一，在该指令中第 1 条即是对适用 PPP 可能涉及的有关概念作出解释和说明，以明确概念的内涵和外延。同时，由于建立 MPAs 本身各国就有不同的目的追求和相关规则，且存在多种多样的不同形式和不同保护程度的 MPAs，对在 MPAs 内适用 PPP 这一原则的首要问题就是明确不同概念的法律内涵，而使原则能够得到更好的、更普遍的适用。

另一方面，在 ABNJ 建立的 MPAs 本身就存在规则制度不完善的问题，因此对条约条款和法律原则的解释能够趋同、统一是十分关键的，只有在此基础上，才能使各国真正共同遵守、执行一项制度。这也是欧盟指令在明确

---

〔51〕 Veronica Frank, *The European Community and Marine Environmental Protection in the International Law of the Sea: Implementing Global Obligations at the Regional Level*, Brill-Nijhoff: Martinus Nijhoff Publishers, 2007, p. 10.

了指令主体后，解释适用 PPP 所需的相关概念的原因。正是因为各国的规定都有所不同，作为国家管辖范围之外的区域则需要创设能够为各国所接受的规则，使 ABNJ 的 MPAs 的建立和有效运行成为可能。所以，中国作为一个海洋大国，需要在制定与 ABNJ 的 MPAs 有关的国际规则的过程中，发挥自身应有的作用，争取更多的话语权，针对 PPP 在 ABNJ 的 MPAs 内的实施这一具体问题，即使是看似简单的对概念进行的解释和说明，亦隐藏着国家利益和国际关系的协调等方面的问题。在海洋环境保护国际争端解决的具体案件中，可能由对某个语词的不同解释而产生不同的法律后果，因此，中国需要从本国自身的视角勇于“发声”，在承担应尽国际义务的同时，争取合理的国家利益，为全人类的可持续发展贡献自己的力量。而有关一项制度最基本的规则制定、概念明确等方面问题，中国需要在这一基础层面为创建更合理的国际秩序彰显自身的作用，维护国家利益的同时，促进国际社会关于 ABNJ 的 MPAs 的发展。

2. 确定规则适用的灵活性

在争取规则统一化的同时需要注意的是，规则的设定必须考虑到各国不同的实际情况，以使规则的适用能够存在一定的灵活性，从 UNCLOS 的措辞亦可作证这一点的重要性。如公约第 200 条规定，“各国应尽力积极参加区域性和全球性方案，以取得有关鉴定污染的性质和范围、面临污染的情况以及其通过的途径、危险和补救办法的知识”，其取“尽力”而非“必须”或其他带有强制性色彩的语词，即意味着各国应采取的措施并非不切实际的毫无差别。在施行 PPP 时亦应如此。这也就要求在建立 ABNJ 的 MPAs，起草相应适用规则时，要得到各个国家的广泛支持和同意，就需要充分征求各方的意见，考虑到各国的实际情况，平衡好国际条约与各国国内法之间的关系。这并非毫无原则的降低 PPP 的适用标准，而是为了使规则能够更好地被执行，而必须要考量的现实基础。

与此同时，从欧盟 Directive 2004/35/CE 规定的审查报告机制也可看出，对于 PPP 创设的规则，起初欧盟也是采取一个试验性的态度，尽管欧盟十分注重区域内规则的统一，但是在规制行为者责任限额的国内法和其他例外方面欧盟并没有追求 PPP 指令规定的规则无条件的适用，而是明确了 PPP 适用的范围和被排除适用的范围。该指令及其附件中明确规定了各成员国需要报告的内容和时间，委员会审查的义务和报告的时间和修改建议等内容。也就是说，这一有关 PPP 的指令也是在随着欧盟内各成员国的实践情况的变化而不断演进和发展的，欧盟这一指令相应的机制反映出的价值追求，与 UNCLOS 中体现灵活性的规定，在精神层面是一致的。因此无论是 PPP 已有的国际规则的要求，还是尚待建立的 ABNJ 的 MPAs 内 PPP 的适用都需要适当采取灵活的态度，具体问题具体分析。

基于上述分析，中国在 PPP 规则制定的进程中，应主张从本国的实际情况出发，对于 ABNJ 的 MPAs 内的规则的适用应“留有余地”。综观国际法发展的历史，在国际法发展的进程中，西方发达国家基本上始终处于主导地位，时至今日，这种局面在国际法的一些领域仍然存在。中国作为发展中的大国、海洋大国，在 ABNJ 的 MPAs 内 PPP 规则的制定、适用等方面，需要从本国的国情出发，以此为基点，不受其他国家的左右，灵活运用现有国际规则以及待产生的国际制度，改变国际规则仅由某些国家主导或侧重于维护某些国家的国家利益的局面，在国际舞台上促进各国的共同繁荣和发展。

3. 处理好不同国际规则以及国内法和国际法之间的关系

区域性的法律或是一国国内法不能适用于 ABNJ 的 MPAs，而 UNCLOS 则被认为可以作为适当的渠道，用以规制海洋环境。一方面，UNCLOS 完全符合 IMO 关于国际航运和特殊区域的规定；另一方面，1999 年联合国大会决定促进海洋事务的审查工作，成立了 United Nations Open Ended Informal Consultative Process on Oceans and the Law of the Sea (UNICPOLOS)。2000 年 UNICPOLOS 开始工作，直到 2003 年在 WSSD 和 CBD 的促进下，海洋事务成为重要主题。今后 UNICPOLOS 可以在 MPAs 保护方面提供一个国际平台来促进国际规则的成熟和遵守，并在具体规则的实施上起到监督和促进作用。

虽然 UNCLOS 并未直接规定 PPP，但是前文所列举的规则对于该原则的适用却不乏指导意义。首先，UNCLOS 确定的保护海洋环境的指导原则和主要目标与 PPP 的宗旨是统一的，PPP 的设置并非完全为了制裁和惩戒，而是同时也兼顾到使可能的污染者在事前采取积极措施避免污染而主动保护环境，在 ABNJ 的 MPAs 中，PPP 也可以同样起到同样的作用。而作为习惯国际法的 UNCLOS 所确立的规则能对实践中适用并不成熟的 PPP 起到补位的作用。例如，在 MPAs 产生污染时，污染者有义务将这一情况告知可能受其损害的其他国家和国际组织，国家应进行合作，防止损害的扩散和转变，这与欧盟针对 PPP 制定的指令是一致的。也就是说，对于责任的承担，UNCLOS 明确规定了全球性和区域性合作、技术援助的相关具体内容，在适用 PPP 时，这些规定同样是可以适用的。

前文所涉及的欧盟指令是适用 PPP 的区域性的指导规则，这对于在 ABNJ 的 MPAs 内适用这一规则具有良好的借鉴意义。该指令明确了其与各国国内法的关系，指出了指令并不影响的其他条约所规定的规则的适用，以及保护程度更高的某些国家国内法的适用。在 ABNJ 建立的 MPAs，由于需要平衡经济发展和环境保护之间的关系，并协调发展中国家和发达国家之间的关系，我们同样需要考虑到不同国家的国内法的规定，以及 PPP 的适用规则与其他国际文件是否存在冲突。

综上所述，可以看出在 ABNJ 的 MPAs 内适用 PPP 需要统一的国际规则进行指导，区域性的制度和国内法中成熟的规则体系可以对 ABNJ 的 MPAs 起到良好的借鉴作用，对其进行总结并加以运用可以更好地促进 ABNJ 的 MPAs 形成符合自身特殊性的 PPP 制度规则。同时在现有具体制度缺失的情况下，如 UNCLOS 等国际条约可以为 PPP 在 ABNJ 的 MPAs 的适用起到替补作用，来规制各国的行为以保护海洋环境。而对于建立 ABNJ 的 MPAs，平衡各国国内法与区域内的国际法之间的关系是不可避免的问题，具有普遍适用性的规则能否创建以及规则创建后能否被更多国家接受并得以有效适用都依赖于各个国家的参与和配合。如果处理不好国内法与国际法之间的关系，PPP 在 ABNJ 的 MPAs 相关规则不能得以转化适用，或者国际规则的制定忽视了各国的国内法律体系，这都会对 ABNJ 的 MPAs 内 PPP 法律制度的创建形成阻碍。因而，处理好上述两种关系亦十分重要。

对于这一问题，中国需要注意的是对不同层面的规则进行划分、明晰，积极履行其应当承担的国际义务，强化自身“负责任的大国”的形象。对于已经确立的国际规则、已然存在的国际义务，中国应积极遵守，并与其他国家进行互相约束和监督；对于正在探索中的制度、规则，中国应积极参与制定，学习已有的成熟的立法经验，如区域性的 MPAs 内已经形成的有关 PPP 的规则。中国也要加强自身的法治建设，对于国际法向国内法的转换适用问题，亦要引起重视，确保 PPP 的有效实施。

4. 处理好 PPP 与其他环境法基本原则之间的关系

对于 PPP，其本身的规定和适用就存在很多不清晰或尚待明确之处，前文所述的PPP的实践难题需要在制定ABNJ的MPAs的具体规则时各个击破。除此之外还需注意的是,如何正确处理PPP与其他国际环境法基本原则之间的关系。PPP在实践中的适用情况并不理想,尤其是国际环境法中存在相当一部分的软法,尽管UNCLOS具有法律的约束力,但是这并不代表PPP就能够在MPAs的管理和运行中发挥良好的作用。

针对这一问题,首先,需要强调PPP作为国际环境法基本原则之一的法律地位。当今一些国家在解决环境问题和国际社会在解决国际环境争端时,仍然存在对PPP进行绕行的情况。因此,若想真正有效适用一项原则或是规则,则应明确其存在之意义及其重要性,而非将PPP作为辅助原则或是置于可有可无的地位。确定PPP作为国际环境法基本原则的地位,能够使其提高国际社会对PPP的重视,进而不断扩大其适用的范围。

其次,创设相应的详细适用规则。正如前文欧盟所颁布的关于适用PPP的指令一样,对适用PPP可能涉及的各个方面尽可能全面地进行规定,能够使PPP在适用中有具体的操作程序可循。该指令采取了:主题——定义——范围——例外情况——预防行为——补救行为——补救措施的确定——预防和补救费用——多方原因时费用分配——费用追偿的有限期间——有权机关——行为的要求——审查程序——财务安全——成员国的合作——与国内法的关系——临时适用——报告和审查——执行——生效——附件,这一排列顺序来说明PPP的适用规则。这可以作为编纂ABNJ的MPAs内PPP适用规则的参考。规则的明确在另一方面亦能说明原则的重要性和存在的意义。

同时要说明的是,各个国际环境法基本原则是相辅相成、互相促进的,共同为保护环境、促进人与自然的和谐发展而服务的,如预防原则、可持续发展原则等都是与PPP并行不悖的。因此,协调好各个原则之间的关系,使其共同发挥各自应有的作用,也是PPP能够更好地适用的实践需求。

针对中国而言,PPP的发展存在很多问题,虽然在国内法层面已经形成了相应的法律规则和制度,但是中国并不存在关于ABNJ的MPAs内PPP适用的立法,同时已有的关于环境损害责任承担的制度存在混乱、模糊、使用率低的特点。PPP在中国国内法学专业教科书中所占比重甚少,从这一表象亦可看出,PPP作为环境保护基本原则的重要地位,在中国仍有待加强。这一问题已经引起了政府层面的重视,而为了进一步改善这一状况,政府层面可以组织专家、学者进行更多的研究，完善国内的立法和规则的制定情况，借鉴如欧盟等有关方面的经验，提升 PPP 在学术上和实践中的地位，与其他环境法基本原则共同发挥作用。

5. 费用负担：基金和监督机构的建立

上述涉及的为规制船舶、石油所造成的海洋环境污染而制定的相关国际规则，对于解决 ABNJ 的 MPAs 内在 PPP 适用过程中可能产生的问题，具有一定的指导意义。第一，尽管国际社会愈发主张和发展污染者承担责任，以使环境污染的成本内部化，在国家实践中，存在着很多限制污染者责任或是规定污染者责任限额的情形，欧盟 Directive 2004/35/CE 对此问题亦明确规定，指令本身将不影响对此类问题作出规定的国内法规则的适用。同时，基于环境损害的特点，有时单独依靠的个体行为者的能力，难以负担巨额的环境治理费用，对环境损害采取预防或是补救措施，石油泄漏带来的海洋环境污染即是例证。第二，从针对海洋石油污染的赔偿机制中可以看出，责任被划分为三重：由油轮主、石油业和辅助基金负担（尽管辅助基金的来源各方争议不一）。一方面油轮主和石油业界也许可以定义为污染者，但是二者责任的承担存在保险、基金这些形式的资金来源作为依托。在欧盟 Directive 2004/35/CE 的前言中，欧盟委员会也鼓励行为者对自己的财政安全予以保障，鼓励行为者参加保险或是其他形式的财政保障，以使其在发生环境损害时有能力承担相应费用。基于以上分析，在 ABNJ 建立 MPAs 适用 PPP，可以参考建立基金或是辅助基金的方式，以使有关行为体在发生环境污染时，能够及时采取预防或是补救措施。同时在确定基金数额时，应考虑到各国的不同情况，既不能数额过小亦不能让多数国家望而却步。

对于 PPP 的具体适用问题，前文已经指出对于必要概念的解释和明确是问题的关键之一。正是由于国内法和国际规则之间存在冲突，对于在 ABNJ 建立的 MPAs 适用 PPP，需要寻求各个国家能够普遍接受的标准和规则，以使 PPP 的适用能够逐渐趋同和统一。欧盟 Directive 2004/35/CE 对于所涉及的法律概念已经有了较为完善的涵盖，可以对其进行学习和借鉴。另一方面，在追究责任过程中，污染者所要负担的具体费用，是依据环境污染损害发生后期望达成何种补救程度而确定的，在这一基础上应当采取何种措施，需要同时兼顾污染者责任承担的能力和环境保护的需求。PPP 基金会成立的工作小组认为：力求更充分地利用过去泄油污染事件的研究结果来估计何种治理方式是必需且合理的或何种方法的成功率更高,从而免除由不必要或无效率的治理措施引起的索赔最小化。在进行概念辨析和确定具体治理措施的基础上,针对在 ABNJ 建立的 MPAs 内 PPP 的适用这一问题,需要创建多重监督机制来保障 PPP 的有效实施。首先,需要科研团队监控 MPAs 内的环境状况,污染者负担不仅仅事后的补救也同时也需要事前的预防和控制,环境损害的预测、环境影响评价等问题都需要科研团队的技术支持;其次,需要有权机关指派研究团队确定对环境损害的应恢复至何种程度,与损害前相当抑或如从未遭受损害一般又或是进行适当程度的补救而剩余则由自然环境本身进行修复;再次,在损害发生后,需要专门机关决定采取何种补救措施最为科学,从而确定合理的赔偿数额,采取的措施必须是行之有效的,所遭受损失必须是“可计量的经济损失”,“索赔数额不能是基于由理论模型而得出的抽象数据”;最后,对于 MPAs 内各种规则的实施情况,尤其是 PPP 的适用,应当效仿欧盟 Directive 2004/35/CE 建立审查监督机制对其进行评估,进而对 PPP 的具体规则不断作出改进和完善。只有全面建立以上各个监督机制所需的相应部门和科研团队,才能保证 PPP 得到更好的适用。

基金或保障机制的创设一方面是为了满足 PPP 要求污染者负担环境污染的费用这一目的,这是基金最重要的作用。而另一方面,为规制 ABNJ 的 MPAs 而建立的管理机构的运作也需要充足稳定的资金来源。World Parks Congresses,CBD 和 World Summit on Sustainable Development(WSSD)等都强调过 MPAs 资金援助的重要性。2006 年 CBD 补充说明了所有保护区内资金流动的重要性,尤其是在涉及发展中国家、不发达国家和小岛国的时候(CBD Decision Ⅷ/24. Protected Areas. Paragraphs 17 to 22)。Global Environment Facility(GEF)对于保护区域资金支持占据重要位置。World Heritage Convention(WHC)、Convention on Wetlands of International Importance Especially as Waterfowl Habitat(Ramsar)亦相应地提供了经济援助。保护 MPAs 的基金存在强制义务和自愿贡献两种形式,强制义务的数额存在上限,有关机构对于自愿捐赠持提倡的态度,而一些国家拒绝将其视为义务,认为其应作为完全以自愿为基础的贡献。19 世纪 80 年代即发生了一些国家拒绝定期向 WHC 付款的情况,使得联合国教科文组织(UNESCO)的适用受到了威胁,委员会采取的措施是可能将成员国除名并使该国可能不会再受到基金的援助。由此可见,任何机制如期望能够得到有效运行,资金的来源和稳定性都是必须要考虑的问题。1971 年第一次 Ramsar 会议提出了在必要情形下,向国际组织寻求财政或其他援助以保护其湿地的主张。此后的国际会议上也提出过类似的主张。The Man and the Biosphere (MAB)也积极发展与双边或多边机构之间的关系,特别是 GEF、WHC、CBD 也做出了相应的努力。所以不同国际组织的合作,特别是与 MPAs 和海洋环境保护有关的组织和非政府组织(NGOs)之间的合作,对于确保 ABNJ 建立的 MPAs 有效运作也是不容忽视的。有关机构及 NGOs 可以在筹集资金、机构建制、增强 ABNJ 的 MPAs 社会影响力、提高 MPAs 科研能力及技术水平各个方面发挥重要的作用,这对于建立 MPAs 并保障其稳定性以及区域内规则如 PPP 的有效实施十分关键。

由此,中国应当承担起推动针对 ABNJ 的 MPAs 而进行的建立基金、保障机制和监督机构的任务,与国际社会一道更好地保护海洋资源和环境。对于基金的建立,中国应在力所能及的范围内积极参与,合理开发海洋资源的同时,保护海洋环境。对于基金缴纳的形式,如果国际社会共同决定将其作为强制义务并能够将其控制在合理的范围内,中国理应承担此项费用。然而在强制义务难以被普遍接受的情况下,中国应当从自身国情和国际社会的发展状况出发,在自愿的基础上,为 ABNJ 的 MPAs 基金的建立做出应有贡献,中国不应接受任何干涉本国主权的行为或是某些国家强加给中国的不合理的国际义务。对于 ABNJ 的 MPAs 的保障机制和监督机制,中国需要不断培养专业型和技术型的人才来为 ABNJ 的 MPAs 的建设服务。无论是从维护国际利益的角度还是从促进 ABNJ 的 MPAs 的良性发展的角度,中国都是必不可少的参与者和国际行为体,中国积极投入到 ABNJ 的 MPAs 建设各个环节的工作中,既可以提升中国本身对 ABNJ 的 MPAs 的认可度以及国际社会对中国的肯定,又可以促进国际法治和中国国内法制、科研力量的进步。最后需要强调的是,中国需要在各个层面与其他国家、国际组织、双边和多边机构、NGOs 等展开合作,团结一切可以争取到的力量,维护整个人类社会的共同利益。

6. 加强国际合作,发挥非政府组织的作用

对于 PPP 的适用,欧盟 Directive 2004/35/CE 和 UNCLOS 都强调了合作的重要性,在 CBD 中,这一点也再次体现出来。例如依据 PPP 适用的三

要素:损害、污染者、损害与污染者之间的因果关系的确定,在进行评估时需要采取审慎的态度,在国际范围内进行合作,建立起相应的通知、报告、信息分享等制度,以使 PPP 可以得到更好的实施。ABNJ 的 MPAs 的创设、运行,区域内部规则的实施都离不开国际法行为体之间的合作,这一点是毋庸置疑的,国际合作的重要性也是显而易见的。

前文已经提及了 NGOs 在 MPAs 基金和保护机制、监督机制的建立和管理过程中可以发挥的重要作用,欧盟 Directive 2004/35/CE 中更是以法律规定的形式肯定了 NGOs 在保证指令适当实施中的作用。可以明确的是,无论 NGOs 可以发挥何种作用,对于 MPAs 的建立和管理,都应适当给予 NGOs 在各个过程进行参与的机会。众所周知,NGOs 在国际社会中的影响力越来越大,尤其是在人权、环境保护等方面发挥着日益重要的作用。NGOs 不仅涵盖范围十分广阔,不仅在科学研究、舆论推动方面产生了很多重要的影响,甚至在某些具体国际规则的确定上也取得了话语权。因此,PPP 能否在 MPAs 内有效适用又在何种程度上得到适用,NGOs 完全可能提出相应科学的建议来促进海洋环境保护相关规则的制定,为主管机关提供技术和人才等方面的支持,或是对 MPAs 进行主管机关之外的监督。NGOs 的作用不胜枚举且不容忽视。

中国国内的 NGOs 在不断的发展壮大,但在此过程中遇到的问题也是纷繁复杂的,如果政府层面能够为此类 NGOs 扫清一些发展中的障碍并提供一些合理的机会,那么中国国内 NGOs 的上升速度肯定会倍增。同时,中国政府可以加强与国际 NGOs 的合作,吸纳合理的建议,利用 NGOs 的专业人才和社会影响力,为中国在 ABNJ 的 MPAs 的建立和管理过程中,争取更有利的地位,实现保护海洋环境与海洋资源的合理开发和利用之间的平衡。

7. 设立有效审查、报告机制,进行规则和制度的更新

对于在 ABNJ 的 MPAs 内设立监督审查机制来保证其有效运行似乎并不陌生,例如利用环境影响评价制度来对区域内的活动进行考量,再确定是否予以推进。而此处要强调的是在 ABNJ 的 MPAs 内 PPP 的适用过程中,建立有效的审查机制。欧盟 Directive 2004/35/CE 和 UNCLOS 的审查、报告机制,都说明了实践对于理论进行修正的重要性,CBD 也规定了邀请其他组织对其给出意见,体现了合作精神的同时也证明了审查机制的重要性。在建立 MPAs 的机制上,美国自然研究委员会也提出了监督审查的重要意

义,实时的监控和科学数据的支持可以更好地促进实现建立 MPAs 的目标,促进可持续发展和生物多样性的保护,平衡人类活动和自然资源保护之间的关系,与适用 PPP 所追求的目标是一致的。

在欧盟 Directive 2004/35/CE 中,设立了各国的报告制度来审查制度本身是否可行,各国的实施情况以最终确立规则是否存在可改进之处。正如前文所述,PPP 本身存在污染者难以确定、因果关系难以判断、损害延迟等各方面的适用难题,同时由于各国国内法制度的差异、各国经济发展水平的差异和不同国家利益的驱使,很难在国际社会形成并确立一个一劳永逸、效果优良的国际公约,并保证其在国际社会能够广泛推行。加之 MPAs 本身的建立虽为大势所趋但在实践中仍然存在诸多问题,且不同国家的呼声各有不同,就使得原本已然困难重重的 PPP 的适用难上加难。设立有效的审查机制,可以从规则的实施入手来监测规则的可行性,在此过程中进行扬弃。对于各个国家的报告,给予了有关机构在事后对相关规则进行改进和更新、不断完善的机会,这样更能使 PPP 发挥应有的作用。同时这一报告制度可以加强各个国家的参与程度,使每个国家都能在受到监督的同时,又都保有一定的发言权,对于在 ABNJ 建立的 MPAs,使其更能获得国际社会的普遍关注,更可能在一定程度上提高 PPP 的适用范围以及对海洋环境的保护程度。有效的审查机制不仅能够促进 PPP 本身的发展完善,更使整个建立 ABNJ 的 MPAs 以保护海洋环境的目标不至于落空。

对于此种审查机制,中国当然应当采取积极支持的态度。对于 ABNJ 的 MPAs 的运作情况进行的审查,中国的参与是不可缺少的。中国有权对 ABNJ 的 MPAs 的建设提出合理的建议和主张,同时中国也有义务参与到审查监督的过程中来。另一方面,对于 ABNJ 的 MPAs 内 PPP 规则的制定和执行状况,一旦国际社会共同将国家报告制度确立为国际义务,中国当然会积极履行对包括 PPP 在内的 MPAs 规则的实施状况进行审查的要求,中国会在监督其他国际行为体的同时,接受国际社会的监督。在此层面上,促进自身的法制建设和 ABNJ 的 MPAs 内有关规则和制度的革新。

结 语

由此可知,ABNJ 的 MPAs 的建立亟待制度上的完善。PPP 的适用在海上船舶、石油污染这一方面得到了良好的彰示,但却不应局限于这一领域,ABNJ 的 MPAs 需要 PPP 适用于与环境保护和管理、环境损害责任分担的方方面面。联合国在明确 ABNJ 的 MPAs 有关 PPP 规则这一问题上,笔者认为其应重点填补 ABNJ 的 MPAs 建设中,以下问题在制度上的空白:(1)创立 MPAs 环境损害责任基金或保险制度;(2)建立环境影响评价报告制度;(3)创设有效、中立的内、外部监督机制以及审查报告制度;(4)促进多种行为体在不同层面上进行广泛的国际交流与合作;(5)协调不同国家之间的利益需求,平衡环境保护与经济效益之间不同的价值追求;(6)创设与环境保护基本原则相协调的具体法律规则,增强制度的可适用性;(7)创建 MPAs 内的争端解决机制,为国际海洋环境损害争端提供制度保障和支持。

综上所述,只有通过大量培养专业型、技术型的人才,以不断更新的法律规则为保障,以不断完善的制度体系为依托,才能更好地协调海洋环境保护与海洋资源开发、社会发展、追求经济利益之间的关系,实现代际之间的利益平衡,实现人类社会的可持续发展这一目标。

Polluter Pays Principle and Its Application in MPAs in ABNJ

HE Zhipeng JIANG Chenxi

Abstract: As one of the core principles of international environmental law, the polluter pays principle (PPP) needs to be reviewed from the Chinese terminology since it reflects different understandings concerning its meaning. Furthermore, to understand its origins and development through international documents and domestic rules, its strategy in the application process through the adoption of legislation and rules, particularly in the area of application and the specific forms of pay, will help to clarify its meaning. This principle is just and fair in theory, however, in practice there is a series of problems, such as difficult to determine the main body, difficult to prove the cause and effect relationship, the scope of the payment is not clear, the value orientation is not proper and so on, to be further improved. It is still under discussion as to how this principle should be properly applied when the areas beyond national jurisdiction (ABNJ) are concerned. To this end, China should put forward its own position on the basis of its own objectives and practical experiences, especially with regard to its connotation, the relationship between the domestic law and international law, the method and means of payment, international cooperation and the supervision mechanism.

Keywords: Polluter Pays Principle; Marine Protected Areas; Areas beyond National Jurisdiction

《巴黎协定》与应对气候变化国际法律管制机制

◇武　宁*

【内容摘要】以《联合国气候变化框架公约》—《京都议定书》为核心的应对气候变化国际法律管制机制面临着实施不力的困境。这反映出这一机制存在的问题:关键国的缺失和发达国家单边义务的缺陷;"自上而下"量化分配的失败和执行力度的缺乏;"共同但有区别的责任原则"重新审视和发展的需要。为了解决现有应对气候变化国际法律管制机制存在的问题,《巴黎协定》建立了一个包括发达国家和发展中国家在内的统一的全球应对气候变化制度框架,确立了"自下而上"的行动机制和以透明度安排为核心的监督机制,并对居于核心地位的"共同但有区别的责任原则"进行了发展。从《京都议定书》到《巴黎协定》,应对气候变化国际法律管制机制实现了机制的内部变迁,这一变迁过程既体现了对国家主权原则的尊重,又体现了应对气候变化问题独特的"穿透性"要求,形成了对国家主权的适当限制。

【关键词】气候变化、国际法律管制机制、巴黎协定、共同但有区别的责任原则

绪　论

自20世纪70年代以来,由于温室气体排放增加而导致的全球气候变暖开始受到普遍的关注。作为监测气候变化及其影响的最权威机构,联合国政府间气候变化专门委员会(Intergovernmental Panel on Climate Change,

---

* 北京大学法学院2016级国际法学专业硕士研究生。

IPCC)在其2014年发布的第五份《综合报告》中确认有95%的把握可以证明当前全球气候变暖的主要原因是人类活动。[1] 近年来,人类活动所造成的温室气体排放达到了历史最高值,在厄尔尼诺现象和人类活动的共同作用下,2015年成为有记录以来最热的年份。[2] 根据科学观测,自20世纪50年代以来,大气和海洋的温度在不断升高,海平面上升,雪量和冰量出现下降。这些变化是以前几十年至几千年期间所未有的。[3] 可以说,气候变化已经对人类活动和自然系统产生了广泛的影响。为避免人类活动对生态系统造成更加严重和不可逆转的破坏,人类必须采取行动应对气候变化。

当前,现有的应对气候变化国际法律管制机制是以《联合国气候变化框架公约》[4]—《京都议定书》[5]为核心的气候变化国际法律机制。这一机制具有以"共同但有区别的责任原则"为核心,区别对待发达国家和发展中国家,以及发达国家单方面承担"自上而下"[6]的强制减排义务的特点。这一机制为国际社会应对气候变化进行国际合作奠定了基本的谈判和行动框架,是全球气候变化治理的基石。它在实施中得到了国际社会的基本认可,但同时也面临着减排不力、互相推诿责任的困境。这种困境反映了《京都议定书》安排下的应对气候变化国际法律管制机制存在的问题:关键国的缺失和发达国家单边义务的缺陷;"自上而下"量化分配的失败和执行力度的缺乏;"共同但有区别的责任原则"重新审视和发展的需要。为了解决现有应对气候变化国际法律管制机制存在的问题,为2020年后的全球应对气候变化行动做出更加合理的制度性安排,世界将期待的目光转向了2015年在法国巴黎召开的世界气候大会。巴黎气候大会正是要弥补现有应对气候变化国际法律管制机制的不足,建立一个统一发达国家和发展中国家的全球性

---

[1] IPCC, *Climate Change* 2014: *Synthesis Report*, 2014, p. V.

[2] 《WRI回顾2015年气候里程碑事件》,载全球变化研究信息中心网,http://www.globalchange.ac.cn/view.jsp? id = 52cdc066520bc022015277824a1b0084,2016年2月17日访问。

[3] IPCC, *supra* note 1, p. 2.

[4] 《联合国气候变化框架公约》(United Nations Framework Convention on Climate Change, UNFCCC):1992年5月9日缔结,1994年3月21日生效。

[5] 《京都议定书》(Kyoto Protocol to the United Nations Framework Convention on Climate Change, Kyoto Protocol):1997年12月11日缔结,2005年2月16日生效。

[6] 所谓"自上而下",是指首先制定温室气体总体减排目标,之后根据《京都议定书》所载的计算方法和各国减少排放的承诺在附件一缔约方间分配排放量限制。

制度框架。

2015 年 12 月 12 日，历时 13 天的巴黎气候大会最终达成了《联合国气候变化框架公约》下第二份有法律约束力的国际文件——《巴黎协定》[7]（Paris Agreement）。这一协定志在建立一个包括发达国家和发展中国家在内的统一的全球应对气候变化制度框架。为实现这一目标，协定需要在减缓、适应、透明度、资金安排、能力建设等方面为发达国家和发展中国家做出详细的行动安排。但在这些具体安排背后，从根本上，协定必须回答三大核心问题：这一框架应选择怎样的形式安排；这一框架将采用怎样的行动机制和行动监督机制；这一框架将以怎样的法律原则为指导核心。这三大问题背后的国际法理论是什么，与会各缔约方对该问题的观点如何，以及《巴黎协定》最终是如何解决这些问题的正是本文的研究重点。

一、应对气候变化国际法律管制机制的诞生与发展

（一）《联合国气候变化框架公约》的诞生

20 世纪后半叶，地球温度在显著升高的事实得到了大量科学数据的确认，温室气体排放增加导致的全球气候变暖开始受到普遍关注。1972 年召开的联合国人类环境会议正是国际社会关注气候变化及其影响的起点事件。1979 年在日内瓦召开了第一次世界气候大会（World Climate Conference，WCC－1），这次大会提高了人们对气候变化的认识水平和重视程度，并最终推动联合国环境规划署（United Nations Environment Programme，UNEP）和世界气象组织（World Meteorological Organization，WMO）于 1988 年成立了政府间气候变化专门委员会，为各国决策者提供该领域最权威和客观的科学技术评估，并为气候谈判奠定科学的基础。1989 年，“大气污染和气候变化部长级会议”在荷兰诺德维克举行，会议通过了《关于防治大气污染与气候变化的诺德维克宣言》。这次会议是国际社会为达成政府间减排协议所做的第一次努力，也为之后的气候变化国际谈判吹

〔7〕《巴黎协定》（Paris Agreement）：2015 年 12 月 12 日缔结，2016 年 11 月 4 日生效。

响了号角。[8]

随着政府间气候变化专门委员会在1990年发布第一份评估报告，呼吁国际社会重视气候变化问题并积极采取相应行动，1990年末，联合国大会通过了第45/212号决议，成立“气候变化框架公约政府间谈判委员会”，正式启动以建立气候变化国际法律管制机制为目的的国际谈判。历经五次会议，通过140多个国家耗时17个月的谈判，《联合国气候变化框架公约》（以下简称《公约》）最终于1992年5月在联合国纽约总部通过，并于1994年3月21日正式生效。截至目前，《公约》共有197个缔约方，其中包括196个国家和一个地区经济一体化组织——欧盟。[9] 中国于1992年6月11日签署并于1993年5月7日批准了《公约》。[10]

《公约》是气候变化领域第一份具有法律约束力的国际文件，为国际社会在应对气候变化问题上进行国际合作建立了基本框架，是应对气候变化国际法的开端。《公约》阐明了应对气候变化国际法律管制机制的最终目标[11]和以“共同但有区别的责任原则”（以下简称“共区原则”）（Common but Differentiated Responsibilities，CBDR）为核心的指导原则[12]，明确了发达国家应承担率先减排和向发展中国家提供资金、技术支持的义务，承认了发展中国家有消除贫困、发展经济的优先需要。但《公约》也仅仅是为未来应对气候变化采取行动建立了一个框架，既没有确立一个有约束力的减排目标和减排时间表，也没有明确规定各缔约方履行义务的具体措施。因此，要想使《公约》产生实际的效果，就必须进一步充实这一宽泛笼统的框架。[13]

---

〔8〕 张边仆：《气候变化应对法律问题研究》，中国环境出版社2009年版，第7页。

〔9〕 UNFCCC, available at http://unfccc.int/essential_background/convention/status_of_ratification/items/2631.php, last accessed at 17 February 2016.

〔10〕 中国外交部网站，http://www.fmprc.gov.cn/web/ziliao_674904/tytj_674911/tyfg_674913/t1201175.shtml，2016年2月17日访问。

〔11〕 《公约》第2条规定：“根据本公约的各项有关规定，将大气中温室气体的浓度稳定在防止气候系统受到危险的人为干扰的水平上。这一水平应当在足以使生态系统能够自然地适应气候变化、确保粮食生产免受威胁并使经济发展能够可持续地进行的时间范围内实现。”

〔12〕 《公约》第3.1条和第3.2条规定：“各缔约方应当在公平的基础上，并根据它们共同但有区别的责任和各自的能力，为人类当代和后代的利益保护气候系统。因此，发达国家缔约方应当率先对付气候变化及其不利影响。”同时“应当充分考虑到发展中国家缔约方”的“具体需要和特殊情况”。

〔13〕 ［法］亚历山大·基斯：《国际环境法》，张若思译，法律出版社2000年版，第223页。

（二）《京都议定书》

正是由于《公约》所规定的减排目标内容不够充分[14]，且没有对各缔约方，尤其是发达国家缔约方如何履行减排义务做出具体规定，因此要想使《公约》具备可履行性就必须要就温室气体减排达成新的承诺。在这样的背景下，1995 年 3 月 28 日在德国柏林召开的第一次缔约方大会通过了第 1 号决定《柏林授权》(Berlin Mandate)。根据《柏林授权》，各缔约方将就温室气体的排放限度和减排目标展开谈判，并以议定书或其他法律文件的形式将谈判达成的新承诺在将于 1997 年在京都举行的缔约方大会上确定下来，同时会议同意新的承诺仍然不适用于发展中国家。[15]

1997 年 12 月，在日本京都举行的《公约》第三次缔约方大会上，《京都议定书》获得通过。这是《公约》下，也是人类历史上第一份具有法律约束力的发达国家定量减排目标。该议定书历经波折于 2005 年 2 月 16 日艰难生效，截至目前，共有 192 个缔约方。中国于 1998 年 5 月 29 日签署并于 2002 年 8 月 30 日核准了该议定书。[16]

《京都议定书》规定了 6 种受减排管制的温室气体[17]并对发达国家的减排目标做出了具体规定，要求附件一所列缔约方整体在 2008 年至 2012 年温室气体排放量较 1990 年水平至少减少 5%，同时各缔约方严格执行其在附件 B 中所做的减排承诺以实现这一目标。此外，《京都议定书》还规定发达国家可采取“联合履行机制”(Joint Implementation, JI)、“清洁发展机制”(Clean Development Mechanism, CDM)及“排放交易机制”(Emissions Trading, ET)三种“灵活履约机制”作为完成减排义务的补充手段，并允许用造林等活动来折抵附件 B 中规定的减排义务。[18]

---

〔14〕《公约》第 4 条第 2 款仅规定将“温室气体的人为排放回复到 1990 年的水平”，但这只是一个“自愿目标”，没有规定有约束力的排放限制。

〔15〕杨兴：《〈气候变化框架公约〉研究》，中国法制出版社 2007 年版，第 19～20 页。

〔16〕UNFCCC, available at http://unfccc.int/kyoto_protocol/status_of_ratification/items/2613.php, last accessed at 17 February 2016.

〔17〕《京都议定书》规定的受管制的温室气体包括：二氧化碳(CO_2)、甲烷(CH_4)、氧化亚氮(N_2O)、氢氟碳化物(HFCs)、全氟化碳(PFCs)和六氟化硫(SF_6)。《多哈修正案》增加了三氟化氮(NF_3)，受管制的温室气体达到了 7 种。

〔18〕参见《京都议定书》，FCCC/INFORMAL/83，1998。

在此之后的数次缔约方大会围绕《京都议定书》的实施机制、遵约程序、资金支持、技术的开发转让等议定书的具体细则展开讨论，并达成了《布宜诺斯艾利斯行动计划》(Buenos Aires Plan of Action)、《波恩协定》(Bonn Agreement)、《马拉喀什协议》(Marrakesh Accord)、《德里宣言》(Delhi Declaration)等协议和行动计划，虽屡有波折，但促使了《京都议定书》机制的约束力在一定程度上得以实现。2012年多哈会议通过了《〈京都议定书〉多哈修正案》(以下简称《多哈修正案》)(Doha Amendment to the Kyoto Protocol, Doha Amendment)，规定了为期八年的第二承诺期(2013～2020年)，部分发达国家参加了第二承诺期的量化减排指标。

(三)《巴厘岛路线图》

《京都议定书》生效之后，《公约》第十一次缔约方大会暨《京都议定书》第一次缔约方大会在加拿大蒙特利尔召开。这次会议通过了《京都议定书》的执行规定，并确定以"双轨制"的谈判机制开启对2012年《京都议定书》承诺期到期后减排安排的谈判。2007年，《公约》第十三次缔约方大会在印度尼西亚的巴厘岛举行，重点讨论"后京都时代"[2012年《京都议定书》第一承诺期(2008～2012年)到期后]的应对气候变化解决方案。巴厘岛大会正式启动了"双轨制"的谈判机制：一方面，签署了《京都议定书》的附件一缔约方要在《京都议定书》下就未来减排安排开始新一轮的谈判；另一方面，发展中国家和未签署《京都议定书》的发达国家，尤其包括未批准《京都议定书》的美国，则同样要在《公约》下进一步采取行动，应对气候变化。[19]

巴厘岛大会的最大成果是通过了《巴厘岛路线图》(The Bali Road Map)。《巴厘岛路线图》虽然未能规定具体的减排目标，但为2008年的四次谈判确定了日程，以便于2009年就新一轮减排安排达成协议。路线图明确了要为所有发达国家设定"可测量、可报告、可核实"的具体减排目标，同时发展中国家也应在可持续发展的框架下努力控制其温室气体排放增长，适当采取国家行动。[20]《巴厘岛路线图》还提出了应对气候变化四支柱问

〔19〕 李静云：《走向气候文明：后京都时代气候保护国际法律新秩序的构建》，中国环境科学出版社2010年版，第163页。

〔20〕 韩缨：《气候变化国际法问题研究》，浙江大学出版社2012年版，第29页。

题,即谈判应围绕应对气候变化的四个议题:减缓(mitigation)、适应(adaptation)、资金(financing)和技术(technology)展开,并平衡对待这四个领域。此外,在巴厘岛会议上还启动了适应气候变化基金(Adaptation Fund)。

《巴厘岛路线图》是气候谈判的一个转折点。它坚持了《公约》和《京都议定书》规定的"共区原则",为未来达成的新协议区别设定发达国家和发展中国家的义务奠定了基础。但同时《巴厘岛路线图》要求发展中国家适当采取减缓行动,发展中国家的履约义务开始增加。

(四)《哥本哈根协议》

根据《巴厘岛路线图》的规划,2009 年底前各方须完成"后京都时代"减排目标的谈判。正是在这样的背景下,2009 年哥本哈根世界气候大会召开,计划取得一份具有法律约束力的减排新协议。这次大会呈现出空前规模,在会议开始前,国际社会对会议充满期待,将这次会议喻为"拯救人类的最后一次机会"。[21] 然而事实是,会议充满了矛盾和对立,最终在相互指责中草草收场。在哥本哈根大会上,发达国家一如既往地要求发展中国家承担强制减排义务,并提出根据发展中国家承担强制减排义务的表现,决定对其提供资金和技术支持。这遭到了发展中国家的强烈抗议。以"基础四国"为代表的发展中国家要求坚持"共区原则",主张发达国家必须先提供资金和技术支持,并强调自主减排不接受国际上的审查标准。[22] 由于发达国家和发展中国家在减排目标上无法取得一致意见,会议仅在最后时刻达成了一份没有法律约束力的《哥本哈根协议》(Copenhagen Accord)。这一协议与会议最初的目标距离较远,仅做出了原则性的规定,许多重大问题悬而未决,也没有提及各国的具体减排目标,既不具有可操作性也缺乏强制力约束。这意味着 2012 年后在减排问题上将会出现一段"法律真空期"。因此,哥本哈根世界气候大会是气候变化谈判的一次挫折。

---

〔21〕 顾华详:《论哥本哈根协议的法律价值——兼论中国应对全球气候变化法律措施的完善》,载《重庆大学学报》(社会科学版)2010 年第 1 期,第 55 页。

〔22〕 同上注。

（五）《坎昆协议》

在哥本哈根会议令人失望地闭幕后，国际社会都感受到了气候谈判的悲观前景，而之后的坎昆会议也证实了这个预测。在这次坎坷的会议谈判过程中，日本宣布拒绝加入《京都议定书》第二期承诺（2013～2020年），俄罗斯、加拿大、澳大利亚和新西兰等在第一承诺期表现不佳的缔约国也在不同场合暗示将步日本的后尘。尽管在发展中国家的团结和坚持下，《坎昆协议》（Cancun Agreements）坚持了“共区原则”的《公约》基本精神，再次强调发达国家必须率先减排，并向发展中国家提供资金和技术支持，同时落实哥本哈根大会建立的绿色气候基金（Copenhagen Green Climate Fund），帮助发展中国家适应气候变化，但与此同时，也开启了发达国家和发展中国家共同“自下而上”做出减缓承诺的新规则。据此，除土耳其外的《公约》全部发达国家缔约方提交了2020年全经济范围量化减排目标承诺；[23] 与此同时，48个发展中国家缔约方则提交了2020年国家适当减缓行动承诺。[24] 尽管发达国家和发展中国家做出承诺的性质不同，但在承诺减排目标的方式上已经趋同为“自下而上”的自主提出，发展中国家开始承担更多的履约义务，二者责任的“不对称性”在缩小，这在一定意义上是对“共区原则”的削弱。

（六）在德班、多哈和华沙达成的“一揽子”气候决议

2011年的德班气候大会主要体现了发展中国家的两个根本诉求，即要求发达国家在《京都议定书》第二承诺期内进一步减排，同时启动绿色气候基金。在这次会议上还成立了德班加强行动平台，旨在从2012年开始启动新一轮谈判。2012年第十八次缔约方大会于多哈举行，会议通过了《多哈修正案》，规定了从2013年到2020年为期八年的第二承诺期，明确了发达国家的减排目标。此外，会议明确提出了2014年提出新协定，2015年提出草案，2015年底完成谈判的德班加强行动平台谈判日程表。之后，2013年

〔23〕 UNFCCC, “Compilation of Economy-Wide Emission Reduction Targets to be Implemented by Parties Included in Annex I to the Convention”, (7 Jun 2011) FCCC/SB/2011/INF. 1/Rev. 1.

〔24〕 UNFCCC, “Compilation of Information on Nationally Appropriate Mitigation Actions to Be Implemented by Parties not Included in Annex I to the Convention” (18 March 2011) FCCC/AWGLCA/2011/INF. 1/Rev. 1.

的华沙会议主要就“德班加强行动平台”的议题进行了讨论，提出了“国家自主贡献”(Intended Nationally Determined Contributions, INDC)方案，根据此方案，各国将自主提出应对气候变化的行动目标。由此，“自下而上”的减排承诺和行动方式成为应对气候变化的主流模式。2014年的利马气候大会进一步明确了“国家自主贡献”原则，并对其所需基本信息提出了要求。[25] 华沙会议产生了很多争议，最主要的是发达国家同发展中国家就“共区原则”展开争论。发达国家质疑区别责任，认为到2020年时新兴发展中国家的经济技术水平将会得到大幅度提升，完全有能力应对气候变化，因此发展中国家不应以发达国家的资金技术没有到位为借口不履行公约义务。而发展中国家却始终坚持“区别原则”，要求发达国家承担更多的减排义务，同时还应对发展中国家提供资金上、技术上的援助，并兑现绿色气候基金的承诺。[26] 以上这些会议在争议中不断就行动透明度问题、发展中国家关心的资金和技术支持问题进行磋商，为最新达成的《巴黎协定》开辟了道路。

（七）小结

由前所述，当前的应对气候变化国际法律管制机制是以《联合国气候变化框架公约》—《京都议定书》为核心的气候变化国际法律机制。这一机制具有如下三大特点：第一，这一机制以经济发展情况为标准，划分了发达国家和发展中国家两大不同义务主体。第二，这一机制坚持以“共区原则”为核心，为发达国家设置了率先减排和向发展中国家提供资金和技术支持的单方面义务。第三，在具体减排方面，这一机制形成了“自上而下”的减排模式，为承担强制减排义务的发达国家规定了排放量上限。近年来，这一国际法律管制机制愈加强调全体缔约方的共同行动，发达国家和发展中国家之间承诺的“不对称性”在缩小，“自下而上”的承诺和行动方式开始成为主流。在坚持《公约》框架和“共区原则”的条件下，统一发达国家和发展中国家的行动是这一国际法律管制机制的未来发展方向。

---

〔25〕 冯相昭、刘哲、田春秀、王敏：《从国家自主贡献承诺看全球气候治理体系的变化》，载《世界环境》2015年第6期，第35页。

〔26〕 薄燕：《原则与规则：全球气候变化治理机制的变迁》，载《世界经济与政治》2014年第2期，第58页。

二、国际法律管制机制的实施效果与存在的问题

（一）国际法律管制机制的实施效果

以《公约》为核心的气候变化国际法律管制机制，自1992年诞生以来为国际社会应对气候变化进行国际合作奠定了基本的谈判和行动框架，是全球气候变化治理的基石。它以法律的形式凝聚了国际社会的基本共识，通过坚持“共区原则”保障了发展中国家的生存权和发展权，维护了国际气候治理中的公正要求，对提高人类社会对气候变化问题的重视、促进国际合作、推动全球范围内减缓温室气体排放具有重要意义。这一国际法律管制机制虽随时代变迁不断发展变化，但始终坚持了《公约》和《京都议定书》确定的框架和原则。可以说这一国际法律管制机制在实施中得到了国际社会的基本认可。

但与此同时，这一国际法律管制机制的实施效果却不甚理想。二氧化碳排放量分别占比36.1%和2.1%的美国和澳大利亚拒绝批准《京都议定书》。在减排第一承诺期内，执行情况较好的欧盟仅完成了4.1%的温室气体减排，距离议定书规定的8%的减排目标仍有一定差距。日本和瑞士不但没有完成6%和8%的减排目标反而温室气体排放都增加了7.8%。原定保持零增长的新西兰，温室气体排放也增加了20.4%。冰岛和挪威更是分别突破了10%和1%的温室气体排放量增长限制，达到了26.1%和6.5%的高排放增长水平。[27] 之后，日本、加拿大等国更是拒绝参加《京都议定书》的第二承诺期。在承担资金支持方面，发达国家在2009年的哥本哈根世界气候大会上做出的每年1000亿美元资金支持的承诺一直未能兑现。而在整个机制的实施过程中，始终充斥着发达国家和发展中国家的争论和相互指责。发达国家不断要求发展中国家，尤其是发展中大国承担减排义务，并以发展中国家不参与减排为借口怠于履行减排义务和提供资金支持；发展中

---

〔27〕 UNFCCC, available at http://unfccc.int/kyoto_protocol/items/3145.php, last accessed at 17 February 2016; UNFCCC, available at http://unfccc.int/kyoto_protocol/reporting/items/9044.php, last accessed at 17 February 2016; UNFCCC, "Annual Compilation and Accounting Report for Annex B Parties under the Kyoto Protocol for 2015" (25 November 2015) FCCC/KP/CMP/2015/6, p. 14.

国家则指责发达国家转嫁和逃避责任，强调发达国家必须正视历史排放和人均排放水平，严格履行《公约》和《京都议定书》。“共区原则”没能弥合二者之间的上述分歧，相反成为争议的焦点。发达国家和发展中国家在解释“共区原则”上固执地坚持自己的立场，阻碍了国际法律管制机制的实施，也为机制下的谈判造成了障碍。

（二）国际法律管制机制实施中存在的问题

现有的国际法律管制机制在实施中的挫折正反映了《京都议定书》安排下的气候变化国际管制模式存在的问题。

首先是关键国的缺失和发达国家单方面承担强制减排义务的失败。从《公约》谈判伊始，以美国为首的发达国家就一直希望将发展中国家纳入减排体系之中。之后的历次谈判也都围绕着是否让发展中国家承担减排义务这一发达国家和发展中国家的主要矛盾而展开。虽然在发展中国家为争取自身生存和发展空间的长期努力下，《京都议定书》最终没有规定发展中国家的强制减排义务，但自议定书签订以来发展中国家巨大的温室气体排放量和长期保持的较高水平的温室气体排放增长，成为全球应对气候变化的一大阻碍，也成为发达国家据以质疑减排责任分配的公平性和拒绝单方面履行强制减排义务的借口。当时温室气体排放量居于首位的美国更是以此为由，拒绝批准《京都议定书》。发展中国家，尤其是中国、印度这样的发展中大国，和美国这一关键国家的缺失，使得议定书的效用大大降低，发达国家缔约方的减排动力明显不足，以至于难以在规定的时间内对全球温室气体的排放做出有效控制。

其次是“自上而下”量化分配的失败和执行力度的缺乏。与国内法不同，国际法是在主权国家的长期交往过程中形成的，国际法能否产生并得以实施从根本上受制于国家主权。作为国际法的基本原则，国家主权原则要求一个国家对处理国内事务具有最高话语权，对于国际事务享有平等参与权，其核心是对国家利益的维护。正是出于国家利益的考虑，在应对气候变化问题上，发达国家要求根据本国情况自主决定减排目标的承担，并要求发展中国家同样“平等”地参与减排。而《京都议定书》规定的“自上而下”的减排模式正与此相反。其根据议定书规定的计算方法分配减排目标的模式正是对国家自主决定权的侵犯，在国际上尚没有一个足够强大的超主权政治法律力量去强制各国采取气候行动的情况下，“自上而下”的减排模式违反了国家的主权要求。

而与此同时，国际环境问题的特殊性又要求对国家主权进行适当的限制，只有这样才能在应对气候变化问题上取得进步。气候问题没有国界，环境利益更是全人类的共同利益，在气候变化问题上，没有任何一个国家能够主张绝对的主权。建立一种合理的、适当限制主权的监督机制和违约机制正是国际环境问题“穿透性”的要求和体现，也是国际环境法与国际法其他领域最大的不同。然而《京都议定书》安排下的国际法律管制机制却仅仅依靠国家自觉履行脆弱维持，监督机制和和违约责任的缺乏也使这一机制的执行力度十分微弱。

最后是发达国家和发展中国家在长期的谈判中相互指责、推诿责任，正反映出发达国家和发展中国家对于是否应该在“共区原则”下履约，以及如何在该原则下履约的不同立场。这本质上是对于“共区原则”内涵解读的争论，也折射出这一原则自身发展的需要。

为了解决现有的应对气候变化国际法律管制机制存在的问题，为2020年后的全球应对气候变化行动做出更加合理的制度性安排，世界将期待的目光转向了2015年在法国巴黎召开的气候大会。以现有的应对气候变化国际法律管制机制的不足为鉴，巴黎气候大会正是要建立一个统一发达国家和发展中国家的全球性制度框架。在这一框架下，所有国家将通过更加符合国家主权要求的方式展开减排和适应行动，并不断加强行动力度。同时，发达国家和发展中国家间关于责任分配的矛盾需要调和，协调二者关系的“共区原则”需要得到重新审视。

三、《巴黎协定》与应对气候变化国际法律管制机制

2015年12月12日，《公约》第二十一次缔约方大会在法国巴黎圆满落幕。197个《公约》缔约方一致通过了《巴黎协定》，形成了对2020年后的全球应对气候变化行动的新安排。这一协定是自1992年达成《联合国气候变化框架公约》、1997年达成《京都议定书》以来，人类社会应对气候变化历史

上第三份具有法律约束力的协议,[28]也是第一份统一发达国家和发展中国家的全球性减排协议。可以说《巴黎协定》是对现有的以《联合国气候变化框架公约》—《京都议定书》为核心的应对气候变化国际法律管制机制的一次具有里程碑意义的发展。

在达成《巴黎协定》的整个谈判过程中,与会各方主要围绕四项分歧展开谈判:巴黎大会成果的法律约束力问题;加强应对气候变化行动力度的问题;资金问题;以及巴黎大会达成的协议与《公约》的关系问题。这四项分歧及其相关争议正反映了《巴黎协定》志在解决的三大法律问题:(1)要达成一个统一发达国家和发展中国家的全球性制度框架应选择怎样的形式安排;(2)以怎样的模式来为发达国家和发展中国家安排一个共同的行动机制和行动监督机制;(3)究竟以什么样的法律原则将发达国家和发展中国家团结在一个共同且公平的制度框架内。这三大法律问题是现有国际法律管制机制的发展需要和发展方向,也是接下来本文要研究的重点。

(一)《巴黎协定》的法律约束力

根据此前的多次谈判,在法国巴黎举行的第二十一次缔约方大会上,近200个缔约方将最终为2020年后的全球应对气候变化行动做出制度性安排。这样一个将统一发达国家和发展中国家的全球性制度框架应选择怎样的形式安排成为巴黎气候大会首先需要解决的问题。所达成的国际文件究竟仅仅是一个政治决定还是一份有法律约束力的国际协议成为巴黎气候大会的一大争论焦点。

1. 巴黎气候大会对协议形式的争论

在巴黎气候大会的开始阶段,各方就法律形式即巴黎气候大会所达成的协议是否具有法律约束力这一问题展开了激烈的争论。

以欧盟为代表的众多国家认为,只有使气候谈判所达成的书面协议具有法律约束力,才有可能在未来真正将协议转化为有力度的减排措施以减少温室气体的排放。因此巴黎气候大会所达成的气候协议应该是一项具有

---

〔28〕《〈巴黎协定〉内容解读》,载全球变化研究信息中心网,http://www.globalchange.ac.cn/view.jsp?id=52cdc06651ad7e940151aeccca5e0004,2016年2月17日访问。

法律约束力的“国际条约”。[29] 一些国家甚至要求将巴黎气候大会的所有决定都写入具有法律约束力的协议之中。对此，中国国家主席习近平在巴黎气候大会开幕式上的讲话中特别强调，中方希望大会“达成一个全面、均衡、有力度、有约束力的气候变化协议”。[30]

然而与此相对，出于国内政治因素的考虑，以美国为首的一些国家则不愿意达成一项具有法律约束力的气候协议，或只希望其中一部分决定具有法律约束力。这些国家的担心主要在于，如果只要求达成一项政治协议，那么有代表团的同意就足够了，然而如果要达成一份具有法律约束力的协议，则除各国代表团的签署外，还需要进一步得到各国国内的确认，这意味着国内法律和政治制度将对协议的生效产生影响。在一些国家国内尚对减排存有疑虑的情况下，协议或将面临着国内无法通过的阻碍。在这种情况下，如果过分追求协议的法律约束力，则又会有国家游离在外，这将削弱协议的全球性。为此，美国国务卿约翰·克里在接受英国《金融时报》采访时坚称，巴黎气候大会不会达成一项从法律上要求各国减排的“条约”，“它们不会是诸如《京都议定书》之类具有法律约束力的减排目标。”[31]

面对以上两种立场的对立，在巴黎气候大会的第四天即2015年12月3日，中国气候变化事务特别代表、中国代表团团长解振华在中国角召开的媒体吹风会上阐述了中国立场和建议方案：建议以“协议+决定”的方式调和两方矛盾。在具有法律约束力的协议当中，对2020年后全球应对气候变化的主要规则和机制安排做出规定，以得到各国的共同遵守。同时，出于各国实际情况的特殊性，尤其是一些国家在履行方面的实际困难的考虑，一些相关规定可以写入政治决定当中，以期各国政府自觉、认真的落实。[32]

---

〔29〕《美国国务卿克里：巴黎气候协议将不具法律约束力》，载中国新闻网，http://www.chinanews.com/gj/2015/11-12/7618938.shtml，2016年2月17日访问。

〔30〕习近平：《携手构建合作共赢、公平合理的气候变化治理机制——在气候变化巴黎大会开幕式上的讲话》，载中国气候变化信息网，http://www.ccchina.gov.cn/nDetail.aspx?newsId=57227&TId=184，2016年2月17日访问。

〔31〕《美国国务卿克里：巴黎气候协议将不具法律约束力》，载中国新闻网，http://www.chinanews.com/gj/2015/11-12/7618938.shtml，2016年2月17日访问。

〔32〕范婷玉、蔡菲菲：《巴黎气候谈判存四大分歧　解振华详述中国解决方案》，载国际在线网，http://gb.cri.cn/42071/2015/12/04/3245s5187407.htm，2016年2月17日访问。

2. 争论背后的国际法律问题

正如法国总统奥朗德在《回声报》上声明的那样，“如果所签署的协议不具有法律约束力，就相当于没有达成协议”。[33] 因为，如果协议不具备法律效力，将意味着各国不仅可以在任何时候因利益的需要而选择退出协议，或减免或改变协议的要求，而且还不受任何适用于条约关系的各种条件和义务的约束。这样一来，各国所做出的承诺将难以得到执行和遵守，未来更无从检查和监督协议的执行情况。

但反对者的担心并非无的放矢。事实上，《京都议定书》的艰难生效和美国的拒绝批准就是最好的例证。

根据国际法上的条约缔结程序规则，一项非经简易程序缔结的多边条约要对一国发生法律效力，不仅要经过国家签字，还需要国内的批准。在一项多边条约的缔结过程中，签署仅仅意味着对条约约文的认证和签字国初步同意接受条约的约束，批准才是“一国据以在国际上确定其同意条约拘束之国际行为”。[34] 根据国家主权原则，没有国家的同意，不得强迫它履行一项国际条约义务，[35] 而这种同意只有在批准之后才能有效。事实上，国家在国际上批准条约的行为发生在国内批准程序之后，因而国内的法律和政治制度将对协议的生效产生影响。

在《京都议定书》产生之前，1997 年 7 月 25 日美国参议院就通过了 98 号决议，明确要求“在发展中国家缔约方不同时承诺承担限制或者减少温室气体排放义务或应对气候变化将会严重危害美国经济的情况下，美国不得签署任何与 1992 年《公约》有关的议定书或协定”。[36] 因此，虽然美国的谈判代表，副总统戈尔于 1998 年签署了《京都议定书》，但最终在 2001 年美国以发展中大国没有参加强制减排为由，宣布不会批准该议定书。此外，澳大利亚也选择了拒绝批准《京都议定书》。

美国和澳大利亚的不批准不仅使自己成为两个游离于议定书之外的发达国家，也对《京都议定书》的生效产生了巨大的阻碍。根据《京都议定书》

---

〔33〕 李莎：《巴黎气候大会：三大焦点议题待解》，载《人民日报》（海外版）2015 年 11 月 28 日第 3 版。

〔34〕 《维也纳条约法公约》，1155 UNTS 331（1969），第 2 条第 1 款。

〔35〕 白桂梅：《国际法》，北京大学出版社 2010 年版，第 59 页。

〔36〕 韩缨：《气候变化国际法问题研究》，浙江大学出版社 2012 年版，第 25 页。

第25条第1款的规定，议定书的生效要满足：有不少于55个《公约》缔约方国家批准，且其中附件一国家缔约方的合计二氧化碳排放量至少占所有附件一缔约方1990年二氧化碳排放总量的55%。因此，二氧化碳排放量分别占比36.1%和2.1%的美国和澳大利亚的拒绝批准，意味着要达到生效条件，几乎所有其他附件一缔约方都必须批准该议定书，这使得议定书的生效异常艰辛。

正是达成有法律约束力的国际协议的艰辛和可能存在的无法批准的风险使得反对者转而追求一份政治协定。此类文件可以避免国内的条约批准程序，同时国际法上也没有任何规则阻止任何国家自愿履行来源于一个没有法律约束力的文件中的任何国际义务。[37] 这种"纯粹的政治行为"具有更大的灵活性。既然协议没有明确有约束力的义务，加入这种协议自然是有利而无害的。可以预见，这种政治协定更容易取得国际社会的一致回应，从而避免少数国家游离于协议之外。

由此可见，巴黎气候大会关于达成的国际文件的性质为何的争论，实质上是要求以法律约束各国行为和寻求全球广泛参与之间的矛盾带来的，这背后折射出的是国内法律程序和政治制度对国际法产生的影响。

3.《巴黎协定》的妥协之道

面对争论，《巴黎协定》选择了妥协，通过"协定+决定"的安排，最终达成了《公约》下第二份有法律约束力的文件。

作为有法律约束力的"协定"，《巴黎协定》涵盖了减缓、适应、资金、技术、能力建设、透明度等各个全球应对气候变化的关键要素，为各缔约方设定了明确的行动要求，凝聚了近200个缔约方的基本共识。但为了取得国际社会的一致回应，《巴黎协定》的条款又具有"软性"，很多条款只具备基本的框架性质，对一些暂时难以弥合的争议选择了回避。出于各国实际情况具有特殊性，尤其是一些国家在履行方面有实际困难的考虑，相关安排写入了没有法律约束力的政治决定当中，并在"决定"中对2020年之前的强化行动做出了安排。

这方面的一个例证是关于资金安排的规定。发展中国家最关心的资金问题，是巴黎气候大会的一大争议焦点，也是会议最后两天中最难达成共识

[37] 白桂梅：《国际法》，北京大学出版社2010年版，第59页。

的“硬骨头”之一。在协议的谈判过程中，发展中国家要求发达国家兑现此前做出的每年提供1000亿美元的资金承诺，并在2020年以后进一步提高资金支持力度。而发达国家则拒绝承诺具体的支持资金数额，并要求新兴发展中国家也承担出资义务。

最终的会议成果通过“协定 + 决定”的安排使双方的诉求得以体现。《巴黎协定》在很大程度上体现了发达国家的主张，没有提及具体的资金数额，仅要求发达国家为协助发展中国家减缓和适应气候变化提供资金支持，并鼓励其他国家自愿提供资金援助。而为体现发展中国家对资金问题的关切，在“决定”当中规定了2020年前“制定切实的路线图”，落实发达国家做出的在2020年前每年向发展中国家提供1000亿美元的资金承诺。“没有‘制定切实的路线图’这个表述，发达国家关于2020年前每年为发展中国家提供1000亿美元应对气候变化支持资金的承诺就成了画饼。”[38]

（二）全球气候治理新模式

《巴黎协定》是《公约》下第二份具有法律约束力的文件，它为2020年后全球应对气候变化行动做出了制度性的安排。与此前仅为发达国家设定减排义务的《京都议定书》相比，《巴黎协定》第一次使全球所有国家为了共同的目标采取共同应对措施，是第一份全球意义上的减排安排。它“标志着一种国际合作的新形式——发达国家和发展中国家团结在一个共同且公平的框架下”。[39] 然而，发达国家与发展中国家在减排问题上的分歧由来已久，二者近乎对立的立场与利益诉求是达成一份全球性新协定所必须要克服的障碍。因此，《巴黎协定》要解决的第二个问题就是以怎样的模式来为发达国家和发展中国家安排一个共同的行动机制和行动监督机制。

1. 行动安排——“自下而上”的行动机制

（1）“自上而下”单方面减排的失败

在《巴黎协定》之前，国际社会应对全球气候变化的主流行动模式是《京都议定书》建立的发达国家“自上而下”的单方面减排模式。这一模式

〔38〕《中国坚持“制定切实的路线图”》，载人民网，http://world.people.com.cn/n1/2015/1214/c1002-27926965.html，2016年2月17日访问。

〔39〕《〈巴黎协定〉终获通过　合作“里程碑式”》，载新华网，http://news.xinhuanet.com/world/2015-12/14/c_128525454.htm，2016年2月17日访问。

仅为发达国家设定减排义务，而对发展中国家不规定强制性的减排目标；同时为达到附件 B 国家整体在 2008 年至 2012 年将其年均温室气体排放总量在 1990 年基础上至少减少 5% 的目标，这一模式以发达国家的国家承诺为基础，根据议定书规定的计算方法在附件 B 中为各发达国家缔约方规定了不同的减排上限。各国将严格按照规定的减排目标，以国内自主减排为主，以"联合履行机制""清洁发展机制"和"排放交易机制"三种灵活履约机制为辅减少温室气体排放。

相比发达国家"自上而下"单方面强制减排的雄心，议定书对缓解全球气候变暖所起到的实际作用却比预想的要低很多。从议定书的艰难生效到实际履行中的失败，再到第二承诺期的挫折连连，"自上而下"的减排之路布满荆棘。

议定书在产生之初，就面临着美国和澳大利亚宣布将不会批准《京都议定书》，以至于险些难以生效的困境。在议定书艰难生效后，各国在减排第一承诺期内的表现也令人失望。执行情况较好的欧盟仅完成了 4.1% 的温室气体减排，距离议定书规定的 8% 的减排目标仍有一定差距。日本和瑞士不但没有完成 6% 和 8% 的减排目标反而温室气体排放都增加了 7.8% 。原定保持零增长的新西兰，温室气体排放也增加了 20.4% 。冰岛和挪威更是分别突破了 10% 和 1% 的温室气体排放量增长限制，达到了 26.1% 和 6.5% 的高排放增长水平。[40] 在之后的坎昆会议上，日本宣布拒绝加入《京都议定书》第二承诺期，并要求重新建立减排框架体系，将发展中国家纳入减排机制中来。俄罗斯、加拿大、澳大利亚和新西兰等在第一承诺期内减排表现不佳的成员国也在不同场合暗示将步日本的后尘。2011 年的德班气候大会上，加拿大正式宣布退出《京都议定书》。

《京都议定书》执行中的一次次失败，让越来越多的人意识到传统治理模式在应对气候变化问题上的乏力与局限。从根本上说，国际法是产生于平等主权国家之间的法律，它依靠国家单独或集体的自身行为加以实施。任何平等的主权国家都不可能允许任何他国对其发号施令，国际上更没有

---

〔40〕 UNFCCC, available at http://unfccc.int/kyoto_protocol/items/3145.php, last accessed at 17 February 2016; UNFCCC, available at http://unfccc.int/kyoto_protocol/reporting/items/9044.php, last accessed at 17 February 2016; UNFCCC, "Annual Compilation and Accounting Report for Annex B Parties under the Kyoto Protocol for 2015" (25 November 2015) FCCC/KP/CMP/2015/6, p.14.

一个足够强大的超主权政治法律力量去强制各国采取气候行动。[41] 根据国家主权的要求，国家有对处理国内环境事务的最高话语权和对于国际事务的平等参与权，反映在应对气候变化问题上，表现为发达国家要求根据本国情况自主决定减排目标的承担，并要求发展中国家同样“平等”地参与减排。而《京都议定书》规定的发达国家“自上而下”的单方面强制减排模式恰恰违反了这种国家主权的要求，因而既难以被某些国家接受也很难落实。因此，当全球的视线转向巴黎，《巴黎协定》要解决的国际法问题是如何建立一种符合国家主权要求的行动安排模式。

(2)“自下而上”的行动机制

《巴黎协定》在建立一个统一发达国家和发展中国家的行动机制方面取得了重大突破，确立了“自下而上”的行动机制，各国将以“国家自主贡献”的方式参与全球应对气候变化行动。

“国家自主贡献”提出于2013年的华沙气候大会，旨在要求《公约》各缔约方自主提出应对气候变化的行动目标。2014年的利马气候大会进一步明确了“国家自主贡献”所需的基本信息，并提出各缔约方在2015年10月前提交各自的“国家自主贡献”文件，以作为12月巴黎气候变化大会的谈判基础，用于建构2020年后的全球应对气候变化新秩序。[42] 作为《公约》下第二份有法律约束力的文件，《巴黎协定》明确规定了各缔约方编制、通报并定期更新其“国家自主贡献”，以及采取国内减缓措施，以实现这种贡献的目标的义务。

这种“自下而上”的行动机制的好处在于能够得到广泛的参与。在巴黎气候大会召开前，已有187个国家提交了“国家自主贡献”文件，涵盖了全球95%以上的碳排放。而截至目前，占全球98.9%温室气体排放量的197个缔约国均提交了“国家自主贡献”文件。这正是巴黎气候大会取得成功的一个重要基石。由《京都议定书》规定的发达国家“自上而下”的单方面强制减排模式转变为《巴黎协定》规定的全体发达国家和发展中国家“自下而上”的“国家自主贡献”模式，《巴黎协定》首次实现了发达国家和发展中国

[41] 白桂梅，前引注[35]，第2页。

[42] 冯相昭、刘哲、田春秀、王敏：《从国家自主贡献承诺看全球气候治理体系的变化》，载《世界环境》2015年第6期，第35页。

家在统一的制度框架内共同承担减排义务。

2015年6月30日，中国政府向《公约》秘书处提交了《强化应对气候变化行动——中国国家自主贡献》，提出了到2030年的自主行动目标："二氧化碳排放2030年左右达到峰值并争取尽早达峰；单位国内生产总值二氧化碳排放比2005年下降60%～65%，非化石能源占一次能源消费比重达到20%左右，森林蓄积量比2005年增加45亿立方米左右。"〔43〕中国的"国家自主贡献"目标全面，涵盖了减缓和适应两大主要方面，提出了具体的行动政策和措施，内容翔实，得到了国际社会的高度评价。

2. 加强行动力度——透明度框架与全球盘点

在《巴黎协定》"自下而上"的行动机制下，各国通过"国家自主贡献"明确了各自的减排目标。然而，根据联合国环境署发布的《2015年排放差距报告》，截至2015年10月1日提交的119份涵盖全球人为温室气体排放总量88%的"国家自主贡献"文件所提出的减排方案，即使得到全面的实施，距离全球升温控制在2摄氏度以内的目标也还具有很大的差距。〔44〕如何切实履行既有的减排目标，不断加强行动力度，在行动中不断盘点并逐步缩小这种差距就成为《巴黎协定》在履约机制上的重中之重。

国际法的适用和执行主要依靠因为违反国际法而受害的国家单独或集体的力量来实现。但是气候问题和人权问题一样，其特殊性决定了受害国家不能通过不履行公约等对抗措施来促使气候公约得到适用和执行。因此，《巴黎协定》要解决的国际法问题是如何建立一种监督机制加强各国的行动力度。透明度安排与全球盘点因此而生。

（1）"行动＋支助"的透明度安排与全球盘点

作为不断加强行动力度的监督机制，《巴黎协定》设立了透明度框架。这一框架由"行动透明度框架"和"支助透明度框架"两部分组成。其中，"行动透明度框架"旨在追踪各缔约方在实现各自"国家自主贡献"和采取

---

〔43〕《强化应对气候变化行动——中国国家自主贡献》，载中华人民共和国国务院新闻办公室网站，http://www.scio.gov.cn/xwfbh/xwbfbh/wqfbh/2015/20151119/xgbd33811/Document/1455864/1455864.htm，2016年2月17日访问。

〔44〕"The Emissions Gap Report 2015", available at http://www.unep.org/publications/, last accessed at 17 February 2016; IEA, *CO2 Emissions from Fuel Combustion*, Paris: International Energy Agency, 2015, p. 15.

适应行动方面所取得的进展，包括了国家清单报告、“国家自主贡献”实施报告以及由各缔约方酌情提供的适应信息。“支助透明度框架”则旨在关注各缔约方在应对气候变化方面提供和收到的支助，包括了资金机制、技术转让和能力建设三个部分。通过要求缔约方两年定期报告，并对其报告信息进行技术专家审查，透明度安排最终依靠在这一过程中形成的国际舆论的压力迫使各缔约方自觉履行其减排承诺，从而加强行动力度。

与此配套，《巴黎协定》还建立了全球盘点机制，从 2023 年开始，每 5 年进行一次全球总结，对《巴黎协定》的执行与进展情况做出评估。评估工作应以全面和促进性的方式开展，同时考虑减缓、适应问题以及执行和资助的方式问题，并考虑公平和利用现有的最佳科学。[45] 盘点的结果将最终通过反映在各国“国家自主贡献”的更新中实现对行动力度的强化。

（2）灵活性与非侵入性

《巴黎协定》的透明度安排要求对国家信息报告做出定期审评以促使各国提高减排力度。定期审评的方式和性质就成为争论的焦点。发达国家强调审评的“力度”，提出根据“国家自主贡献”及信息报告与升温控制在 2 摄氏度以下的长期目标间的差距，强制性要求各国更新减排目标。这种“侵入式”的定期审评遭到了发展中国家的强烈抗议。发展中国家认为，政治互信和国家自主行动是应对气候变化国际法律管制机制的基础。为了解和长期目标之间的差距，定期地进行审评和整体盘点，并在此过程中交流、学习各国好的经验、做法和措施是值得肯定的。但最终还应根据各国的具体国情和各自能力，由各国自主决定是否应继续提高行动力度。因此，透明度机制必须是非侵入性、非惩罚性的促进性机制。

对于透明度机制的性质问题，我们应该看到，国际环境法与国际法其他领域最大的不同就在于环境问题具有“穿透性”，在气候变化问题上，没有任何一个国家能够主张绝对的主权。因此，建立透明度和全球盘点机制来监督各国的应对气候变化行动，本质上是对国家主权的一种限制。但是，在当前国际上尚没有一个足够强大的超主权政治法律力量去强制各国采取气候行动的情况下，[46] 国家主权原则依然是国际法无法从根本上冲破的樊篱，

---

〔45〕《巴黎协定》，FCCC/CP/2015/10/Add.1，第 14 条。

〔46〕白桂梅：《国际法》，北京大学出版社 2010 年版，第 2 页。

这就要求这种监督机制必须是非侵入性、非惩罚性的促进性机制。因此，最终的《巴黎协定》规定："透明度框架应……以促进性、非侵入性、非处罚性和尊重国家主权的方式实施，并避免对缔约方造成不当负担。"〔47〕

（三）《巴黎协定》对"共区"原则的新发展

如前所述，巴黎气候大会的谈判主要围绕四大争议焦点展开，其中"巴黎大会"就达成的协议与《公约》的关系问题展开争论，存在协议替代公约以及协议是公约下的阶段性成果两种主要观点。这背后体现的国际法律问题是，究竟以什么样的法律原则将发达国家和发展中国家团结在一个共同且公平的制度框架内，亦即是否应坚持《公约》的"共同但有区别的责任原则"，以及如何在具体问题上坚持这一原则。这正是《巴黎协定》要解决的第三个国际法律问题。

1."共同但有区别的责任原则"概述

"共同但有区别的责任原则"由"共同责任"和"区别责任"两大基本要素构成。一方面，它要求各国基于环境是人类共同继承的遗产以及保护全球环境是人类共同的关切，无论大小、强弱，都有义务保护全球环境。另一方面，为了实现实质平等，必须考虑发展中国家和发达国家在对全球环境所施加压力以及对全球自然资源消耗上存在的实际差别，使其承担"与它们的社会在历史上和当前对地球造成的破坏和压力成正比"〔48〕的区别责任。

建立在主权国家平等之上的国际法，早先并没有特别对待某类国家，相反，根据国家主权平等原则要求国际条约的每一个缔约国都享有同样的权利并承担同样的义务。"共区原则"的产生，是发达国家和发展中国家之间就环境保护问题长期争论妥协的结果。

在应对全球气候变化领域，早在1989年在荷兰诺德维克召开的"大气污染和气候变化部长级会议"上发达国家和发展中国家之间的分歧就已经开始显露。〔49〕1990年在日内瓦召开的"全球气候变化及相应对策"第二次世界气候大会上，南北国家关于气候变化的巨大分歧逐渐凸显。发达国家

〔47〕《巴黎协定》，FCCC/CP/2015/10/Add.1，第13条。

〔48〕王曦主编：《国际环境法》，法律出版社1998年版，第113页。

〔49〕Leigh Glover, *Postmodern Climate Change*, Routledge Press, 2006, pp. 139－140.

认为,气候变化其实就是一个科学问题和环境问题,而发展中国家则强调建立一个气候变化国际法律管制机制将对本国的经济发展和人民的生活水平产生深远影响,因此气候变化绝不单单是一个环境问题,它还涉及政治、经济、文化等方方面面。自此以后,发达国家和发展中国家就谁来承担减排义务以及发达国家是否有义务提供资金技术支持等问题展开了无休止的争论。发达国家和发展中国家的这种争论与其自身的经济发展和人民生活水平密切相关,实质上已演化成"生存与发展空间之争"。[50]

1992 年《公约》为应对全球气候变化奠定了法律基础,《公约》以法律形式规定了"共同但有区别的责任原则"。之后 1997 年的《京都议定书》再一次肯定了这一原则的法律效力,并以"共区原则"为指导为发达国家单方面设定了具体的减排目标。由此,"共区原则"成为应对气候变化国际法律管制机制的核心原则,在国际气候谈判中具有了中心地位。这一原则使得应对气候变化国际法律管制机制内的"不对称责任"合法化,从而确立了该项国际法律管制机制的一个根本特征——"不对称的承诺",因而特别反映了发展中国家的关切。

然而,这一原则自 2007 年以来开始遭遇挑战。随着发展中国家,尤其是发展中大国经济的高速发展和温室气体排放量的大幅增加,以美国和欧盟为首的发达国家自 2007 年以来在联合国框架内的多边气候变化会议上多次强调应该动态解释、修改或者重新适用"共区原则"。在 2008 年的波兹南大会上,美国、日本、澳大利亚等部分发达国家要求给发展中国家分类,把经济相对发达、排放较高的发展中国家与其他发展中国家区分开来,认为该类发展中国家也应做出减排承诺,力图分割发展中国家的团结立场。[51] 2011 年德班气候大会达成的"一揽子"协议"没有提及历史责任或者人均排放,没有提及经济发展是发展中国家的优先事项,没有提及发达国家和发展中国家的差异性"。[52] 2013 年的华沙气候大会上,欧盟更是希望进一步削减"区别责任",使各国无差别地做出减排承诺。

〔50〕 顾华详:《论哥本哈根协议的法律价值——兼论中国应对全球气候变化法律措施的完善》,载《重庆大学学报》(社会科学版)2010 年第 1 期,第 55 页。

〔51〕 韩缨:《气候变化国际法问题研究》,浙江大学出版社 2012 年版,第 30 页。

〔52〕 John M. Broder, "Signs of New Life as UN Searches for a Climate Accord", *New York Times*, 24 January 2012.

2. 巴黎气候大会对"共区原则"的争论

（1）阐释"共区原则"的各国立场

在新协定是否坚持以及如何坚持"共区原则"的问题上，发达国家和发展中国家呈现出不同的立场。出于保护本国经济发展优势地位的考虑，发达国家对气候变化问题历史责任的承担，以及发达国家与发展中国家在发展阶段、发展水平和应对能力上的差别避而不谈。相反，以欧盟为首的发达国家以世界经济格局变化为由，主张对"共区原则"进行重新解读和重新适用，提出应当以"当代的和动态的方式"对待"共区原则"，推动建立2020年后所有国家共同减排、发达国家和"发达的发展中国家"共同出资的新机制。

而由于发展中国家在应对气候变化之外，还都不同程度地面临着经济发展、消除贫困、改善民生等多重需要与挑战，因此在参与应对全球气候变化的过程中特别强调维护合理的发展利益，要求发达国家负起历史责任，承担起率先减排和为发展中国家提供资金、技术和能力建设支持的义务。中国在《中国应对气候变化的政策与行动2015年度报告》[53]以及国家自主贡献文件中都强调，要充分考虑发达国家和发展中国家在历史责任、国情、发展阶段和能力上的区别，统筹处理好减缓、适应、资金、技术、能力建设和透明度等各项要素。因此，在"共区原则"的阐释问题上，发展中国家主张以《公约》最初的含义和方式解释这一原则，而非重新解释或修改《公约》。中国更明确地指出，对"共区原则"的"动态"解释会引起对该原则的修改，这一观点得到了印度等发展中国家的支持。

（2）争论产生的原因

发达国家和发展中国家对是否以"当代的和动态的方式"重新解读"共区原则"存在分歧，主要是因为二者对各自在全球气候变化治理中的责任和能力的评估存在差异。

1992年的《公约》和1997年的《京都议定书》确定了"共区原则"并赋予其法律强制力。这背后存在的事实基础是，从工业革命开始到1950年，发

---

〔53〕 国家发展和改革委员会：《中国应对气候变化的政策与行动2015年度报告》，载中国网，http://www.china.com.cn/zhibo/zhuanti/ch-xinwen/2015-11/19/content_37106833.htm，2016年2月17日访问。

达国家的累计碳排放占据了全球碳排放总量的95%。[54] 然而,自1997年以来,世界发生了翻天覆地的变化。根据国际能源署的统计,从1990年到2011年,中国的温室气体排放量每年增长6%,在2007年成为全球第一大碳排放国家。[55] 2013年,中国排放的CO_2占全球总排放量的28%,相当于美国和欧盟的排放总额(美国排放16%,欧盟排放11%)。[56] 印度、巴西等发展中国家也在经济赶超的同时,实现了排放量的全面赶超。2013年全体非附件一国家的CO_2排放量总和占到了全球CO_2排放总量的57%,印度成为了第三大碳排放国家。[57]

正是基于这样的事实基础,发达国家试图以现实和未来的排放责任而非历史排放责任为基础重塑应对气候变化国际法律管制机制,在回避自身在全球气候变暖问题上的历史责任的同时,不断强调新兴发展中国家排放责任的增长。同时,发达国家相信,伴随发展中国家,尤其是中国、印度这样的发展中国家经济的快速增长,它们自身应对气候变化的能力也发生了巨大变化。如欧盟强调,中国已经完全不同于其他发展中国家,作为一个新兴国家,中国已经有更高的能力做出更多的承诺。因此,在发达国家看来,“共区原则”存在的基础已经发生了根本变化,应当对这一原则进行重新解读和适用,改变原有应对气候变化国际法律管制机制“区别对待”的特征,建立起全新的规则与制度框架。

然而发展中国家则认为,尽管排放格局发生了变化,但国际秩序并未改变,“共区原则”得以确立的历史和科学基础仍然存在。

发展中国家承认自身排放量的日益增长,但是强调发达国家在排放问题上的历史责任。温室气体在大气中的累积是一个长期过程,发达国家从1750年到2010年排放的大量温室气体导致了2005年以前60%~80%的气候变化。[58] 此外,发达国家和发展中国家的温室气体人均排放水平依然存

〔54〕 王小钢:《“共同但有区别的责任”原则的解读——对哥本哈根气候变化会议的冷静观察》,载《中国人口 资源与环境》2010年第7期,第32页。

〔55〕 薄燕、高翔:《2015年全球气候协议:中国与欧盟的分歧》,载《现代国际关系》,2014年第11期,第49页。

〔56〕 IEA, *CO2 Emissions from Fuel Combustion*, Paris: International Energy Agency, 2015, p. 9.

〔57〕 *Ibid.*

〔58〕 同注〔1〕。

在巨大差异。美国自然资源研究所的研究表明,20 世纪 70 年代以来,发达国家人均 CO_2 排放量保持在 10 吨左右,而同期发达国家人均排放量仅从 2 吨提升为目前的约 3. 2 吨,[59] 远小于发达国家的人均排放水平。最为重要的是,发达国家主导的经济格局没有改变,其掌握着核心的技术和制定标准的权力。纵然随着一些发展中国家经济的发展,其应对气候变化的能力有所提升,但正如中国对自身情况分析的那样,虽然中国的发展已经取得了历史性进步,但由于人口众多,人均国内生产总值依旧较低,中国仍然是发展中国家。即便中国自身相较于其他发展中国家有较高的能力,也不意味着中国与美国、欧盟等发达国家具有相同的能力。因此,要想构建一个公平合理的应对气候变化国际法律管制机制,仍需继续坚持"共区原则"。

(3)《巴黎协定》的最终妥协

自《公约》确定了"共区原则"和"各自能力原则"以来,世界格局发生了很大变化,但各国应对气候变化的历史责任没有本质变化,要求淡化甚至取消公约原则的主张无法成立,《巴黎协定》最终仍然坚持了"共同但有区别的责任原则",为发达国家和发展中国家规定了不同性质和程度的义务,或者说"不对称的承诺"。

《巴黎协定》对发达国家设定了更多、更高的义务,要求发达国家带头实现整个经济范围内的绝对减排目标,并向发展中国家提供资金、技术和能力建设方面的支持以帮助发展中国家适应和应对气候变化。而对发展中国家则在减缓、透明度等多个方面更多的体现灵活性和非侵入性,仅要求发展中国家根据不同的国情继续加强减缓行动,逐渐实现整个经济范围内的绝对减排或限排目标。

但是,《巴黎协定》对"共区原则"的阐释已经发生变化。从各国承诺减排目标的方式和承担减排义务的规则正在趋同可以看出,发达国家和发展中国家之间的"不对称性"在缩小,"共同性"得到了强调,甚至在向着违背"共区原则"的方向发展。

3. "共区"原则在具体规则中的适用

《巴黎协定》确定的应对气候变化国际法律管制机制的规则包括减缓责

---

〔59〕 中国青年报—中青在线,http://news.cyol.com/content/2015-11/27/content_11870077.htm,2016 年 2 月 17 日访问。

任的分担、透明度、适应、资金、技术等方方面面的具体安排。如上所说，在指导原则方面，《巴黎协定》坚持了“共区原则”，那么在具体的规则中，是否要体现出发达国家和发展中国家由于历史责任、现阶段发展能力不同，而采取不同的行动，承担不同的责任义务就成为具体的争议问题。在这方面，发达国家和发展中国家之间的核心分歧是减缓责任的分担以及透明度等方面的新规则是否应受“共区原则”指导。

(1)减缓责任的分担规则

巴黎气候大会采取了“自下而上”的谈判机制，各缔约方通过“国家自主贡献”的方式参与减排安排。不过，“自下而上”并不意味着放弃发达国家和发展中国家的区分。但在“自下而上”的减排行动模式下，如何体现这种区分，欧盟和中国呈现出了不同的立场。

尽管欧盟承认不同缔约方的责任和能力不同，但又认为“这些会随着时间的流逝而变化。2015 年协议应该动态地确立承诺范围，以反映这些变化了的事实”。[60] 所以，欧盟要求所有缔约方无差别地做出具有法律约束力的承诺。中国和其他发展中国家则强调，尽管发达国家和发展中国家都采用“国家自主贡献”的方式做出减排承诺，但二者承诺的性质是不同的，在具体减排行动方式上也应体现出区别，这取决于二者在气候变化问题上的不同责任。[61]

在最终《巴黎协定》的减排机制中，发达国家和发展中国家的不同承诺得以体现，“共同但有区别的责任原则”得到了坚持。根据《巴黎协定》的规定，发达国家缔约方应继续带头，努力实现全经济绝对减排目标，这种减排是强制性的义务，而发展中国家缔约方则可以根据各自不同的国情，逐渐实现全经济绝对减排或限排目标，其减排行为具有自主性和自愿性。[62]

(2)透明度规则

发达国家和发展中国家在透明度问题上是否适用“共区原则”的争论主要在于，透明度框架是否应不加区分地适用于所有缔约方。对此，发达国家更关心透明度规则的严格程度和普遍性，建议建立统一的透明度规则，以确

〔60〕 同前注〔55〕，第 47 页。

〔61〕 同前注〔55〕，第 47 页。

〔62〕 《巴黎协定》，FCCC/CP/2015/10/Add.1，第 4 条。

保所有缔约方受到相同程度的监督与核查。而以中国为代表的发展中国家则要求透明度安排应考虑履行这些规则所必需的能力，认为发达国家和发展中国家适用的透明度规则应该是不同的。[63] 中国强调发达国家应该接受更加严格的透明度审查，而适用于发展中国家的透明度规则则应考虑这些国家的实际能力，以非侵入性的更加柔和的方式实施。

最终《巴黎协定》的透明度安排坚持了"共区原则"，明确提出透明度框架应为发展中国家缔约方提供灵活性，以方便那些在履约中有实际困难的发展中国家缔约方执行这一透明度安排，并且在第三方技术审评过程中，特别注意发展中国家缔约方各自的国家能力和国情。[64] 此外，发达国家还应为发展中国家缔约方提升履约能力、执行透明度安排提供资金支持。

（3）资金规则

资金问题是发展中国家最关心的问题，也是巴黎气候大会的一大争议焦点。在2009年的哥本哈根世界气候大会上，发达国家虽然做出了到2020年之前每年向发展中国家提供1000亿美元资金支持的承诺，但这一承诺并未兑现。因此在巴黎气候谈判的过程中，发展中国家要求发达国家兑现2020年之前的出资承诺，并要求发达国家在2020年后继续在每年1000亿美元的基础上增加出资。

根据《公约》和《京都议定书》的规定，发达国家有义务向发展中国家提供资金支持以帮助其履行承诺。这种发达国家单方面的资金支持义务正是传统上"共区原则"的体现。然而在巴黎气候谈判中，发达国家却对这一原则发起了挑战，要求所有缔约方都做出资金承诺。欧盟委员会主管气候行动与能源事务的委员卡涅特宣称，欧盟认为当前世界经济形势已经发生变化，"有能力的"发展中国家也应该承担"强制性"的出资义务。[65]

对此，中国坚定在资金方面的立场：发达国家必须在2020年之前兑现其出资承诺，并在2020年之后继续在每年1000亿美元的基础上增加出资。中国认为，基于资金需求量非常大的现实，2020年之后各国都应采取行动，

〔63〕 同前注〔55〕，第48页。

〔64〕《巴黎协定》，FCCC/CP/2015/10/Add.1，第13条。

〔65〕《巴黎气候变化大会进入第二阶段将集中精力解决2020年后气候资金等关键问题》，载《经济日报》2015年12月9日第5版。

一些发展中国家也愿意提供一些“南南合作”的资金支持。但鼓励发展中国家之间的相互帮助，与发达国家提供资金支持有着本质的区别。发展中国家和发达国家提供的资金在性质上是不同的，发达国家具有出资的责任和义务，而发展中国家则是出于自愿。[66]

《巴黎协定》肯定了中国的立场，要求发达国家继续履行《公约》规定的出资义务，为发展中国家的减缓和适应行动提供资金支持，同时也鼓励其他国家自愿提供资金援助。在中国的坚持下，最终在大会“决定”中规定了2020年前应“制定切实的路线图”，以敦促发达国家落实2020年之前每年向发展中国家提供1000亿美元应对气候变化支持资金的承诺。这样，《巴黎协定》一方面动员所有国家为应对气候变化筹集资金采取行动，另一方面又为发达国家和发展中国家设置了有区别的行动安排，通过强化发达国家的出资义务，体现出协定的公平性与合理性。

结　语

从《京都议定书》到《巴黎协定》，以《联合国气候变化框架公约》为核心的应对气候变化国际法律管制机制完成了内部的变迁。从发达国家的强制性减排义务到全球性的减排承诺，从“自上而下”的减排模式到“自下而上”的行动机制，《巴黎协定》第一次实现了使“发达国家和发展中国家团结在一个共同且公平的框架下”，[67]真正达成了全球意义上的减排安排。而不断加强行动力度的透明度安排以及对“共区原则”的发展使得这份全球性协定更具公平性和可执行性。可以说《巴黎协定》是对现有的以《联合国气候变化框架公约》—《京都议定书》为核心的应对气候变化国际法律管制机制的一次具有里程碑意义的发展。

从国际法的角度来看，这一国际法律管制机制的变迁过程既体现了对国家主权原则的尊重，又体现了应对气候变化问题独特的“穿透性”要求，形成了对国家主权的适当限制。所有国家通过“国家自主贡献”，“自下而上”

---

〔66〕《巴黎气候谈判存四大分歧　解振华详述中国解决方案》，载环球网，http://world.huanqiu.com/hot/2015-12/8103053.html，2016年2月17日访问。

〔67〕《〈巴黎协定〉终获通过“合作里程碑式”》，载新华网，http://news.xinhuanet.com/world/2015-12/14/c_128525454.htm，2016年2月17日访问。

地做出减排承诺，坚持了国家主权原则要求的国家对国内事务的自主决定权和对国际事务的平等参与权。而“共区原则”的存在与发展则力图在发达国家和发展中国家之间取得平衡，使各国能够真正平等地参与国际事务。具有法律约束力的多边协定和作为监督机制的透明度安排和全球盘点，在一定程度上形成了对国家主权的限制，体现了应对气候变化国际法的“穿透性”要求。而“非侵入式”的定期评审又恰到好处地体现了对国家主权的尊重，使得这一监督机制得到了广泛的认可。《巴黎协定》在平衡国家主权要求和国际机制法律约束力上取得的成功，证明了多边主义、多边协商能够解决全球性问题，预示着应对气候变化国际法律管制机制的新发展。

而在这一国际法律管制机制的发展过程中，大国治理，尤其是中国的作用功不可没。相较于2009年哥本哈根世界气候大会的惨淡收场，巴黎气候大会的成功离不开中美两大国的合作，尤其是作为世界第二大经济体，同时也是当前碳排放第一大国的中国，为巴黎谈判做出了突出贡献。早在巴黎气候大会前，中国就通过提交“国家自主贡献”文件，成立气候变化南南合作基金，以及达成中美、中法等多份气候变化联合声明为巴黎谈判积极做好准备。在巴黎大会期间，中国通过“基础四国”“立场相近发展中国家”“七十七国集团加中国”等谈判集团，在发展中国家中发挥领导作用，维护发展中国家的团结和根本利益。同时，中国与以美国和欧盟为首的发达国家缔约方进行密切磋商，在中美、中法等气候变化联合声明的基础上，就减排目标、资金机制和透明度安排等关键问题，寻求能够被各方接受的方案。中国在谈判中提出的“协议+决定”“非侵入式”的透明度安排、制定切实的资金路线图、坚持“共区原则”等一系列建设性的建议最终被大会采纳，体现在了最终达成的《巴黎协定》之中。中国在此次大会上的积极作为与建设性意见得到了国际社会的一致好评，也显示出在应对气候变化问题上，中国正在成为有示范意义的引领者。

Paris Agreement and the International Legal Mechanism Combating the Climate Change

WU Ning

Abstract: On the basis of two legally binding documents, the 1992 *United Nations Framework Convention on Climate Change* and the 1997 *Kyoto Protocol*, formed the international legal mechanism we now have combating the climate change. However, the poor implementation of this mechanism reflects the obstacles it has met: the lack of the key countries and the failure of the unilateral obligations of developed countries; the failure of the distribution of emission reduction targets and the lack of force of enforcement; the need to reinterpret the principle of "common but differentiated responsibilities". To solve these problems, *Paris Agreement* unifies developed countries and developing countries under one global agreement to reduce emissions. It establishes bottom-up architecture and an enhanced transparency framework and reinterprets the principle of "common but differentiated responsibilities". From *Kyoto Protocol* to *Paris Agreement*, the change of the international legal mechanism reflects the respect to the sovereignty of States while constitutes the proper restriction of sovereignty as well.

Keywords: Climate Change; International Legal Mechanism; *Paris Agreement*; Common but Differentiated Responsibilities

欧盟环境影响评价制度及其最新发展*

——兼论我国环境影响评价制度

◇ 陈思宇**

【内容摘要】环境影响评价制度作为重要的实现事前预防的综合性环境管理制度在世界各国广泛施行。欧盟建设项目环境影响评价指令(85/337/EWG)是欧盟成员国制定国内法、实施环评制度的重要标准和依据。2014年欧盟环评指令经过一年半的激烈讨论和反复论证,通过了实施近三十年来的最大规模的修订。本文通过对欧盟环评指令修改历程和内容的考察,结合我国环境影响评价制度的相关规定,通过对制度设计背后的理念和目的的分析,探讨制度设计的合理性和有效性,以及不同法律制度面临的相同或不同的问题以及解决问题的思路和方法,探索其中具有普遍适用性的制度和措施。

【关键词】欧盟、环境法、国际法、环境影响评价制度

环境影响评价(以下简称环评)制度是指建设项目或者规划、计划实施之前对其建设、运营期间以及运营期满后可能对环境产生的影响的分析、预测和评估,并提出相应的预防、减轻和补偿措施的环境管理制度。作为综合性的从源头预防环境污染和生态破坏的环境管理基本制度,因其预防性、整体性、综合性和公众可参与性等特点,环评制度自20世纪60年代末在美国首创后迅速被世界各国和各地区普遍接受。[1] 欧盟于1985年通过了建设

---

* 本文所引用的德文文献一律使用德语脚注,欧盟文件为了方便查阅使用英语脚注。

** 德国柏林自由大学法学院环境法学博士研究生。

〔1〕 汪劲:《中外环境影响评价制度比较研究——环境与开发决策的正当法律程序》,北京大学出版社2006年版,第35~37页。

项目的环境影响评价指令(85/337/EWG),旨在当时的欧洲经济共同体成员国内引入统一的针对建设项目(projects)的环评制度。其后在2001年又通过了针对规划和计划(plans and programms)的战略环境影响评价指令(2001/42/EG),建立起比较完整的环评制度。我国通过1998年的《建设项目环境保护管理条例》、2002年的《环境影响评价法》以及2009年的《规划环境影响评价条例》也建立起涵盖建设项目和规划的环评制度。

随着环境科学的进步、环境管理水平的提升以及环境司法的发展,欧盟在定期考核其环境政策有效性的基础上,不断调整和完善相关的法律法规。欧盟建设项目环评指令(85/337/EWG)继1997年、2003年、2009年和2011年四次小幅度修改之后迎来了实施近三十年来最大规模的修订:2014年4月25日公布的新的建设项目环境影响评价指令2014/52/EU。[2] 由于欧盟指令在欧盟法律层级中属于二级立法,不能直接适用于各成员国,需要转化为各成员国国内法予以实施,因此本次修订从草案公布之日起就在各成员国内引起了激烈讨论,指令通过之后就如何结合国内的立法和执法现状将新的环评指令的要求纳入现有的法律体系,各国的立法、行政和司法领域以及相关行业也展开了广泛而持续的研究和讨论。[3]

本文从本次欧盟环评指令修改的背景出发,围绕欧盟环评制度的四大基本问题:环评的定义(环评的内容和范围)、哪些建设项目需要进行环评(环评的适用范围)、环评的程序以及对环评结论的审查,结合环评指令修改之前的实证研究成果,探讨欧盟环评制度设计背后的理念和目的。部分具体的程序性制度由于欧盟指令的规定过于原则化,因此本文将以德国环评制度为立足点,展现欧盟立法与成员国国内法的冲突和博弈。在此基础上,本文将结合我国2016年环评法修订的具体情况,分析和比较我国环评制度的优势以及存在的问题。

---

〔2〕 以下所称“欧盟环评指令”如无特殊情况均指建设项目环境影响评价指令。规划环评指令不在本文的讨论范围内。

〔3〕 按照新指令的规定,指令生效三年之后,即2017年5月16日之前,各成员国要完成相应的国内法的修改。

一、欧盟环评制度的发展及基本内容

欧盟对于建设项目的环评(EIA)和对于规划的战略环评(SEA)分别规定在85/337/EWG和2001/42/EG两个欧盟指令里。战略环评指令迄今为止并未修改过,本文也只涉及建设项目(Projects)的环评指令和相关制度。建设项目环评指令(85/337/EWG)自1985年颁布以后,已经经过1997年(97/11/EG)、2003年(2003/35/EG)、2009年(2009/31/EG)和2011年(2011/92/EU)四次不同程度的修改,其中规模较小的一次(2009年)是由于欧盟通过了对二氧化碳进行地质储存的指令而对环评指令的附件——需要进行环境影响评价的建设项目名录——进行补充,正文并无修改。[4] 1997年的修改主要是大大增加了应当进行环境影响评价的建设项目的种类,扩大了环评指令的适用范围;完善了环评的各项程序性制度,尤其是义务确定阶段(Screening)的相关制度;还根据《跨界环境影响评价的埃斯波公约》(Espoo Convention,下称《埃斯波公约》)的要求进一步健全和细化了跨境环境影响评价的规定。2003年为了适应《在环境问题上获取信息、公众参与决策和诉诸法律的公约》(Aarhus Convention,下称《奥胡斯公约》)的规定在指令中增加了关于信息公开、加强公众参与和加大司法保护的力度等内容。而2011年的修改,主要目的在于对前几次修改的内容进行文本上的统一,严格意义上说,只是2014年修订的前期准备阶段,所以本次环评指令修改是自1985年指令颁布以来的第一次全面修改。

欧盟的环评制度主要有以下四部分内容:首先是环评的定义和其他相关重要概念的定义。尤其是对环评的定义,不仅有概括式的定义,还列举式地规定了环评中的各项环境要素,明确界定了环评的内容范围。其次是针对哪些建设项目需要进行环评的问题(Scoping)实行建设项目分类管理制度,按照建设项目的种类、特点和规模分为必须进行环评的项目和可能进行环评的项目两大类(分别见附件一和附件二列表)。前者一般是可能对环境造成重大影响的项目,应当进行环评并编制环境影响报告书;后者一般是可能造成轻度或者轻微环境影响的建设项目,各成员国可以通过对该项目进

---

[4] ABl der EU am 05. 06. 2009, L 140/128.

行个案的预评价或者制定其他统一的判断标准和方法，根据建设项目的特点（如工艺和设计）和项目所在地的环境特征（如是否属于环境敏感区或者生态环境脆弱区），确定某建设项目是否需要进行环评。再次是环评制度的基本程序，包括确定环评义务之后进一步确定评价范围（scoping）、编制环评报告书、征求其他相关部门意见和公众参与、跨境公众参与等程序性规定。最后是环评结论的公开、审查和说明以及相应的环境监测措施。

除了上述基本内容之外，欧盟环评指令还要求各成员国在国内法中规定相应的法律责任，确保欧盟指令的上述规定得到遵守。而且还规定各成员国每6年需要向欧盟委员会提交一份关于国内环评制度的执行情况的报告，包括进行环评的建设项目的总数以及分类名录、环评程序的平均周期、进行环评的平均费用估算（直接费用）等。

二、本次欧盟环评指令修改的背景和过程

本次环评指令的修改有着复杂的背景。从环评制度本身来说，一方面，现行环评制度存在执行不力之处。如上所述，欧盟要求各成员国定期提交环评制度在国内的执行情况报告，并且在综合各国报告的基础上先后于1993年、1997年、2003年以及2009年提交了关于欧盟环评指令的执行情况和有效性的评估报告。从2003年和2009年的报告〔5〕来看，虽然所有成员国都根据环评指令的要求在其国内实行了环评制度，但各成员国之间的执行情况存在明显的差异，有些成员国在执行过程中大打折扣或者制度设计过于粗糙。比如在确立某些建设项目是否需要进行环评的判断标准时不遵守欧盟指令的规定，遗漏某些标准，甚至未将特定类型的项目纳入项目名录。〔6〕另一方面，环评制度本身也存在问题和漏洞，比如在一些大型的投资建设项目中，建设单位为了规避环评义务，化整为零，将项目拆分或者分期进行，通过后期的改建或者扩建达到逃避环评义务的目的。这些情况都严重损害了欧盟在其境内执行统一的环境政策和环境标准的目的。

---

〔5〕 The European Commission, COM(2003)334 final, 23.06.2003; The European Commission, COM(2009) 378 final, 23.07.2009.

〔6〕 The European Commission, COM(2009) 378 final, 23.07.2009, p.5.

从环评制度与其他环境管理制度的关系来看，这里主要是指建设项目环评指令与战略环评指令之间以及与欧盟其他环境保护法律法规(如欧盟综合预防和减轻环境污染指令)之间的关系，为了保持项目环评与规划环评制度、环评制度与其他环境保护制度的协调一致和衔接紧密，避免不必要的重复和冲突，需要进一步理顺和阐明各项制度之间的关系。

另外，近年来欧盟环境政策的发展也对环评提出了新的要求。典型的比如应对气候变化和保护生物多样性的要求，以及关于如何加强灾害预警和完善事故应急管理措施等。[7] 加之欧盟近十年来政治、经济和社会发展的新情况也对环境政策提出了新的挑战。欧盟分别在2004年和2007年两次大规模"东扩"(2013年克罗地亚亦加入欧盟)，新老成员国之间政治、经济和法律制度差异明显的问题日渐突出，为了避免指令执行过程中不必要的误解和障碍，指令中的某些规定需要简化，有些需要细化。而且随着不少跨境工程项目的出现，比如跨境的输气输油管线的铺设、输电网的建设，对跨境环评的现实需求也日益增长。

本次修改实际上分两步进行，首先在2011年底进行了一次修改，通过了环评指令2011/92/EU，主要是把建设项目环境影响评价指令85/337/EWG和前三次修改97/11/EG、2003/35/EG和2009/31/EG的相关条款进行文本上的梳理、清理、订正和总结，从形式上进行统一，内容上并无实质性的改动。[8] 2011/92/EU生效后仅八个月，2012年10月26日欧盟委员会就提出了新的修改草案，正式启动了本轮修改。[9] 修改草案一经提出即在各成员国内引起强烈反响，部分条款遭到激烈反对，尤其是一些程序性的约束性的条款比如Screening程序的期限等，之后经过广泛征求意见和数轮磋商，最终在2014年5月获得通过。与草案相比，正式文本删除了数条强制性的成员国义务，取消了不少创新性的制度设计，但总体来说，本次修改基本体现了环评制度在欧盟执行近三十年来，尤其是近十年的最新发展和整

[7] 2014/52/EU，修改背景第17条。特别是在福岛核电站事故发生之后，欧盟希望进一步加强对建设项目的灾害(包括人为事故和自然灾害)预防和抗风险能力评估。

[8] Christof Sangenstedt, "Die Reform der UVP-Richtlinie 2014: Herausforderungen für das deutsche Recht", *Zeitschrift für Umweltrecht* 2014, S. 526.

[9] The European Commission, COM(2012) 628 final, 26. 10. 2012.

体要求。修改过程中欧盟各专门委员会[10]、各成员国[11]和各相关专业协会都纷纷提出意见和建议,广泛的讨论也有利于加深公众对环评制度的了解和重视,有利于环评制度在各成员国的进一步推进和发展。

三、本次欧盟环评指令修改的具体内容

如上所述,欧盟环评制度主要由四部分内容组成:环评的定义、哪些项目需要进行环评、如何进行环评以及如何在项目审批程序中体现环评的结论。除此以外还规定了成员国的报告义务等。本次环评指令修订几乎涉及了上述各个方面。

(一)补充和完善环评的定义,扩大了环评的内容

根据修改前的环评指令(2011/92/EU)第3条对环评所做的定义,环境影响评价主要是指对建设项目可能对人类、动植物、土壤、水、大气、气候和景观、物(如各种具有保护价值的建筑物等)以及文化遗产等要素产生的直接和间接的影响进行分析、预测和评估,包括上述要素之间的相互作用和影响。本次修改主要体现在两方面:一是对原有的评价要素进行了补充和完善;二是新增要求预测和评估建设项目发生严重事故或者自然灾害的情况下可能对环境产生的影响。

对原有评价要素进行补充和完善主要体现在四个方面:首先,把"人类"改为"居民和人体健康"(population and human health)。这一方面是基于法律体系内部协调性的考虑,欧盟战略环评指令(2001/42/EG)的相关规定(附件一第f条)也是使用的"居民和人体健康"这一提法。另一方面虽然内涵基本不变,但提法的转变使评价内容更为具体。环评实践中往往把评估重点放在建设项目对周边居民身体健康的影响而忽视其他方面,但涉及"人"的时候,不仅指人体健康(此处可参照世界卫生组织对"健康"的定义),还包括人类作为一个社群(居民)所需的健康的工作和生活环境。有

〔10〕 如欧盟经济与社会委员会(ABl. C 133 vom 9.5.2013, SS. 33 - 40);欧盟地区委员会(ABl. C 218 vom 30.7.2013, SS. 42 - 52)。

〔11〕 如《联邦德国参议院关于欧洲议会和欧盟理事会修改2011/92/EU号建设项目环境影响评价指令草案的意见》, Drs. 655/12 (Beschluss) vom 14.12.2012.

些环境虽然不会使人体健康受到直接损害，但会引起人们生理或者心理上的不适和压抑等。不同的群体对居住环境的需求也会有差异，尤其是特殊人群如老人、儿童和残障人士。而且人们对周边环境的需求日益多样化，除了最基本的居住需求以外还有诸如运动、休闲、购物等。这些要求在许多特定场合下，例如进行大型社区项目规划时，都需要特别注意。

需要说明的是，具体条款的修改对各国的影响程度是不一致的，以此处修改为例，其对德国的影响就不大，因为德国《环境影响评价法》对环评的定义中本就包含人类和人体健康，在实践中的具体要求也与新指令并无实质性的区别。值得一提的是，我国的《环境影响评价法》对环评只进行了概括式的定义，并没有提及评价要素，只是在环评技术导则中对此有不完全的列举。[12] 实践中确定环评要素和内容也多是根据各专项和行业建设项目的技术导则[13]来进行，而非环评法的规定。

其次是用"生物多样性"(biodiversity)这一概念取代原来的"动植物"。在环评中体现对生物多样性的保护不仅是履行《生物多样性公约》的要求，也是欧盟近年来对生物多样性的价值及其保护工作日益重视的体现。欧盟在2010年通过的一项决议重新制定了保护生物多样性的工作目标：到2020年遏制欧盟生物多样性减损和生态系统功能退化的趋势，对其进行最大限度的恢复。[14] 在2011年通过的《欧盟保护生物多样性2020战略》中重申了这一目标。[15] 与"生物多样性"相比，"动植物"保护首先是对特定的受保护的动植物种类(尤其是珍稀濒危的野生动植物)及其栖息地的保护，然后才考虑项目影响范围内的其他动植物和生物多样性等因素。本次修改通过概念的转变强调了生态系统作为一个整体的功能和价值，保护生物多样性不是单纯通过对特定动植物的生存环境的保护或者修复就可以实现，它本身与气候变化、城市规划等都有密切的联系，因此绝不能"只见树木不见森林"，而需要全局考虑和长远规划。

---

〔12〕 HJ 2.1－2011，《环境影响评价技术导则——总纲》，2.2.

〔13〕 我国的环境影响评价技术导则体系由总纲、专项导则(如大气环境影响评价技术导则)和行业建设项目导则(如城市轨道交通环境影响评价技术导则)组成。

〔14〕 European Council，EUCO 7/10，26.3.2010.

〔15〕 The European Commission，"Biodiversity strategy for 2020"，COM(2011) 244 final，03.05.2011.

再次是在“土壤”(soil)之外新增“土地”(land)这一评价要素。“土壤”主要是指建设项目对土壤本身的性质和自然功能的影响,比如土壤污染、土地沙化、水土流失等。“土地”则更多地强调土地的整体功能和社会属性,尤其是(新增)建设用地的利用方式。人口增长和城市发展通常意味着刚性的土地利用需求,为了避免无序和低效的土地利用,德国政府2002年制定了《国家可持续发展战略》,计划到2020年将新增建设用地面积从最高峰2000年的129公顷/天降低到30公顷/天。[16] 到2014年这一数值已经下降到日均69公顷。减少新增土地面积除了意味着在土地利用规划和其他需要进行规划环评的专项规划中考虑土地存量和政府土地利用规划之外,还意味着在用地量较大的建设项目如城市轨道交通等基础设施建设项目中,考虑如何更加高效合理地利用土地。

最后要求在环评中加强对气候变化的考虑。欧盟委员会提交的最初的修改草案中甚至直接将“气候”改为“气候变化”,欧洲议会在审议草案时虽然承认气候变化是环评的重要内容,但最终并未采纳草案的建议直接使用“气候变化”这一概念,而是在前言(修订理由第13条)中特别指出气候变化会造成持续的环境损害并影响经济发展,要求在环评中预测和评估建设项目可能对气候产生的影响,尤其是温室气体排放的后果,以及应对气候变化的措施。并且在附件四——《环评报告书的基本内容》——中再次明确要求在环评报告书中说明建设项目对气候可能产生的影响(比如温室气体排放的种类和强度)以及建设项目应对气候变化(如极端天气)的脆弱性。

除了增加和完善上述几项具体的环境要素之外,新环评指令还要求对建设项目面临重大(人为)事故或者自然灾害(如洪水、地震等)时的脆弱性以及可能产生的重大环境影响进行预测和评估。包括发生重大事故或严重自然灾害的可能性、建设项目的抗风险能力、可能遭受的损害以及可能产生的重大不利环境影响等。[17] 虽然2011年的福岛核电站事故对欧洲各国都是极大的警醒,对欧盟主要核能国家的核能发展战略和核设施管理都产生了深远的影响,但欧盟对事故预警和灾难管理的重视早已体现在其各项政

---

〔16〕 详见联邦统计局和联邦环境署的数据和分析:https://www.umweltbundesamt.de/daten/flaechennutzung/siedlungs-verkehrsflaeche,2016年10月22日访问。

〔17〕 2014/52/EU,L 124/3,No. 15.

策和措施中。联合国于2005年在日本兵库县通过的一项关于如何预防和减少自然灾害带来的损失的框架行动计划(2005～2015)中就明确指出在规划大型基础设施建设项目时应该考虑自然灾害风险。[18] 欧盟在2009年通过了旨在加强灾难预警和事故管理的《预防自然灾害和人为灾害的共同纲领》。[19] 之后不久又通过了关于核设施的核安全的欧盟框架指令。[20]

考察我国的情况可以发现,虽然我国环评法中对环评的定义和环评报告书的内容都没有详细具体的规定,但是《环境影响评价技术导则——总纲》明确要求预测建设项目非正常排放和事故排放等情况下的环境影响(第6.3 c条),但此处的"事故"是否包括人为事故和自然灾害?根据2004年通过的《建设项目环境风险评价技术导则》[21] 中对"事故"的补充解释,一般不包括人为破坏及自然灾害(第3.2条)。因此可以说,我国现行环评制度尚未规定要求对人为事故和自然灾害给建设项目和周边环境可能带来的风险进行评估。

(二)精简和完善建设项目的分类管理制度(Screening)

由于并不可能也并不需要对所有的建设项目都进行环评,因此在各国的环评制度中普遍对建设项目实行分类和分级管理,只对那些可能对环境产生重大或较大影响的建设项目进行环评。与我国目前实行的建设项目分类管理制度不同,欧盟以及德国在建设项目是否需要进行环评的问题上并没有根据建设项目对环境的影响程度对应不同的环评的等级和形式(报告书、报告表和登记表),而是采取了"强制环评+预审制度"的方式。根据建设项目的种类、规模和大小,凡是列入附件一中的项目,即有可能造成重大环境影响的项目,都应当进行环评,编制环境影响报告书;列入附件二中的建设项目,属于可能造成中度或者轻度环境影响的项目,各成员国可以自主

---

〔18〕 Hyogo Framework for Action 2005 - 2015: Building the Resilience of Nations and Communities to Disasters (HFA).

〔19〕 The European Commission, Prevention of natural and man-made disasters in the European Union, COM(2009) 82 final, 23. 2. 2009.

〔20〕 The European Council, Council Directive 2009/71/Euratom of establishing a Community framework for the nuclear safety of nuclear installations, L 172/18, 2. 7. 2009.

〔21〕 HJ/ T 169—2004,国家环境保护总局,2001年12月11日。

决定这些项目是否需要进行环评,具体来说,成员国可以通过个案分析(case-by-case examination)或者设置统一的界限值或标准(thresholds or criteria)或者两者相结合的方式来决定这些中小规模的项目是否需要进行环评(指令第4条第2款)。这实质上是对那些中小型项目的项目特点和所处环境预先进行粗略的审查,如果经过预审认为该项目尽管不属于强制环评的范围,但是依然可能对环境造成较大影响,比如该项目可能与周围其他项目相互作用产生累积效应或者位于环境敏感区,则需要进行环评;如果预审结果认为该项目不会对环境造成重大影响则不需要进行环评。

简言之,预审只有两种结果:需要进行环评进而编制环评报告书或者不需要进行环评。通过预审制度可以让那些环境影响较轻或者很小的建设项目脱离环评义务,使建设单位和审批部门集中精力对环境影响大、风险高的项目进行环评。但这并不意味着环境影响较小的项目在建设和运行中不用考虑环境保护因素,因为审批部门依然要根据各部门法的规定审查其污染排放情况和环境保护措施,只是不需要进行要式的环评程序,这就好比公众参与的形式可以是调查公众意见、专家论证会或者座谈会等,不一定非得是听证会这种对程序有严格要求的形式。欧盟这种"抓大放小"的方式,有利于在欧盟范围内对重大环境影响项目建立起相对统一的环境管理标准,同时兼顾了各成员国的具体国情,给予他们一定的调整权限,因地制宜地提高或者降低环评的门槛,也可以将环评与本国的其他环境管理制度更好地结合。

但是这种预审制度在实践中也存在不少问题。以德国为例,2008年联邦环境署(UBA)公布的一份德国《环境影响评价法》的执行情况和环评对项目审批程序的影响的研究报告中指出,绝大多数的建设项目的预审结果都不需要进行环评,比如在巴伐利亚州这一比例高达90%,不莱梅84%,其他州的情况也大体如此。[22] 虽然尚无有力证据证明这样高比例的否定环评义务的结果对环评制度的实施造成了不利影响,但是这种情况的普遍性

---

〔22〕 Evaluation des UVPG des Bundes(《联邦德国〈环境影响评价法〉执行评估报告》),Darmstadt/Göttingen/Kassel,08. 2008,S. 55. 该研究报告由联邦环境署资助,由三所大学和研究机构共同完成,对环评法实施以来的执行情况进行摸底和考察并提出相应的意见和建议。该报告在联邦环境署的网页上公布供公众查阅:https://www.umweltbundesamt.de/en/publikationen/evaluation-des-uvpg-des-bundes。

也使它值得进一步关注。欧盟委员会2009年提交的关于环评指令在欧盟的执行情况和效果的报告中也指出这一程序中存在的诸多问题，比如有些建设单位为了规避环评义务，把建设项目人为拆分或者分期进行，或者不重视建设项目的累积环境影响等。[23] 因此本次环评指令修改的一项重要任务即是加强对环评义务确定阶段(Screening)的管理。

1. 进一步明晰了预审标准。欧盟环评指令规定各成员国可以自主决定是通过个案分析还是制定统一标准来确定非强制环评类的建设项目是否需要进行环评，赋予了各成员国较大的自主权。但是这种“自主”并非绝对的自主，而是需要参照欧盟制定的评价标准，该标准详细罗列了各成员国在制定预审标准时应该考虑的因素，包括项目特征、环境特征和可能的环境影响的种类和特征(指令附件三)。各成员国可以在此范围内根据本国的情况和特点予以适当调整，但不能超越权限违反欧盟指令的基本要求。因此如何在“管”和“放”之间达到平衡也是立法者需要进一步解决的问题。本次修改一方面增加和完善了审查要素(指令附件三)，再次强调各成员国在进行个案分析或者制定统一标准时要参考指令附件三“审查标准清单”，遵守其基本要求；另一方面也进一步阐明了各成员国进行变通规定的权限，赋予了成员国更大的自主权。

2. 明确了建设单位的义务——提供完整的项目信息。根据欧盟指令的规定，某建设项目是否需要进行环评是由主管部门在预审阶段根据建设单位提供的关于项目特征及其可能产生的环境影响的信息来决定。因此建设单位及时提供准确、完整的建设项目和周边环境的相关信息是主管部门做出正确决定的前提和基础。为了进一步明确建设单位提供信息的内容和范围，本次修改专门制定了一个新的附件——附件二A。根据该附件的规定，建设单位应该向主管部门提供以下信息：项目概况(工程特征、项目所在地环境现状)、可能受工程不利影响的环境要素、建设项目可能对环境造成的影响的基本预测和判断等，以供主管部门审查和确定该项目是否需要进行环评。

3. 强化了行政主管部门的义务。根据建设单位提交的材料和信息，主管部门(通常是项目审批部门)需要决定该项目是否应该进行环评。修改之

[23] The European Commission, COM(2009) 378 final, 23.07.2009, pp.5-6.

前的欧盟环评指令只是简单规定了主管部门做出决定后需要向公众公开决议内容。本次修订从决议的内容和程序两方面强化了主管部门的责任和义务。一方面,规定除了应当公开决议内容之外,还需要在决议中说明决定进行或者不进行环评的理由和依据。另一方面,为了避免主管部门审而不决,加强对整个环评程序的管理,要求各成员国采取措施,保障主管部门在建设单位提交材料后 90 天内做出该建设项目是否需要进行环评的决定。在某些特殊情况下,比如由于项目本身的复杂性和特殊性、所处环境的特殊性或者项目规模较大等因素难以在 90 天内做出决定的,可以适当延期。但是主管部门应该书面通知建设单位延期事由以及预期答复时间。

通过以上修改措施可以看出,在哪些项目需要进行环评的问题上,对可能造成重大环境影响的项目,欧盟一如既往地规定了强制环评的义务;对可能造成较轻环境影响的项目,规定由主管部门决定是否需要进行环评。至于主管部门通过何种方式或者标准来确定某建设项目的环评义务,主要由各成员国国内法规定,但是应当遵守欧盟指令确立的基本原则和基本要求。同时由于这一程序的重要性,欧盟还通过明确建设单位的信息、提供义务和加强主管部门的说明义务以及设置程序期限等方式,力图保证该决议过程的高效、公开和透明。

(三)确定评价范围和评价标准

一旦确定了某建设项目需要进行环评,就应该依法正式启动环评程序。首先是环评的前期准备阶段,主要是确定评价范围、评价标准、评价方法以及其他与环评相关的重要问题(Scoping)。评价范围通常是由主管部门(主要是项目审批部门,也可以适当征求其他相关部门的意见)与建设单位共同确定,其主要作用在于从一开始就明确建设单位在环评中的工作内容和义务范围。这实际上是从程序一开始就给予双方意见沟通的机会,建设单位可以据此了解主管部门对项目在环境保护方面的基本要求和审查重点,以此完善和修正自己的环评方案;主管部门也可以提供相关的政策和法律方面的信息,提高行政审批的效率和质量。

欧盟委员会原本希望强化这一程序,加强环评的前期准备工作,因此在修改草案中不仅规定所有进行环评的项目都要开展 Scoping,由主管部门和建设单位共同制定详细的环评方案,甚至要求在环评方案中确定合理的替代方案。

草案的这一规定遭到了很多成员国的反对，他们认为各国的审批体制和环评机制不尽相同，毫无区别地规定环评一律进行 Scoping 程序缺乏灵活性。

以德国法为例，德国《环境影响评价法》第 5 条就规定了两种启动 Scoping 程序的方式，一种是建设单位在审批程序开始之前主动申请，实践中也比较多见；另一种是审批程序开始之后，审批部门认为有必要进行 Scoping 程序，告知建设单位环评报告书应该包括的内容和范围。这种情况通常出现在审批部门认为建设单位提供的环评材料不全或者不符合要求，需要专门另行告知的情况下。也就是说，在德国的环评制度中，它并非强制程序，如果建设单位不申请，审批部门也不认为有必要，可以不用经过这一程序。联邦德国参议院在对欧盟环评指令修改草案的意见报告中也明确表示，让项目审批部门负担这么多义务实质上是将本来应该由建设单位自己承担的确定环评范围、制定环评工作方案的工作转嫁到了审批部门头上，而在 scoping 阶段审批部门承担的主要是辅助和咨询工作。〔24〕

在此情况下，最终通过的环评指令删除了要求环评一律进行 Scoping 的规定，只是规定当建设单位主动向审批部门申请进行 Scoping 程序的时候才启动该程序。同时，也允许各成员国进一步规定主管部门可以不经过建设单位的申请，主动对环评的范围、内容等提供意见和建议。两相比较便可知这一修改对德国法几乎没有影响。

（四）进一步完善和细化了环评报告书的内容

建设单位对项目可能造成的环境影响进行了分析、预测和论证之后，应该编制环境影响报告书并提交审批部门。由于各成员国实行不同模式的环评制度，之前的建设项目环评指令并没有使用“环评报告书”（EIA-report）这一提法，而是将其笼统地称为“环评信息”（information），但是规划环评指令中却使用了“环评报告书”的概念。本次修改正式用“环评报告书”取代“环评信息”，名称的变化不仅意味着两大环评指令概念上的统一，而且“报告书”作为一份完整的书面报告，和松散的环评“信息”相比，其对内容的系

〔24〕 Beschluss des Bundesrates vom 14. 12. 2012, Drucksache 655/12 （Beschluss）, S. 2; Alexsander Schink, „Verstärkung der Öffentlichkeitsbeteiligung und neue Anforderungen für Unternehmen“, *Deutsches Verwaltungsblatt* 2013, S. 1353; Christof Sangenstedt, 前引注 9, S. 531。

统性和完整性要求更高，更有利于后续阶段主管部门的审查和公众查阅，因此也受到各成员国普遍的支持。

由于环评报告书的内容直接关系到环评的内容和质量，因此欧盟指令不仅在正文中规定了环评报告书的基本内容（第5条第1款），还在附件四中详尽地罗列和解释了每一项内容下的具体要求。按照欧盟的规定，建设单位提交的环评报告书至少应该包括以下内容：建设项目的概况（包括选址、工程、规模大小以及其他重要的信息），建设项目可能对环境造成的重大影响，预防、消除、减轻或者补偿不利环境影响所采取的环境保护措施，建设单位考察和比对的重要的替代方案以及选择最终方案的原因说明，一个包含上述基本内容的、非技术性的且便于公众理解的总结或简本。除此以外，如果附件中对特殊的建设项目种类有特别要求，也需要补充相应的内容。本次修改过程中对环评报告书的内容争议最多的无非是以下两个问题。

1. 替代方案

替代方案是指除了拟议活动以外的其他可供选择的方案，可以是关于项目选址（选线）、工艺、规模和大小等。是否在环评报告书中引入替代方案的比选和说明一直是各国环评制度中颇具争议的问题。欧盟环评指令没有要求建设单位必须进行替代方案的比选，仅仅是规定了建设单位负有说明的义务，即如果建设单位在环评中主动考察了替代方案并预测和评估了替代方案可能对环境造成的影响，则应该在环评报告中对替代方案及其环境影响进行说明。也就是说，只有当建设单位进行了替代方案的分析和比对才在环评报告中予以说明，指令本身并没有要求建设单位必须考察替代方案。

本次修订中，欧盟委员会在草案中增加了要求建设单位提出合理的替代方案并对替代方案进行评估的规定。[25] 德国联邦参议院在其征求意见稿中承认了替代方案在项目规划和设计阶段的重要性，同时也强调提出替代方案的时间点很重要，太早（比如在确定评价范围的 Scoping 阶段）或者太晚（如项目审批阶段）都会使替代方案难以达到效果。[26] 另外，也指出应该明确什么是“合理的”（vernünftig）替代方案，它必须是“适当的”（verhältnismäßig），

〔25〕 Article 5 Paragraph 2 (d) of COM(2012) 628 final: „... reasonable alternatives relevant to the proposed project and its specific characteristics“.

〔26〕 Beschluss des Bundesrates vom 14. 12. 2012, Drucksache 655/12 (Beschluss), S. 12.

与其他相关欧盟指令的要求相一致的，建设项目的种类和特征适宜提出替代方案，与现有的规划设计水平和科学技术水平相一致等。〔27〕 虽然替代方案的重要性得到广泛的承认，但是部分学者依然质疑是否有必要在《环境影响评价法》这样一部综合性法律中制定无区别的比选和评价替代方案的义务，他们认为更合理的方式是根据建设项目的种类和性质，结合现有的环境管理体制，在相关部门法诸如《大气污染防治法》《原子能法》等中做出相应的规定，而《环境影响评价法》只规定最基本的义务即可。〔28〕

不得不说这种看法具有一定的合理性，建设项目的选址、选线和工艺设计等本就是各种方案比选之后的结果，建设单位也只能对重要的、合理的替代方案予以说明。但是如何界定哪些替代方案对项目“至关重要”，哪些无关紧要，哪些“合理”哪些不合理，却是立法者面临的难题。而且是否应该对替代方案进行环评也应该根据项目的性质、种类以及环境特征等因素予以区分，比如不同的设计方案造成的环境影响差别较大、项目处于环境敏感区或者涉及人数较多、社会影响较大，则在环评报告中说明替代方案更具有必要性和现实性。因此将替代方案义务规定在部门法中，并在环评法中进行部门法相关规定优先适用的说明，不失为在现行环境法律体系中的一个解决之道。

由于异议较多，欧盟草案的这一规定并没有获得通过，新的欧盟环评指令依然沿用了之前的规定，即只有当建设单位主动进行了重要替代方案的比选和评价，才需要在环评报告书中予以说明，并在分析比对不同环境影响的基础上说明做出最终决策的理由。替代方案没有成为环评报告书的必要内容。

2. 不进行拟建项目情况下的环境发展状况

本次修改针对环评报告书的内容还增加了一项新规定：根据附件四（《环评报告书内容要求》）第 3 条的规定，在环评报告书中除了说明项目所在地的环境现状以外，还需要对在不进行拟建项目的情况下项目所在地的环境发展状况进行简要的分析和说明。这一新规定在草案讨论的过程中遭到各成员国不同程度的反对，部分德国学者激烈批评这项规定不仅让建设单位承担了过重的负担，而且与环评制度的目的和任务相背离，因为环评的主要任务在于分析、预测和评估建设项目本身对环境可能造成的影响，而不是脱离建设项

〔27〕 同前注。

〔28〕 Christof Sangenstedt，前引注 9，S. 532。

目去对当地环境发展做评估和预测，这更应该是环境保护部门和研究机构的任务。[29] 虽然最终通过的新指令保留了这一条款，但是与草案稿相比已经大大降低了要求，只是要求对不进行拟建项目的情况下环境的自然发展状况做一个概述，而且是根据已有的环境信息、在现有的知识水平的基础上，在建设单位可承担的范围内进行。

但是也有不少学者认为，通过将建设项目对环境产生的影响与不进行拟建项目时环境的自然发展状况进行对比，更能清晰地表明建设项目是否会对环境产生重大不良影响以及环境影响的程度和方式，将人为因素与自然因素相分离，因此支持将这一要求纳入环评报告书。[30]

无独有偶，香港高等法院 2011 年在港珠澳大桥司法复核案中裁定香港环保署 2009 年完成的环评报告无效，要求环保署长撤销环境许可证，理由之一就是环评报告只提出兴建两段公路后对环境造成的影响，对不兴建两段公路的空气情况则没有给出数据，所以缺乏做出判断的基础。[31] 但是这一裁定随后被高等法院上诉法庭推翻。由此可见，对于是否在环评报告中

〔29〕 Alexander Kenyeressy, "Kritische Analyse des Vorschlags zur Änderung der UVP-Richtlinie", *Umwelt-und Planungsrecht* 2013, S. 142; Alexander Schink，前引注 25, S. 1352。

〔30〕 Wolfgang Appold, in: Hoppe/Beckmann, UVPG, 4. Aufl. 2012, § 2 Rn. 55; Thomas Bunge, in: Kommentar zum UVPG, in: Strom/Bunge, *Handbuch der Umweltverträglichkeitsprüfung* (HdUVP), Band I, Kennzahl 600, § 2 Rn. 73; Erbguth/Schink, Gesetz über die Umweltverträglichekeitsprüfung, Kommentar, 2. Aufl. 1996, § 2 Rn. 9c; Sangenstedt，前引注 9, S. 532。

〔31〕 港珠澳大桥是连接香港、珠海和澳门的跨海大桥，于 2009 年 12 月动工，2016 年 9 月 27 日主体桥面全线贯通。2010 年 1 月 22 日，66 岁的香港市民朱绮华向香港高等法院申请司法复核，认为环保署署长批准的港珠澳大桥香港段的两份环评报告（http://www.epd.gov.hk/eia/tc_chi/alpha/aspd_420.html）没有评估臭氧、二氧化硫和悬浮颗粒的影响，是不合理也不合法的，因此要求推翻有关决定。高等法院在 2011 年 4 月 18 日作出裁决，驳回了申请人提出的七项质疑中的六项，但是认为环评报告没有比较大桥兴建前后空气污染程度的变化，根据《环境影响评估条例》的相关规定和立法目的，应该提供不兴建两段公路的空气情况的数据，因此原报告缺乏判断基础。由此裁定港珠澳大桥香港段环评报告不合格，要求环保署署长撤销环境许可证（http://hkmac.sysu.edu.cn/cn/cnhot/82121.htm）。由于高等法院的裁决涉及对《环境影响评估条例》重要法律规定的理解，对《环评条例》的执行原则有重大影响，环保署于 2011 年 5 月 13 日就裁决提起上诉（http://www.info.gov.hk/gia/general/201106/22/P201106220181.htm）。高等法院上诉庭于 2011 年 9 月 27 日裁定环保署上诉得直，理由是现行的《环评条例》并未要求环评报告需要评估工程的独立影响（stand-alone assessment）（香港政府新闻公报：http://www.info.gov.hk/gia/general/201110/26/P201110260240.htm）。而独立影响是基于工程兴建前后环境状况的对比才能得出结果，这意味着也要评估不兴建工程的情况下环境的发展变化（判决文书：CACV 84/2011, No. 33 – 36: http://legalref.judiciary.gov.hk/lrs/common/ju/ju_frame.jsp? DIS = 78373&currpage = T）。

提供环境的自然发展信息，在不同的环评制度中均有争议。我国现行环评制度也没有规定此项义务。

（五）加强环评专家库的建设，保障和提高环评报告书的质量

与我国一开始就引入了专业的环评机构来进行环境影响评价并编制环境影响报告书不同，欧盟更多的是由建设单位负责环评技术方面的分析、预测和论证并编制环评报告书。部分成员国国内法规定在环评报告书编制和审批过程中可以引入专家。鉴于环境影响评价的专业性和技术性，实践中很多建设单位也委任环评专家或者科研机构来进行环评并且编制环评报告书。

欧盟委员会本是希望在本次修订中正式引入和确立由有资质的专家编制和审议环评报告书的制度，但是鉴于各成员国的环境影响评价制度和环境管理水平不同，这一条款在最后通过的时候大打折扣，只原则性地规定建设单位编制环评报告书以及主管部门审查环评报告书都应该确保有相关专家的参与，这些“专家”也可以是本部门内部的专家。

（六）优化公众参与条件，提高公众参与水平

公众参与一直被认为是环评制度的核心环节之一，欧盟在环评指令的制定和历次修改中都很重视公众参与制度的设计和完善。本次修改中欧盟主要从信息公开和程序管理两方面加强对公众参与制度的保障和完善。

1. 加强网络平台建设，加大信息公开力度

新的环评指令规定环评报告书及相关信息既要通过传统的方式（政府公报、报刊等）公开，也要在网络上予以公开（第 6 条第 2 款）。而旧指令只是把网上公开作为可供选择的公开方式之一，非强制义务。指令同时还要求各成员国采取必要措施保证公众可以通过便捷的方式在网络上获取相关信息，比如设置门户网站集中公布建设项目的环评信息或者其他便利方式（如设置网络链接），保证信息公开的多渠道多形式，提高公众获取信息的便利程度。

2. 规定公众参与期限，确保公众参与质量

除了充分的信息公开，影响公众参与质量的另一重要因素是参与的时间和期限，必须保障公众有充足的时间了解项目信息并提出意见和建议。

但是参与时间过长又会影响项目的审批进程。因此如何既能充分保障公民的知情权与参与权，又不影响行政管理效率一直是公众参与制度的核心问题之一。

公众参与的过程一般分为公告、公示、异议以及对异议的处理四个部分。欧盟委员会最初的修改草案规定的公示时间为30天以上60天以下，特殊情况下可以再延长30天，也就是说，公众参与的时间最长可达90天。在公示期内公众可以提出意见和建议。部分成员国认为这一期限过长，而且具体的行政程序的规定应该属于各成员国国内法的权限。[32] 最终通过的环评指令将这一期限缩短为至少30天（第6条第7款）。这一最低时限要求保证了公众有一定的时间了解项目的基本情况和可能造成的重大环境影响并提出意见和建议，也不妨碍各成员国根据现有的国内法制定更严格的标准，规定更长的公众参与的期限。比如《联邦德国行政程序法》第73条第3款就规定，公示时间为1个月。公示期内以及公示结束后两周以内公众均可提出异议，要求进行座谈会或者听证会，即公众可以在几乎长达45天的时间内提出意见和建议。

对比我国公众参与的期限，虽然我国的公众参与分为环评进行阶段的公众参与（由建设单位或受其委托的环境影响评价机构组织进行）和审批阶段的公众参与（由环境保护行政主管部门组织进行），即公众有两次参与环评的机会，但是根据《环境影响评价公众参与暂行办法》第12条第2款和第13条的规定，两次公众参与的公示期限均是"不得少于十日"，虽然没有设置上限，却也没有规定任何可以延长期限的情形。以环境保护部环评司受理的建设项目环境影响评价文件为例，公示期限均为10个工作日。[33] 而现实中一些规模较大、工艺复杂或者涉及人数较多的建设项目，环评报告书动则上百页甚至数百页，这种情况下公众是否能在10日以内根据环境影响报告书了解建设项目的基本情况以及可能造成的重大环境影响并形成合理的意见或者建议？遑论部分环评报告书专业性强，没有一定专业背景和技

〔32〕 Beschluss des Bundesrates vom 14. 12. 2012, Drucksache 655/12 (Beschluss), S. 10, Nr. 24; Alexander Kenyeressy，前引注30，S. 141；Alexander Schink，前引注25，S. 1354；Christof Sangenstedt，前引注9，S. 533。

〔33〕 http://www.mep.gov.cn/home/rdq/hjyxpj/jsxmhjyxpj/xmslqk/，2016年10月23日访问。

术知识的普通公民难以理解，更难在短时间内形成合理的质疑并对其进行初步论证以及提出相应的意见或者建议。当然，公众参与的期限也取决于本国的行政审批程序和期限。根据我国《行政许可法》第42条第1款和《环境影响评价法》第22条第3款的规定，审批部门应当自收到环境影响报告书之日起60日内，收到环境影响报告表之日起30日内，分别作出审批决定并书面通知建设单位。鉴于对环境可能产生重大影响的项目都应当编制环境影响报告书，这类项目也容易引起公众关注，所以充分的信息公开和公众参与显得尤为重要，相对60日的审批期限，10日的公示和异议期很难让人不质疑其是否能保证公众参与的效果。

（七）进一步完善跨境环境影响评价制度

除了国内公众参与以外，欧盟还规定了跨境环境影响评价的适用范围和程序（第7条）。本次修订再次强调了各成员国通过双边或者多边协商的方式进行跨境环境影响评价的义务，必要时可以成立跨国跨地区的共同委员会来负责具体事项；完善跨境环境影响评价中的公众参与，要求按照对等原则、参照国内公众参与的基本制度通过协议确定跨境公众参与（包括本国公民参与境外项目的环评和外国公民参与本国项目的环评）的具体程序和期限，保证公众参与的有效性。

最早规定建设项目跨境环境影响评价的国际公约是1991年的《埃斯波公约》，为了执行公约的相关规定，欧盟在1997年对建设项目环境影响评价指令进行了修改，引入了跨境环评制度（97/11/EG）；2004年制定战略环评指令（2001/42/EG）时也进行了相关规定。但是欧盟的环评指令只是原则性地规定了跨境环评的适用条件和基本原则，具体的操作细则由各成员国自行协商和规定。以德国为例，德国和波兰两国政府在2006年签署了关于在可能造成跨境环境影响的建设项目中进行跨境环评的双边协议，该协议于2007年正式经过议会批准。[34] 根据该协议，2009年至2010年两国政府（主要是两国的环保部和相关的德国三个联邦州的环境保护主管部门以及

〔34〕 Gesetz zu der Vereinbarung vom 11. 04. 2006 zwischen der Regierung der Pepublik Polen über die Durchführung des Übereinkommens vom 25. 2. 1991 über die Umweltverträglichkeitsprüfung im grenzüberschreitenden Rahmen（Vertragsgesetz zur Deutsch-Polnischen UVP-Vereinbarung）vom 13. April 2007（BGBl. Ⅱ S. 595）.

其他相关部门)就波兰境内的某核能开发项目进行了信息通报、征求相关行政部门意见和公众参与等程序。

我国并不是《埃斯波公约》的成员国,现行的法律法规中也并没有关于跨境环评的规定。但是我国邻国众多,近些年来在重要的国际河流、界河以及边界地区的开发建设活动也颇多,以跨界水资源开发利用为例,中俄两国2008年签署的《关于合理利用和保护跨界水的协定》以及中国和哈萨克斯坦政府2001年签署的《关于利用和保护跨界河流的合作协议》分别在中俄东部边境的界河以及西北部伊犁河的开发利用问题上或多或少地对开发活动的跨界影响予以了关注;东南亚和南亚国家在我国开发澜沧江、怒江和雅鲁藏布江等国际性河流的活动上也都希望加强与我国的在环境保护方面的合作。[35] 而且随着海洋资源的开发与利用以及海岸、海洋工程的兴建,[36] 以及其他跨境的、由多国共同进行的大型的基础设施建设工程和项目的实施,[37] 跨境环评的现实需求也会进一步凸显。如何在我国现行的环评法律制度中体现这一需求也是立法者需要进一步考虑的问题。

(八)加强对建设项目的环境监测管理

尽管欧盟委员会早在1985年制定环评指令时就曾试图在环评中引入统一的环境监测制度,但是这一规定在欧盟理事会审议时并未获得通过,一直到本次修订之前欧盟环评指令中都没有关于建设项目环境监测的规定。欧盟现行的环境监测体系主要由诸多环境保护指令的相关规定构成,比如《欧盟水框架指令》(2000/60/EG)、《欧盟海洋战略框架指令》(2008/56/EG)、《欧盟空气质量指令》(2008/50/EG)、《欧盟工业排放指令》(2010/75/EU)等。为了加强对可能产生重大环境影响的建设项目的环境监测,欧

---

〔35〕 边永民、陈刚:《跨界环境影响评价:中国在国际河流利用中的义务》,载《外交评论》2014年第3期,第18~19页。

〔36〕 据《环球时报》报道,南方电网计划投资42亿元人民币在香港大屿山西10公里处水域修建面积约300公顷的广东省首个海上风电场。香港媒体质疑风电场运行后可能对附近海域生物特别是白海豚以及附近居民产生不利影响,并呼吁建立粤港两地跨境环评制度。载 http://china.huanqiu.com/article/2016-02/8502469.html,2016年10月30日访问。

〔37〕 如中国石油天然气集团于2013年8月5日公布的《关于中缅油气管道项目报告的澄清》,载 https://business-humanrights.org/sites/default/files/documents/cnpc-response-re-myanmar-pipeline-5-aug-2013-ch.pdf,2016年11月2日访问。

盟在本次环评指令的修改中明确要求在环评报告书(附件四第7条)或项目审批决定(正文第8a条第1款b项目)中载明拟采取的环境监测措施。这一方面是为了监督和保证建设单位落实其在环评报告书中承诺采取的预防、减轻或平衡不良环境影响的环境保护措施,另一方面是为了能及时发现与经审批的环评文件不符的情形,比如出现新的污染后果,并采取适当的改进措施。[38]

根据此项新规定,所有需要进行环评的建设项目都应该对其产生的环境影响进行监测。至于该监测义务是由建设单位还是行政主管部门承担,抑或是由双方共同承担,指令并未做出明确的规定。[39] 另外,指令中也进一步阐明了建设项目的环境影响监测与现行的环境监测体系之间的关系:两者互相配合、互为补充,根据其他欧盟指令或成员国国内法已经确立的相关环境监测制度(如空气质量监测),环评中不再做重复规定。

建设项目的环境监测作为环评的后续管理制度、环境行政主管部门日常检查和监管工作的重要依据,以及建设单位自我监督的重要工具甚至有可能成为公众监督的渠道,从我国环评制度建立之初就备受重视。1998年制定的《建设项目环境保护管理条例》第8条第6款和2002年通过的《环境影响评价法》第17条第6款都规定建设项目的环境影响报告书应该包括对建设项目实施环境监测的建议。《环境影响评价法》还进一步规定,如果在项目的建设和运行过程中发现与经审批的环评文件不符的情形,建设单位应当组织进行环境影响后评价(第27条)。但是如何落实建设项目的环境监测措施、如何将它与现行的其他环境管理制度进行整合,如"三同时"制度、排污许可证制度以及其他环境监测制度等,也是理顺环境管理体系、提高环境监测质量亟待解决的问题。

(九)进一步加强建设项目审批机关的环境保护义务

为了保证建设项目审批部门在审批过程中切实履行环境保护义务,认真对待环评结论,新指令加强了主管部门在审批决定中的说明义务,要求在

〔38〕 2014/52/EU,修改理由第35条。

〔39〕 Thomas Bunge, "Neue Anforderungen an die Umweltverträglichkeitsprüfung: die UVP-Änderungsrichtlinie 2014", *Neue Zeitschrift für Verwaltungsrecht* 2014, S. 1262.

建设项目的审批决定中说明采纳或者不采纳环评结论的理由。与决策相关的重要的环评文件，为了预防、减轻和平衡不良环境影响而拟采取的环境保护措施以及相关的环境监测措施等都应该包含在主管部门的审批决定中。由于在部分欧盟成员国（如德国）环评制度并不是一项独立的行政许可制度，而是纳入现行的项目审批程序中，由审批部门主导进行，[40]因此，如何保证审批部门在决策过程中落实对环评结论的审查和注意义务，直接决定了这种环评模式能否实现立法目的，实现其事前预防的功能。在环评结论并不具有“一票否决”作用的情况下，欧盟环评指令似乎也只能通过加强审批部门的说明义务和信息公开义务来保证其落实环保注意义务。

如果不考虑我国大量存在的未评先建、未批先建现象，[41]我国将环评审批作为其他审批（主要是可行性研究报告审批或者项目核准）的前置条件，能最大限度地发挥环评的把关作用。但是在新一轮转变政府职能、简政放权的改革中，首先是国务院在2014年底发文规定，除了重特大项目之外，环评不再作为核准的前置事项。[42] 但是环评许可仍然是发改部门审批可行性研究报告、核准重特大项目的项目申请报告的前置条件，是国土部门发放土地使用证、规划部门发放建设工程规划许可证、建设部门施工许可证、工商部门注册登记和营业执照等的前置条件。然而，今年7月通过的新的《环境影响评价法》却一律取消了环评前置，只规定环评文件未经审批部门审查或者审查之后未获批准，建设单位不得开工建设。即环评与其他审批同时进行，不再是其他行政审批的先决条件，只需要在建设项目“开工”前取得即可。虽然环评前置并不一定能保证环评的效力，但是取消环评前置却必然影响其有效性。在这种情况下，要保证环评的有效性就需要进一步加

---

〔40〕 如上所述，Screening程序中确定某建设项目是否需要进行环评、征求相关部门的意见以及公众参与都是由主管部门（通常是项目审批部门）负责进行。建设单位主要负责提供真实、完整的项目信息供主管部门审查和决定该建设项目是否需要进行环评；确定进行环评后进一步提供与环评相关的项目信息、环境现状调查报告、项目可能产生的环境影响的分析和预测以及拟采取的预防或减轻环境影响的对策和措施等。即建设单位主要承担提供相关信息和与工程和技术相关的分析和预测义务。

〔41〕 据2016年11月2日《全国人民代表大会常务委员会执法检查组关于检查〈中华人民共和国环境保护法〉实施情况的报告》，2015年全国共清理出违反环境影响评价制度的建设项目14万个，有力遏制“未批先建”问题。

〔42〕 《国务院办公厅关于印发精简审批事项规范中介服务实行企业投资项目网上并联核准制度工作方案的通知》，国办发〔2014〕59号，2014年12月29日。

强环评的管理，尤其是通过加强环评的信息公开和公众参与来强化外部监督；通过提高环评机构的专业性和独立性、规范和完善环评技术导则来保证环评质量；通过落实和健全建设项目的环境影响监测机制以及环境影响后评价制度来完善环评的后续监管制度；通过强化环评各参与方的法律责任来促进各方履行环评义务等。

四、总结

通过对欧盟环评指令修订过程和结果的考察以及与我国相关制度的对比可知，如何提高环评的质量和有效性，真正发挥环评的事前预防作用，是各国都面临的问题。而且环评制度作为环境管理体系中的一部分，属于事前预防的一般性制度。如何进一步协调环评与其他相关环境管理制度之间的关系，兼顾环评法的一般规定与各环境部门法的特殊要求，建立健全权责分明、精简高效的环境管理体制，不管对欧盟及其成员国还是中国，不管是实行独立于其他审批制度之外的环评制度，还是将环评纳入其他的审批程序中，都是各国应对日益复杂和严峻的环境问题面临的挑战。虽然各国的行政管理体制和司法体制迥异，但是环评制度作为一项具有普遍适用性的制度，还是具有不少的共性及可供交流学习之处。

考察欧盟的环评制度及其发展，尤其是从2012年启动环评指令修改至2014年通过新的环评指令，可以看出欧盟围绕环评制度的四大主要内容加强项目环评、制定和执行欧盟统一环境政策的尝试和努力，即通过完善环评的定义充分反映了近年来环境政策和理念的发展，尤其是保护公众健康、应对气候变化、保护生物多样性、合理利用土地以及环境风险管理等。

通过完善具有环评义务的建设项目的名录和评价标准，加强对建设项目的分类管理，通过“放”“管”结合的方式，兼顾欧盟环境管理制度的统一性和各成员国的具体国情。中、小规模的建设项目是否需要进行环评可以通过个案分析或者设定统一的门槛或者标准来决定，但决定权都掌握在主管部门(一般是审批部门)手中。让审批部门在确定环评义务阶段具有决定权，不仅可以防止部分企业恶意逃避环评，其权威性也避免了建设单位与公众这个问题上争论不休。而且审批部门在此阶段已经对建设项目及周边环境的基本特点以及可能产生的环境影响有所了解，便利其在后续的确定环评范围(Scoping)以及公众参与阶段的工作。在赋予审批部门决定权的同时,本次修改也加强了审批部门的说明义务并设置了决定的期限,力求保障其决定的高效、公开和透明。

环评制度的重要特点就是其“程序性”。本次修改通过完善环评各程序尤其是公众参与和跨境环境影响评价的相关规定,该具体的具体,该原则的原则,前者如公众参与的公示期限,后者如跨境环境影响的方式和程序,充分体现了严格的“管”和有力的“放”,既保证了欧盟境内对重大项目和关键制度执行统一标准,又兼顾了各成员国的具体国情,充分体现了制度的弹性和灵活性。一方面加强对环评程序的过程控制,比如设置公众参与的最低期限、要求成员国保证审批部门在合适的期限内做出审批决定等;另一方面加强对环评的质量控制,例如要求在环评报告的编制和审批过程中引入有关专家,对环评报告书的内容做出详尽和具体的规定。

为了保证环评结论在审批过程中得到充分的重视,加强审批部门的说明义务,同时为了提高环评的有效性,防止“重事前审批、轻事中和事后监测”的状况出现,还特别规定了环评也必须确定对不良环境影响的监测方案,及时发现和修正与环评报告不符的不良环境影响。

通过对欧盟环评指令及其修改情况的考察,随着我国新环保法和新环评法的施行,结合我国目前进行的环境管理体制改革(垂直管理)、加强环评管理、进一步推进环评机构改革和加强环评机构资质管理、改革和完善环境监测机构、推进环评制度与排污许可证制度等其他环境管理制度的进一步衔接等一系列改革和保障措施,环评制度能否真正实现其事前预防的功能还需要持续关注。但有一点可以肯定,环评制度作为一项综合性的事前预防制度,将依然处于环境管理制度改革的中心,并进一步推动其他环境管理制度的改革和完善。

EU Environmental Impact Assessment System and Its Latest Development

CHEN Siyu

Abstract: Environmental impact assessment system as an important realization of comprehensive environmental management system is widely practiced in the world. EU Directive on the assessment of the effects of certain public and private projects on the environmental (85/337/EWG) is an important standard and basis for EU member states to enact domestic laws and implement EIA system. After a year and a half of intense discussion and repeated demonstration, through the implementation of the past three decades, EU EIA Directive has in the year of 2014 welcomed its largest amendments. In this paper, by reviewing the process and content of the revision of the EIA directive and the relevant provisions of the EIA system in China, the rationality and effectiveness of the EIA system of the European Union will be discussed through the analysis of the concept and purpose behind the system design. Different problems and different ways to solve the problems will be discussed to explore the universal applicability of the measures and systems.

Keywords: EU; Environmental Law; International Law; Environmental Impact Assessment System

论　文

《斯瓦尔巴德条约》适用范围之争
——条约解释的视角

◇ 秦天宝　张庆川*

【内容摘要】随着北极地区日益成为国际战略的焦点，作为北极地区仅有的几个具有国际色彩的政府间条约之一——《斯瓦尔巴德条约》得到了各方越来越多的关注。针对该条约的争议主要集中在其适用范围的确定上，而争议的核心则在于应对条约中“领海”一词的含义作何理解。本文以条约解释的视角看待这一问题，结合“主观论”与“客观论”两种法律解释思路，运用当代意义解释方法、历史性分析方法和“理性缔约者”分析方法得出结论：《斯瓦尔巴德条约》应当适用于斯瓦尔巴德群岛海域的渔业保护区和大陆架，其他缔约国对这两个区域享有条约赋予的非歧视性权利。

【关键词】适用范围、条约解释、规范性的法律意义、缔约者的意图

斯瓦尔巴德群岛（以下简称斯岛）位于北冰洋上，地处巴伦支海和格陵兰海之间，由西斯匹次卑尔根岛、东北地岛、埃季岛、巴伦支岛等九个主岛和众多小岛组成，面积约6.2万平方公里。1920年2月9日，由英国、美国、丹麦、挪威、瑞典、法国、意大利、荷兰、日本等18个国家在巴黎签订的《斯匹次卑尔根条约》[1]（以下简称《斯约》）改变了斯岛无主地（terra nullius）的法

---

* 武汉大学环境法研究所、国家领土主权与海洋权益协同创新中心教授、博导；武汉大学边界与海洋研究院博士研究生。

〔1〕 1596年荷兰人巴伦支发现群岛以来，一直以其主要岛屿“斯匹次卑尔根”来命名整个群岛，直至1925年挪威获得该岛主权后，将群岛与熊岛合称为斯瓦尔巴德群岛，以后逐渐沿用，所以《斯匹次卑尔根条约》也称为《斯瓦尔巴德条约》。

律地位，以"建立公平制度，以保证该地区的发展与和平利用"[2]为目的，在做出一定限制的前提下将该岛主权赋予了挪威。随着全球气温的升高，北极地区正由一个永久性冰封区域向季节性无冰区域转变，这一变化引起了世界各国对北极地区的领土归属、资源开发、航道通行等方面利益的高度关注。[3] 作为北极地区仅有的几个具有国际色彩的政府间条约之一——《斯约》得到了各方越来越多的关注。目前，针对该条约的争议主要集中在其适用范围上，对这一问题的不同解读直接影响到各缔约国在斯岛地区的利益博弈，因此争论尤为激烈。

中国于1925年7月1日签署《斯约》，成为该约的首批缔约国，条约于同年8月14日生效。[4] 在当前北极所有领土皆分属八个环北极国家，且北极理事会的排外性有增无减的情况下，《斯约》作为中国参与北极问题讨论的重要渠道，是中国与北极事务至关重要的一个连接点。[5] 同时，《斯约》赋予其他缔约国（本文中特指除挪威以外的其他缔约国）的在斯岛地区开展捕鱼、狩猎、商贸活动、资源开发、科学考察等非歧视性权利作为中国北极权益的重要组成部分，也是中国十分重视的。因此，《斯约》适用范围的确定对中国的北极权益有着深刻且直接的影响。

一、适用范围之争

根据1982年《海洋法公约》和相关国际习惯法，世界海洋被划分为领海、毗连区、专属经济区、大陆架、公海、国际海底区域等具有不同法律地位

---

〔2〕 参见《斯瓦尔巴德条约》序言第2段。

〔3〕 卢芳华：《〈斯瓦尔巴德条约〉与我国的北极权益》，载《理论界》2013年第4期，第88页。

〔4〕《斯瓦尔巴德条约》最初由中华民国政府签署，后中华人民共和国政府对其予以承认。笔者未能查明这一承认决定作出的具体日期，但根据中国外交部、国家海洋局极地考察办公室发布的信息以及中国依据《斯瓦尔巴德条约》建立"中国北极黄河站"并开展多次科考活动的实践可知，新中国政府已对该条约予以承认的事实是毋庸置疑的。参见中国外交部：《其他领域内的条约法律工作》，载 http://www. fmprc. gov. cn/web/ziliao_674904/tytj_674911/tyfg_674913/t4823. shtml，2016年12月24日访问；CHINESE ARCTIC AND ANTARCTIC ADMINISTRATION："Svalbard Treaty"，available at http://www. chinare. gov. cn/english/gb_article. php? modid = 16002，last accessed at December 24，2016。

〔5〕 卢芳华，前引注3，第88页。

的区域,其中有关专属经济区和大陆架制度的规定体现了海洋法的重要发展。[6] 需要指出的是,专属经济区和大陆架制度的建立极大地拓展了沿海国的海洋权利——《海洋法公约》和相关国际习惯法赋予了沿海国在专属经济区和大陆架进行资源开发的专属性权利。这种专属性权利的获得意味着巨大的经济利益。早于《海洋法公约》几十年签订的《斯约》自然不可能对新的海洋划分规则做出回应,因此在《斯约》的适用范围,尤其是《斯约》可否适用于斯岛海域专属经济区和大陆架的问题上产生了模糊地带,而缔约国之间对于专属经济区和大陆架资源开发权利的争夺使《斯约》的适用范围问题演化为激烈争议。[7]

(一)主要观点

1976 年 12 月挪威政府颁布《经济区法令》(Act relating to the economic zone of Norway),根据法令,挪威政府有权建立 200 海里的专属经济区,其中也包括斯岛海域。1977 年挪威在斯岛海域建立了 200 海里的渔业保护区(Fishery Protection Zone),并称在渔业保护区内实行的无歧视原则体现了《斯约》确立的公平宗旨。[8] 挪威之所以采取这一较为折中的原则,原因在于在《斯约》适用范围还存在争议的前提下,挪威如果在群岛海域直接宣布建立专属经济区,必然会与其他缔约国产生直接的利益冲突——“西班牙、冰岛就曾质疑挪威是否有权在斯岛周边水域行使管辖权,并声称要诉诸国际法院;俄国也曾明确宣布如果挪威主张 200 海里专属经济区,俄方也将采取同样的措施来保护其在群岛的利益”。[9] 但挪威在采取建立渔业保护区

〔6〕 参见刘惠荣、张馨元:《斯瓦尔巴群岛的法律适用问题研究——以〈联合国海洋法公约〉为视角》,载《中国海洋大学学报》(社会科学版)2009 年第 6 期,第 2 页。

〔7〕 由于其他国家的反对,挪威并未在斯岛海域设立专属经济区,而是设立了渔业保护区,其性质与专属经济区基本相同。基于对事实描述的需要,下文将使用“渔业保护区”一词指代专属经济区。需要说明的是,如果挪威决定在斯岛海域设立专属经济区,则本文所得出的结论同样适用于该区域。

〔8〕 See D. H. Anderson, The Status under International Law of the Maritime Areas around Svalbard, *Norwegian Academy of Science and Letters*, January 2007, p. 10; E. J. Molenaar, Fisheries Regulation in the Maritime Zones of Svalbard, *The International Journal of Marine and Coastal Law*, March 2012, pp. 14 – 15.

〔9〕 刘惠荣、董跃:《海洋法视角下的北极法律问题研究》,中国政法大学出版社 2012 年版,第 116 页。

这一折中政策的同时,并未放弃自己在斯岛海域渔业保护区和大陆架拥有资源开发的独占性权利的主张,因而有关《斯约》适用范围的争议从未停止,并逐渐形成三种主要观点:

第一种观点是斯岛海域渔业保护区和大陆架不适用《斯约》,挪威对两者具有不受限制的管辖权(Jurisdiction)。[10] 持这一观点的主要是挪威。挪威主张《斯约》只适用于斯岛的领土、内水和领海,因此依照《海洋法公约》,挪威在斯岛周围海域的渔业保护区和大陆架拥有排他性权利,而不受《斯约》的限制。[11]

第二种观点则否定挪威拥有在斯岛周围海域设置渔业保护区和主张大陆架的权利。持这一观点的代表国家俄罗斯认为,挪威既无权在斯岛周围海域设置渔业保护区,也无权对斯岛大陆架主张权利。西班牙亦部分支持这一观点,其反对挪威在斯岛渔业保护区的强制性政策,但对挪威拥有在斯岛周围海域设置渔业保护区的权利并无异议,欧盟委员会似乎持有与西班牙相似的观点。[12]

第三种观点相对折中,主张《斯约》适用于斯岛海域渔业保护区和大陆架,其他缔约国对两者的资源开发享有非歧视性权利(non-discriminatory rights)。这一观点承认挪威对斯岛地区享有完全的主权,并认可挪威对斯岛周围海域渔业保护区和大陆架的管辖权,但同时主张对渔业保护区和大陆架应当适用《斯约》,尤其是其中有关非歧视性权利的规定。这一观点为英国、荷兰、丹麦等国家所支持,是国际社会的主流观点。[13]

---

〔10〕 一直以来,挪威称斯岛位于挪威大陆架之上,因而没有自己独立的大陆架。但 2006 年挪威向大陆架界限委员会提交的 200 海里外大陆架的申请材料中却包括了斯岛北部大陆架的外部界限。挪威这些主张的实质意图都在于拓展其在北极地区的管辖范围。参见前注,第 117 页。

〔11〕 See Government. no:"Svalbard and the Surrounding Maritime Areas", available at http://www. regjeringen. no/en/dep/ud/selected-topics/civil—rights/spesiell-folkerett/folkerettslige-sporsmal-i-tilknytning-ti. html? regj_oss = 1&id = 537481, last accessed at July 16, 2014. 这一主张得到 C. A. 弗莱彻(C. A. Fleischer)等学者的支持。See Sarah Wolf, Svalbard's Maritime Zones, their Status under International Law and Current and Future Disputes Scenarios, *SWP Berlin Working Paper*, January 2013, pp. 15 – 18.

〔12〕 这一观点亦为 A. N. 维莱格詹宁(A. N. Vylegzhanin)与 V. K. 齐拉诺夫(V. K. Zilanov)等学者所支持。同上注,第 15 ~ 18 页。

〔13〕 这一观点得到 G. 伍尔夫斯坦因(G. Ulfstein)、R. R. 丘吉尔(R. R. Churchill)等学者的支持。同上注,第 15 ~ 18 页。

此外,一些国家,尤以美国、法国和德国为代表,则明确表示保留对《斯约》及斯岛海域的所有权利。[14]

(二)争议的核心

三种观点涵盖了当下国际社会对于《斯约》适用范围问题的主流看法。三者各有主张,但如前已述,争议的实质是对斯岛海域渔业保护区和大陆架资源开发权利的争夺。从这一角度审视三种观点,则第二种和第三种观点在本质上是一致的,两者虽在是否承认挪威在斯岛海域渔业保护区和大陆架拥有管辖权上有所区别,但均主张《斯约》适用于斯岛海域渔业保护区和大陆架,自己有权利公平分享《海洋法公约》规定的这两个区域资源开发的专属性权利。与此相对,依照第一种观点,挪威在斯岛海域渔业保护区和大陆架的资源开发权利是独占性的,其他国家无权主张分享。因此,争议的主要矛盾存在于第一种观点和第二种、第三种观点之间。而想要厘清争议的核心,我们需要对《斯约》中有关适用范围的条文、其内涵变化以及争议双方所持观点做进一步分析。

《斯约》并未对其适用范围作出概括性规定,而是在阐述其他缔约国的非歧视性权利的具体方面时,分别作了针对性规定。通过对这些针对性规定进行整合,可以得出缔约时《斯约》的适用范围包括"条约第 1 条所划定范围内的所有岛屿及其附属礁石"以及"其领海"。其中"条约第 1 条所划定的范围"是指由东经 10°、东经 35°、北纬 74°、北纬 81°四条经纬线所划定的区域,即经常被提及的"斯瓦尔巴德方框"(Svalbard box);"其领海"即指"斯瓦尔巴德方框"内所有岛屿的领海,但《斯约》并未对"领海"的范围作出明确规定。基于《海洋法公约》生效前,领海宽度均由各国自行规定,而当时挪威主张其领海宽度为 4 海里,所以缔约时《斯约》的适用范围是:"斯瓦尔巴德方框"内的岛屿及其 4 海里的领海。[15] 2001 年 6 月,挪威通过了《关于斯瓦尔巴德群岛周围挪威领海界限的条例》(Regulation relating to the limit of the Norwegian territorial sea around Svalbard),该条例明确界定了斯岛领海的界限,并开始采用直线基线的测量方法。2004 年挪威将群岛的领海宽

〔14〕 同前注,第 15 ~ 18 页。

〔15〕 参见刘惠荣等,前引注 9,第 114 页。

度延伸至12 海里。自此，在没有争议的前提下，《斯约》的“适用范围延伸到群岛 12 海里领海的范围”。[16]

争议存在于《斯约》所述“领海”是否应当包括斯岛海域的渔业保护区和大陆架，从权益分配的角度讲，即其他缔约国在斯岛海域的渔业保护区和大陆架是否同样享有条约规定的非歧视性权利。对于这一问题，如上文第一种观点所表明的，挪威主张《斯约》所述“领海”即《海洋法公约》中规定的“沿海国的主权及于其陆地领土及其内水以外邻接的一带海域，在群岛国的情形下则及于群岛水域以外邻接的一带海域”，“每一国家有权确定其领海的宽度，直至从按照本公约确定的基线量起不超过十二海里的界限为止”。[17] 依此主张，《斯约》中的“领海”与当前挪威确定的斯岛的领海为同一概念，《斯约》不适用于斯岛海域的渔业保护区和大陆架。与之相对，如第二种、第三种观点所体现的，其他大多数缔约国则主张《斯约》所述“领海”是一个演进的概念，这一演进不仅包括词义的演进，也包括条约赋予其他缔约国的权利的演进。渔业保护区和大陆架作为后于《斯约》出现、基于领海主权而衍生的特别权利区域，《斯约》中“领海”一词在初设时已意指将其纳入其中，故《斯约》适用于斯岛海域的渔业保护区和大陆架。

因此，《斯约》适用范围之争的核心在于应对《斯约》中“领海”一词作何理解。这就涉及了条约解释问题。首先应当明确的是，条约解释是法律解释的一种，条约解释的目标与法律解释是一致的。基于这一前提，我们可以遵循法律解释的原理对《斯约》的解释问题进行探究。卡尔·拉伦茨（Karl Larenz）在其著作《法学方法论》中提及：19 世纪后半叶，法哲学及方法论的文献就法律解释的目标已经形成两种见解，一是以解析法律内存的意义为目标的“客观论”，二是以探究历史上立法者的心理意愿为解释目标的“主观论”或者说“意志论”。[18] 这为我们从条约解释的角度探究《斯约》中“领海”一词的含义提供了两个清晰的视角——对规范性法律意义的探求和对缔约者意图的追寻。

需要说明的是，笔者认同拉伦茨对法律解释目标的认定——“法律解释

〔16〕 刘惠荣等，前引注 9，第 116 页。

〔17〕 参见联合国网站：《联合国海洋法公约》，载 http://www.un.org/zh/law/sea/los/，2014 年 6 月 26 日访问。

〔18〕 参见［德］卡尔·拉伦茨：《法学方法论》，陈爱娥译，商务印书馆 2003 年版，第 197 页。

的最终目标只能是:探求法律在今日法秩序的标准意义(其今日的规范性意义),而只有同时考虑历史上的立法者的规定意向及其具体的规范想法,而不是完全忽视它,如此才能确定法律在法秩序上的标准意义”〔19〕——那么,条约解释的目标也应当兼顾“客观论”与“主观论”的合理成分。因而,本文从规范性的法律意义和缔约者意图两个视角对《斯约》中“领海”一词的含义进行探究,是在“兼顾‘客观论’和‘主观论’”这一思维主线的贯穿下,通过两种视角的不同分析,发掘两种思路下结论的统一性,以最大限度保证结论的合理性。

二、规范性的法律意义

依照“客观论”的主张,条约解释应以探求条约用语规范性的法律意义为目标,其理由在于“法律一旦开始适用,就会发展出固有的实效性,其将逾越立法者当初的预期。法律介入——立法者当时不能全部预见的——多样而且不断变更的生活关系中,对一些立法者根本没有考虑的问题,法律必须提供答案。一段时间以后,它渐渐地几乎发展出自己的生命,并因此远离原创者原本的想法”。〔20〕 基于对这一理由的考察,我们可以发现“客观论”者对法律解释的主张与“当今国际争端解决机构在条约解释方法上的最新趋势”〔21〕——当代意义解释方法是相契合的。

(一)当代意义解释方法

当代意义解释方法,又称“演化解释方法”或“动态解释方法”,是指“按照条约用语经过发展演变后的新含义,即条约解释或者适用时的含义进行解释”。〔22〕 威斯巴登国际法研究所在1975年国际公法研究报告中指出了这样一个问题:当条约提及一个具有法律性质或是其他性质的概念,却未加

〔19〕 同前注,第199页。

〔20〕 同前注,第198页。

〔21〕 曾令良:《从“中美出版物市场准入案”上诉机构裁决看条约解释的新趋势》,载《法学》2010年第8期,第17页。

〔22〕 吴卡:《条约解释的新动向:当代意义解释对当时意义解释》,载《法学评论》2013年第2期,第82页。

其以定义时,应当按照条约缔结时的法律还是条约适用时的法律来对其进行解释?[23] 对这一问题的不同回答事实上形成了当代意义解释与当时意义解释之间的博弈。当代意义解释方法作为新兴的条约解释方法,我们可以通过其与传统的当时意义解释方法之间的对比,对它的内涵、特点等进行更为深入的剖析。

与当代意义解释方法相对,当时意义解释方法体现的是"同时原则"。同时原则是国际法院前院长杰拉尔德·菲茨莫里斯(Gerald Fitzmoris)从国际法院的判决中总结出的六个主要的条约解释规则之一,[24] 参照他对同时原则的解释,我们可以将当时意义解释方法定义为:依据条约原来缔结时所具有的或者应可赋予的含义,并参照当时通行的语文使用惯例,对条约用语予以解释的方法。[25] 同时原则并非菲茨摩里斯所首创,该原则思想的提出最早可追溯至1928年"帕尔马斯岛仲裁案"中马克斯·胡伯(Max Huber)法官对判决理由的阐述:"缔约双方都认同,司法判决必须以与条约同时代的法律为依据,而非争议被提出或寻求解决时的法律"。[26] 需要指出的是,这并不表明胡伯在条约解释上对当时意义解释方法的单一认同,在其后的阐述中他还表达了蕴含当代意义解释思想的内容。

比胡伯更进一步,菲茨莫里斯还对同时原则的正当性进行了阐释——"不允许将条约缔结时不存在或者不被认可的当代法律价值观强行加入以前的条约中"。[27] 也就是说,菲茨莫里斯之所以主张条约解释应适用当时意义解释方法,目的在于维持条约中体现的法律价值观的稳定性,即维持条约所确立的缔约国之间权利义务关系的稳定性。这一思想为许多学者所认可和继承,在修订《奥本海国际法》一书时,罗伯特·詹宁斯(Robert Jennings)和阿瑟·瓦茨(Arthur Watts)通过指出法律行为解释的一般原则,对条约解释应遵循同时原则进行了再一次明确:"法律行为必须参照与该行

---

〔23〕 See Institute Droit International, "The Intertemporal Problem in Public International Law", *IIL. Yb*, 1975, p. 339.

〔24〕 参见李浩培:《条约法概论》,法律出版社2003年版,第349页。

〔25〕 同上注,第350页。

〔26〕 *Island of Palmas* (*Netherlands v. United States*), Award of 4 April 1928, *RIAA*, Vol. 2, p. 845.

〔27〕 G. Fitzmaurice, *The Law and Procedure of the International Court of Justice*, Cambridge: Cambridge University Press, 1986, pp. 345 - 346.

为同时的法律加以理解。同样,条约的规定通常要在缔结条约时它们的意义的基础上并参照当时的情况加以解释。"[28]

同时,体现同时原则的当时意义解释方法也在国际争端解决实践中得到了广泛应用,其中最经典的案例是1952年"在摩洛哥的美国国民权利案"。该案的争议之一是美国在法属摩洛哥的领事裁判权的范围问题,而回答这一问题的关键在于确定1836年《美摩条约》第20条中"争议"一词的含义。基于对摩洛哥缔结的不同条约中"争议"含义的考察和缔约时摩洛哥国内法律体系尚未对民事和刑事问题进行明确区分这一事实,国际法院认定1836年《美摩条约》第20条中"争议"一词应当包括民事争议和刑事争议两个方面。[29]

相较于当时意义解释方法,当代意义解释方法的兴起较晚,但这一条约解释方法的思想渊源却同样由来已久。正如前文所提及的,1928年"帕尔马斯岛仲裁案"的判决书中,胡伯在阐述了同时原则思想的同时,也提出了蕴含当代意义解释方法思想的观点:"考虑到不同时期对某一特定案件可能适用不同法律制度,故必须对权利的创设和权利的存在加以区分。创设权利的行为应当服从权利产生时有效的法律,而权利的存在,即权利的持续,则应当服从法律演化所要求的条件"。[30] 从中我们可以看出,胡伯在考虑法律解释问题时已经将时代发展对法律提出的演化要求纳入其中,并指出了解释法律时适用当时意义解释方法还是当代意义解释方法应由行为的性质——权利是否持续——来确定。这一结论十分重要,从条约解释的角度来说,对权利持续与否的判断既包含了对缔约意图的考察,也要求对条约性质进行明确界定。这从条约的本质上赋予了当代意义解释方法正当性,同时也为确定是否适用该方法提供了其中一个判断标准。

1971年"南非不顾安全理事会第276(1970)号决议继续留驻纳米比亚(西南非洲)对各国的法律后果咨询意见案"(以下简称西南非洲案)中,国际法院首次确认了当代意义解释方法。[31] 该案争议之一在于南非提出,根

---

〔28〕[英]詹宁斯、瓦茨修订:《奥本海国际法》第9版(第1卷第2分册),王铁崖等译,中国大百科全书出版社1998年版,第667~668页。

〔29〕参见吴卡,前引注22,第83页。

〔30〕RIAA,前引注26,第845页。

〔31〕参见吴卡,前引注22,第84页。

据《国际联盟盟约》,南非对西南非洲实施丙类统治权,成员国的实际意图是让南非将西南非洲作为自己领土的组成部分加以治理。国际法院并未接受这一主张,理由是:"虽然根据缔约国缔约时的意图来解释条约是首要的,但法院必须考虑以下事实,即盟约第 22 条所含的'今世之困难状况'和'人民福利与发展'等相关概念不是静止不变的,而在定义上具有演化性,故'神圣信托'这一概念同样如此。依据逻辑,盟约缔约国必须被认为已经接受了上述概念的这一性质。"〔32〕基于此,国际法院否定了南非对丙类统治权的主张。〔33〕

该案后,当代意义解释方法逐步受到国际社会的普遍关注,在国际争端解决实践中的运用也日益增加,如 1978 年"蒂勒诉英国案"中欧洲人权法院对"成员国普遍接受的标准"的解释、同年"希腊诉土耳其爱琴海大陆架划界案"(以下简称"爱琴海大陆架案")中国际法院对"领土地位"的解释、2009 年"哥斯达黎加诉尼加拉瓜航行权利和相关权利争端案"(以下简称"航行权案")中国际法院对"商业"的解释等,都是运用当代意义解释方法对条约进行解释的典型案例。〔34〕其中,"蒂勒诉英国案"中,欧洲人权法院提出《欧洲人权公约》是一个"活的工具",应运用当代意义解释方法对其进行解释,以满足当前的具体情势。〔35〕乔治·雷特萨斯对这一观点进行了更为深入地阐释,他指出当前国际人权、环境及其他领域都发生了翻天覆地的变化,仍适用条约缔结时的标准来衡量当今世界,将导致条约退化成"僵死的教条""停滞的工具",只有以演化性方法解释条约,才能够确保条约所规定的权利和义务的实践性和有效性。〔36〕这一论述指出了当代意义解释方法正当性的又一来源——条约有效性原则,即"一物之有效胜于其无效"(ut

〔32〕 Legal Consequences for States of the Continued Presence of South Africa in Namibia Case, Advisory Opinion of 21 June 1971, *RJAOO*, General List No. 53, Para. 53.

〔33〕 参见吴卡,前引注 22,第 84 页。

〔34〕 See *Tyrer v. the United Kingdom*, 25 April 1978, *ECHR*, Application No. 5856/72, pp. 21 – 26; *Aegean Sea Continental Shelf* (*Greece v. Turkey*), *Judgment of ICJ*, 1978, pp. 27 – 33; *Dispute Regarding Navigational and Related Rights* (*Costa Rica v. Nicaragua*), *Judgment of ICJ*, 2009, pp. 57 – 71.

〔35〕 *Tyrer v. the United Kingdom*, 25 April 1978, *ECHR*, Application No. 5856/72, Para. 183.

〔36〕 参见张雪莹:《条约动态解释方法的理论研究》,山东大学民商法学专业 2013 年硕士学位论文,第 10 页。

res magis valeat quam pereat)。

对比当代意义解释方法和当时意义解释方法的理论及实践发展,我们可以得出以下结论:两种解释方法的出现、适用和发展,都意在使条约解释符合缔约国的缔约意图,进而确保条约确立的权利义务关系得到恰当履行。这与《维也纳条约法公约》所阐述的条约解释通则是相一致的。公约第 31 条第 1 款规定:"条约应依其用语按其上下文并参照条约的目的与宗旨所具有的通常意义,善意解释之",而通过判断条约性质,选择适用当时意义解释方法抑或当代意义解释方法正是确保条约得到善意解释的基础。那么,想要善意解释《斯约》中"领海"一词的含义,应当适用当时意义解释方法还是当代意义解释方法呢?笔者认为,应当适用当代意义解释方法,原因可以从对当代意义解释方法适用条件的分析中得出。

(二)《斯约》对当代意义解释方法的适用

1978 年"爱琴海大陆架案"中,国际法院第一次明确提出了当代意义解释方法的两个适用条件,指出其之所以要对 1928 年《和平解决国际争端总议定书》第 17 条中的"领土地位"一词作演化性解释,是基于"领土地位"这一术语的"一般性"和该 1928 年条约的"持续存在"。[37] 2009 年"航行权案"中,国际法院同样以"商业"为一般术语和 1858 年条约具有无期限性为理由,判定应对"商业"一词作广义解释。同年,"中美出版物市场准入案"(以下简称"市场准入案")中,WTO 上诉机构也根据"录音产品"和"分销"具有一般性和《服务贸易总协定》承诺表的持续有效,判定对"录音产品分销服务"适用当代意义解释。因此,当代意义解释方法的适用条件在于条约用语的一般性和条约的持续有效。

第一,条约用语的一般性。条约用语具有一般性,则我们可以将该用语称为"一般用语",而一般用语的定义本身就体现了其具有演化性特征。伊莎贝尔·范·达默将"一般用语"定义为"一个已知的法律术语,条约缔约国希望其内容因时而变"或一个术语"其含义被认为应当因循法律的演化而

---

〔37〕 See *Aegean Sea Continental Shelf* (*Greece v. Turkey*), *Judgment of ICJ*, 1978, Para. 77.

演化”。[38] 同样,1969 年关于实施《维也纳条约法公约》的特别报告员建议也指出,“如果缔约国将一定术语的含义(‘领水’或‘领湾’等)视作条约中的一般概念,那么其应随着法律的演变而变化”。[39] 因此,运用当代意义解释方法对一般用语进行解释具有天然的正当性。这一正当性在 2009 年“航行权案”国际法院的判决理由中得到了充分说明:如当事双方用到条约中的一般术语,且当事双方必定知道术语的含义可能会随着时间而变化,而条约缔结已久或‘持续有效’,则按照惯例,必须假定当事双方已计划赋予术语变化的含义。[40]

那么,如何判定某一条约用语是否为一般用语呢? 联合国国际法委员会在 2006 年《国际法不成体系研究组的工作结论:国际法的多样化与扩展引起的困难》中为我们提供了答案。委员会指出,当条约用语具有以下特征时可以被认为具有演化性质:“(1)该概念含有对嗣后技术、经济或法律发展的考虑;(2)该概念为缔约国规定了进一步逐渐发展的义务;(3)该概念极具一般性,或该概念是用一般用语来表述的,因此必须考虑变化了的情势。”[41]“根据这一结论,只要条约中使用技术、经济或法律概念,或该概念用一般性的术语来表述,就可以推定缔约国具有让该条约作演化性解释的意图。”[42]

第二,条约的持续有效。作为当代意义解释方法的适用条件进行探讨时,条约的持续有效与条约用语的一般性是相辅相成的。条约的持续有效为一般用语的演化提供演化空间和正当性前提,一般用语的使用则从缔约意图的角度佐证缔约国意在令条约持续有效。根据贾瑞德·韦塞尔(Jared Wessel)对“动态性条约”和“终结性条约”的划分,持续有效的条约应具有这样一些特征:未设定终止日期或具有相当长的期限,使用大量的一般用

〔38〕 See Isabelle Van Damme, *Treaty Interpretation by the WTO Appellate Body*, Oxford: Oxford University Press, 2009, p. 370.

〔39〕 参见张雪莹,前引注 36,第 14 页。

〔40〕 See *Dispute Regarding Navigational and Related Rights* (*Costa Rica v. Nicaragua*), *Judgment of ICJ*, 2009, pp. 240 – 242.

〔41〕 See ILC: Conclusions of the Work of the Study Group on the Fragmentation of International Law: Difficulties Arising from the Diversification and Expansion of International Law, Yearbook of the International Law Commission, 2006, vol. Ⅱ, Part Two, Para. 23.

〔42〕 参见吴卡,前引注 22,第 85 页。

语，具有对未来合作的预期等；当然，一个持续有效的条约并不需要同时具备这些因素。[43]

而之所以将条约的持续有效作为当代意义解释方法的适用条件之一，我们可以从两个角度进行分析：一是条约有效性原则的角度，“如果条约的目的是为了在缔约国之间建立长久、持续而稳定的联系，或者是为了保障公民（本国人抑或外国人）的基本人权，就必须正视条约解释过程中面临的新问题、新发展”；[44]二是条约本质的角度，“如果条约具有‘无期限性’，那么就表明条约当事方之间有保持一种持续性关系的意愿，他们依据条约所承受的权利义务是动态演变的，这样，在对条约术语进行解释时，就应当根据发展演化后的新的含义进行解释”。[45] 从这一角度出发，也可以说条约用语的一般性和条约的持续有效为当代意义解释方法的适用提供了两个条件：用语的一般性为条约确立的权利义务关系的演化提供了语义基础；条约的持续有效则通过明确缔约国希望条约确立的权利义务关系能够长久存续的意图为演化解释提供了善意基础。

那么，《斯约》中的“领海”一词是否具有一般性，而《斯约》是否又是持续有效的呢？答案显而易见是肯定的。根据对国际法委员会对一般用语特征的界定，“只要条约中使用技术、经济或法律概念，或该概念用一般性的术语来表达，就可以推定缔约国有让该条约作演化解释的意图”[46]。依据这一判断标准，“领海”作为法律概念显然具有“一般性”，即“领海”为一般用语。前文提及的“关于实施《维也纳条约法公约》的特别报告员建议”恰好印证了这一结论，建议中对一般用语的举例说明刚好包括“领海”一词。《斯约》的持续有效则更无需赘言——《斯约》并未设定终止日期；同时，条约中使用了大量的一般用语，如第1条中的“主权”，第2条中的“领土”“领海”“捕鱼权”“狩猎权”，第3条中的“进入权”“工业活动”“采矿活动”“贸

〔43〕 See Jared Wessel, “Relational Contract Theory and Treaty Interpretation: End-game Treaties V. Dynamic Obligations”, available at http://www.law.nyu.edu/sites/default/files/ecm_pro_064652.pdf, last accessed at July 21, 2014.

〔44〕 R. Bernhard, “Evolutive Treaty Interpretation, Especially of the European Convention on Human Rights”, *GYIL*, 1999 (42), pp. 16－17.

〔45〕 吴卡，前引注22，第86页。

〔46〕 吴卡，前引注22，第85～86页。

易活动”，等等；再者，缔约国在缔约时具有明确的对未来合作的预期，这正是《斯约》缔结的最直观原因，在条约中有诸多体现，如第 2 条概括性规定了挪威应赋予其他缔约国在斯岛的非歧视性权利，其后又对进入、捕猎、开矿、经商、科学考察等非歧视权利的具体方面做了更加详细的规定——这些都表明缔约国之间具有希望条约确立的权利义务关系能够长久存续的意图。

因此，对《斯约》中“领海”一词的解释应当适用当代意义解释方法是毋庸置疑的。正如对 1971 年“西南非洲案”中的“神圣信托”、1978 年“爱琴海大陆架案”中的“领土地位”、2009 年“航行权案”中的“商业”，以及同年“市场准入案”中的“录音产品分销服务”等词所作的解释，对《斯约》中“领海”一词的解释也应当是具有演进性和因时而变的，即应当对其含义作广义解释：“领海”不仅包括《海洋法公约》中第二部分“领海和毗连区”中所特指的区域，还应包括沿海国因拥有领海主权而享有海洋性权利的区域。具体到斯岛海域，即应当包括其渔业保护区和大陆架。因此，《斯约》适用范围及于斯岛海域的渔业保护区和大陆架，其他缔约国在这两个区域享有条约赋予的非歧视性权利。

三、缔约者的意图

“主观论”认为“法律与自然法则不同，它是由人类为人类所创造的，它表现立法者创造可能的——符合社会需求的——秩序的意志。法律背后隐含了参与立法之人的规定意向、其价值、追求，以及对于事物的考量。今日法律见解所要求之‘受法律的约束’，不仅指受法律文字，也包含(立法当时的)立法者之评价及意向的拘束”，[47] 因此，法律解释的目标在于对缔约者的意图的探寻。达成这一目标的方法一般有两种：一是历史性分析，二是“理性缔约者”分析。

(一)历史性分析

想要对《斯约》缔约者的意图进行探寻，我们首先可以对《斯约》进行历史性分析，即通过对《斯约》缔约过程的回顾和梳理，发掘缔约过程中各缔约

〔47〕 卡尔·拉伦茨，前引注 18，第 198 页。

国所体现的缔约意图。

1596 年 6 月 19 日,为寻找通往远东的北部航线而远航的荷兰探险家巴伦支发现了斯岛。17 世纪初,斯岛丰富的渔业资源吸引了一些国家前往捕猎海象和鲸鱼。当时拥有格陵兰岛主权的挪威认为格陵兰岛向北一直延伸到新地岛,正是基于斯岛与格陵兰岛相连的假设,丹麦—挪威国王克里斯蒂安四世宣称对斯岛拥有主权。然而克里斯蒂安四世的这一主张遭到了英国国王詹姆斯一世的反对。英国谎称斯岛是 1533 年由英国人休·威洛比爵士(Sir Hugh Willoughby)发现的,并借此主张拥有斯岛主权。荷兰虽没有主张对斯岛的权利,但同法国和西班牙一样也主张根据格劳秀斯 1609 年提出的海洋自由(mare liberum)原则,保留在斯岛捕鲸的权利。由于没有国家可以对斯岛的捕鱼活动进行有效管理,斯岛的渔业资源逐渐走向枯竭。十七八世纪,丹麦—挪威是唯一一个对斯岛主张主权的国家。但随着斯岛海域渔业资源的枯竭,斯岛不再为国际社会所关注。到 19 世纪时,斯岛的法律地位被国际社会一致认可为“无主地”。直到 1871 年,为了保障本国科学考察活动顺利进行,瑞典—挪威政府询问相关国家对其占领斯岛是否存在反对意见。俄国政府作出了回应,称其希望斯岛继续保持对所有国家开放的状态。占领斯岛的计划遂被抛弃,斯岛“无主地”的法律地位得以延续。[48]

然而 20 世纪初,斯岛地区煤炭的勘探和开采使国家间的矛盾摩擦不断增加,迫切需要一个新的国际法律制度对斯岛进行有效管理和控制。1905 年脱离瑞典宣布独立之后,挪威于 1907 年向其他国家宣称斯岛现存的法律制度是不合理的,应当基于斯岛“无主地”的法律地位创制一种新的法律制度对斯岛进行管理。在全体国际会议召开之前,挪威、瑞典和俄国举行了一次三国会议,达成了一项公约草案,意图在保持斯岛“无主地”法律地位的前提下,对斯岛实行三国共管。但德国和美国对这一草案表示强烈反对。为此,1912 年挪威、瑞典、俄国重新举行会议,但仅仅对公约草案做了少量修改。一个所有相关国家均列席参加的会议被安排在了 1914 年。在这次会议上,主要矛盾存在于美国、德国与俄国之间,美、德希望参与斯岛的管理,

〔48〕 See G. Ulfstein, “Spitsbergen/Svalbard”, *Max Planck Encyclopedia of Public International Law*, available at http://opil.ouplaw.com/view/10.1093/law:epil/9780199231690/law-9780199231690-e1356?rskey=RcCDjn&result=1&prd=EPIL, last accessed at January 11, 2014.

而俄对此持反对意见。因为矛盾无法调和,这次会议没有达成任何协议。原本计划于1915年重新召开会议,但各国代表团还未回国,第一次世界大战就爆发了。[49]

1919年巴黎和会上,挪威要求对斯岛的法律地位进行考察并将斯岛的主权授予挪威。这次会议建立了斯匹次卑尔根委员会(Spitsbergen Commission)并要求挪威拟定一份条约草案。这份草案被要求为"应当在挪威拥有主权的基础上,通过给予其他国家进入、狩猎、捕鱼、自然保护,以及从事海运、工业和商贸活动的平等权利,保障其他国家在斯岛作为'无主地'时可以享受的权利。同时,为了保证斯岛的和平利用,应当禁止在斯岛建立海军基地、修筑防御工事以及将斯岛用作军事目的"。相关国家也被要求表达他们对斯岛即将建立的法律制度的观点。瑞典和荷兰建议挪威应当将斯岛的法律地位确定为国际联盟对其的委任统治(mandate);丹麦声称,只有在挪威承认丹麦对格陵兰岛拥有主权的前提下才接受挪威对斯岛的主权;德国作为战败国,没有参与商议;俄国正在进行内战,但苏俄政府接受了挪威对斯岛的主权。斯匹次卑尔根委员会非常顺利地达成了与挪威拟定的条约草案相一致的协定。1920年2月9日,英国、美国、丹麦、挪威、瑞典、法国、意大利、荷兰及日本等18个国家在巴黎签订了《斯约》。[50]

分析《斯约》的缔约过程我们不难发现,缔约国的缔约意图在于:通过将斯岛的主权赋予挪威,将斯岛置于挪威的主权管辖范围之内,以加强对斯岛的管理和控制,使斯岛处于更加有序的状态;同时,保证斯岛的和平利用,使其免受战争的破坏;最后,也是将主权赋予挪威的前提,是保障在斯岛作为"无主地"时自己所享有的权利。换言之,缔约国的缔约意图在于结束斯岛因作为"无主地"而产生的混乱状态,以使自己在斯岛作为"无主地"时所享有的权利得以更好地实现。该意图的核心在于对斯岛作为"无主地"时自己所享有权利的维持和实现,这一核心鲜明地体现在了斯匹次卑尔根委员会对挪威拟定草案的要求和草案拟定过程中众多国家所表明的观点之中。

以此为出发点和落脚点审视《斯约》中"领海"一词的解释问题,可以得出明确的结论:"领海"一词的含义应当包括斯岛海域的渔业保护区和大陆

---

〔49〕 同前注。

〔50〕 同上注。

架。因为《斯约》对其适用范围的表述——“岛屿”和“领海”——涵盖了缔约时国际规则下斯岛能够享有主权权利的所有区域，而其他缔约国的缔约意图在于保障自身在斯岛权利的维持和更好实现，其对《斯约》的适用范围作如此广泛的规定，当然意在保障条约赋予其的“非歧视性权利”不因“承认挪威对斯岛拥有完全和绝对的主权”这一事实而受到限制。

从另一角度讲，“无主地”作为对条约生效前斯岛特殊法律地位的表述，表明了斯岛作为“类公共物品”的非排他性，[51]因此我们可以说在斯岛作为“无主地”时，所有缔约国对其享有的权利都是“类主权者”的，而其他缔约国缔结《斯约》的前提和意图之一就在于保障他们在斯岛作为“无主地”时享有的权利不因缔约而减少——这一事实也决定了《斯约》赋予其他缔约国的非歧视性权利的权利范围应当包括国际规则（既包括缔约时的国际规则，也包括其后新出现的国际规则）规定的主权国家能够享有主权权利及相应衍生权利的所有区域。因此，以缔约意图为基础分析应对《斯约》中“领海”一词作何理解时，应当依然站在将其他缔约国看作斯岛的“类主权者”的角度来考虑，那么“领海”一词的含义应当包括斯岛海域的渔业保护区和大陆架这一结论便是毫无疑义的。

（二）“理性缔约者”分析

拉伦茨在论述法律解释应当兼顾“主观论”与“客观论”时，指出“假使是以‘理性之立法者’的合理考量，取代历史上的立法者，依据前者的意志来解释规范时，结论亦无不同”，[52]即结合条约的本质，从功利主义和法经济学的角度看待缔约行为，缔约者所作出的行为选择应当是理性的。将这一结论运用到条约解释中，则其为我们探寻缔约国的缔约意图提供了第二种分析方法——“理性缔约者”分析。

在对缔约国的缔约意图进行“理性”分析之前，我们首先应当明确为什么运用法经济学分析方法对其进行分析是适当和合理的。原因在于条约的本质是国家之间的契约或者合意。这一观点为大多数学者所认可。《奥本

---

〔51〕 参见严双吾、李默：《北极争端的症结及其解决路径——以公共物品的视角》，载《武汉大学学报》（哲学社会科学版）2009 年第 6 期，第 832 页。

〔52〕 卡尔·拉伦茨，前引注 18，第 198 页。

海国际法》将条约定义为“国家间或国家组成的组织间订立的在缔约各方之间创设法律权利和义务的契约性协定”。[53] 李浩培先生认为，“条约是至少两个国际法主体在原则上按照国际法产生、改变或废止相互间权利义务的一致的意思表示”。[54]《维也纳条约法公约》第 2 条第 1 款甲项规定，“条约者，谓国家间所缔结而以国际法为准之国际书面协定”，公约“虽没有直接使用契约或合意的字样，但学者们关于该条的学术解释几乎都强调这种协定之‘意思表示’或‘意思表示一致’的特征”。[55]

条约与契约或者合意本质上的一致性体现在何处？对这一问题最为经典的回答应属劳特派特：“私法上的契约和国际法上的条约，其法律上的性质基本上是相同的，在契约和条约中，各个当事者的自治的意思，都是一个法律关系的构成的条件，而这个法律关系，从其产生之时起，就独立于当事者一方的自由处理的意思之外。私法上的契约，是由国家的法律赋予客观的效力，而国际条约，是由国际法上的一个基本规则，即条约必须履行的规则，予以客观的效力。”[56] 他从条约本质为国家间的意思表示一致和其效力来源说明了条约与私法中契约的相似之处。而李浩培先生则从法律效果的角度论述了这一点，即条约作为国家间的合意，同样可以“产生、改变或废止”国家间的“权利义务”关系。《维也纳条约法公约》同样“秉承和贯穿了‘条约契约说’理念，如其第 9 条第 1 款及第 40 条第 2 款在涉及双边条约和部分多边条约议定、修正的相关规定中皆体现了缔约方意思表示一致的契约理念”。[57]

从国际社会中国家间的相互关系角度分析，我们可以更为直观地了解条约的契约或合意本质。意思表示一致是平等主体间利益协调或权利义务调整的主要手段。基于主权平等原则，国家在国际社会中的地位是平等的，且享有意思自由。而如上文所述，国家间的意思表示一致常常是以条约的

---

〔53〕［英］劳特派特修订：《奥本海国际法》（上卷第 2 分册），石蒂、陈建译，法律出版社 1981 年版，第 688 页。

〔54〕李浩培，前引注 24，第 1 页。

〔55〕参见王铁崖：《国际法》，法律出版社 1995 年版，第 293 页。

〔56〕Hersch Lauterpacht, *Private Law Sources and Analogies of International Law: With Special Reference to International Arbitration*, London: Longmans, Green and Co., Ltd., 1927, p. 126.

〔57〕梁开银：《对现代条约本质的再认识》，载《法学》2012 年第 5 期，第 93 页。

形式表现的。因此,条约是国家间协调利益和调整权利义务关系的主要手段,其与私人关系间的契约并无本质区别。"'条约和契约'作为意思自治的基本法律形式,不可能因为国家和私主体之间的法律属性和构造的不同而产生本质差异。"〔58〕"国际法调整的国际政治关系属于公法范畴,但是,它所适用的原则却完全是私法性质,即将国家视为国际关系中的'个人'。'个人'之间关系是平等、自由、独立的。这是国际关系最重要的特征。可以说,国际政治关系是国际政治化的民事关系。"〔59〕

基于对条约本质以及国际社会中国家间关系的分析,我们可以得出这样以下结论,即运用一般在私法领域使用的法经济学分析方法对缔约意图进行分析是恰当和合理的。法经济学分析方法的一个基本假设为"理性经济人"假设,基于这一假设下的法经济学分析与拉伦茨所述"理性之立法者"的分析思路最为契合,因而笔者将在该假设下对《斯约》缔约国的缔约意图予以分析判断。理性经济人假设的核心在于"每个人都是利己的",这一假设最早体现于亚当·斯密的《国富论》和《道德情操论》中,〔60〕经过不断完善和发展,成为西方经济学的基本理论前提之一。其中,"理性"意味着主体会根据主观偏好和自身利益需求,运用所有可能的方式实现自身利益的最大化。依照此假设,商业活动中缔约或者违约,甚至社会实践中的故意犯罪,都是当事人在充分比较预期成本和收益之后做出的"理性"选择。

"理性经济人假设的目的不在于研究人性本身,而在于为主体偏好的稳定性以及预测主体对法律规则的可能反应提供必要的理据。也就是说,通过理性人假设可以连接个人偏好与可能的行动"。〔61〕将条约视为私法中的契约,将国家视为意思自治的个人,那么可以说国家同样具有"理性经济人"的特征,即国家也会根据自身需求,运用所有可能的方式实现本国利益的最大化。与私主体不同的是,国家的理性程度是远远高于私主体的,因为"单独一个人的行为不可能达到任何较高程度的理性。由于他必须寻找的备选

〔58〕 同前注,第94页。

〔59〕 张乃根:《国际法原理》,中国政法大学出版社2002年版,第18页。

〔60〕 源自亚当·斯密《国富论》中的一段话:"我们不是从屠夫、酿酒师和面包师的恩惠中得到自己所需的食物,而是从他们的自利打算中得到。"参见[英]亚当·斯密:《国富论》,胡长明译,人民日报出版社2009年版,第10页。

〔61〕 徐亚文主编:《西方法理学新论——解释的视角》,武汉大学出版社2010年版,第73页。

方案如此纷繁,他为评价这些方案所需的信息如此之多,因此,即使近似的客观理性,也令人难以置信”。〔62〕 国家则不同,现代国家的行为选择一般由政府官员集体决策做出,且在此之前往往会进行充分论证,听取来自民众、专业人士等社会诸多方面的意见,能够最大程度地保证行为选择的理性。可以说,国家是最为接近“完全理性经济人”的意思表示主体。因此,国家的行为选择应当拥有极高的理性程度,换言之,国家行为应当是可以极大可能实现自身利益最大化的。

将上述观点纳入对《斯约》缔约意图的分析之中,可以得出这样一个结论:缔结《斯约》是其他缔约国作出的理性选择,其意图同样在于实现自身利益的最大化。不同时期各国对斯岛主张的变化——前期对斯岛主权的争夺,斯岛渔业资源枯竭后对其关注的降低,斯岛发现煤炭后开矿引发的矛盾的增加,《斯约》拟定过程中各国对自身“无主地”权利的强调——鲜明地体现出了其“理性经济人”色彩。

所以,我们可以得出与历史性分析相同的结论,即其他缔约国缔结《斯约》的意图在于保障斯岛作为“无主地”时自身所享有的权利,并希望通过挪威的管理改善斯岛的环境,以使自身权利更好的实现。鉴于国家行为具有极高的理性程度,我们有理由相信其他缔约国在缔结条约时已对“领海”一词进行了充分的考量,其缔约意图中对条约基于“领海”一词赋予其他缔约国的非歧视性权利范围的界定,理应包括挪威因国际规则变化而获得的新的海洋权利。因此,以缔约国的缔约意图为基础对《斯约》中“领海”一词的含义进行解释,同样应当包括斯岛周围海域的渔业保护区和大陆架。

至此,我们在“主观论”的法律解释进路上,实现了拉伦茨所言的“历史上的立法者”与“理性之立法者”的统一,进而可以得出以下结论:以“主观论”探寻缔约者意图的视角看对《斯约》中“领海”一词含义的解释,同样应当包括斯岛海域的渔业保护区和大陆架,即《斯约》的适用范围包含这两个区域。

〔62〕 赫伯特·西蒙继承并发展了“有限理性人假设”,即由于决策能力和选择能力的有限性,人不可能成为“完全理性经济人”。

四、结语

回归到拉伦茨在《法学方法论》中对法律解释目标的论述:“法律是原创者——企图创设完全或部分的法律规整之——意志的具体化,此中既有‘主观的’想法及意志目标,同时也包含——立法者当时不能(全部)认识之——‘可观的’目标及事物必然的要求。如果想充分了解法律,就不能不同时兼顾两者。”[63] 如前所述,具体到条约解释领域,则条约解释的目标应当兼顾对条约用语规范性法律意义的探求和对缔约者缔约意图的探寻,只有将两者结合起来,才能使条约解释符合条约设立的目的,保障条约解释的合理与公平。

正是在这一思路的指导下,本文从条约解释的视角出发,运用当代意义解释、历史性分析和“理性缔约者”分析的分析方法,对“客观论”和“主观论”两种解释思路下《斯约》中“领海”一词的含义分别进行探究,得出了完全一致的结论:《斯约》中“领海”一词应当包括斯岛周围海域的渔业保护区(若挪威决定设立专属经济区,则亦应包括在内)和大陆架,《斯约》适用于这两个区域。换言之,其他缔约国在斯岛周围海域的渔业保护区和大陆架同样享有《斯约》赋予的非歧视性权利。

这一结论的得出对中国具有十分重要的意义。由于地理位置、经费投入、科技水平以及航海能力等诸多因素的限制,参与北极事务对中国来说依然属于高难度项目,当前中国在北极的主要活动仅限于开展科学考察,还不具备开发矿产资源和利用航道的能力,但这并不意味着北极地区对于中国来说无足轻重。恰恰相反,北极丰富的矿产资源、具有战略意义的地理位置以及由于冰川融化而带来的资源、航道等方面开发利用条件的不断改善,使北极权益对于中国的重要性与日俱增。“《斯约》适用于斯岛周围海域的渔业保护区和大陆架”这一结论的确立,意味着中国作为《斯约》缔约国,在斯岛周围海域的渔业保护区和大陆架享有条约赋予的非歧视性权利。这符合中国缔结《斯约》的意图,将使《斯约》赋予中国作为缔约国而享有的正当权利的演进性得以明确;同时,有利于加强中国与北极事务的联

---

〔63〕 卡尔·拉伦茨,前引注 18,第 199 页。

系，为中国更加深入地参与北极事务，充分表达自身利益诉求提供更为坚实的法律基础。

Disputes over the Applicable Scope of Svalbard Treaty: from the Perspective of Treaty Interpretation

QIN Tianbao, ZHANG Qingchuan

Abstract: With the Arctic increasingly becoming one of the focus of international strategy, Svalbard Treaty – one of the few international intergovernmental treaties in the Arctic area – has been getting more and more attention. Disputes over Svalbard Treaty focus on the determination of its applicable scope, while the core of the disputes lies in how to understand the meaning of "territorial waters" in the treaty. This paper, from the perspective of treaty interpretation, combining two ideas of legal interpretation – subjective theory and objective theory, uses the methods of contemporary significance interpretation, historical analysis and "rational contracting parties" analysis to make a conclusion as follows: Svalbard Treaty shall apply to Svalbard's fishery protection zone and continental shelf, and other contracting parties shall enjoy the non-discriminatory rights given by the treaty in these two regions.

Keywords: Applicable Scope; Treaty Interpretation; Normative Legal Significance; Intentions of Contracting Parties

诉讼费用在 CISG 项下的求偿

——以 *Zapata* 案为切入点

◇ 许文奇*

【内容摘要】随着现代国际货物贸易的迅速发展，国际货物买卖合同的标的数额也不断增加，随之带来了争议解决成本的大幅上升。越来越多的国际货物贸易争端当事人选择将诉讼费用的求偿添入其争议诉求当中。考虑到《联合国国际货物销售合同公约》的广泛适用，诉讼费用的求偿诉求能否在公约下得以实现便显得较有必要。本文旨在以美国联邦法院就 *Zapata Hermanos Sucesores*, *S. A. v. Hearthside Baking Co.*, *Inc.*, *d/b/a Maurice Lenell Cooky Company* 两度作出的判决为切入点，考察诉讼费用在该公约下的可偿性。

本文第一部分将首先对诉讼费用赔偿的性质进行界定。通过对各国诉讼费用的一般赔偿规则进行综合分析之后，笔者得出结论：为了反映《联合国国际货物销售合同公约》作为国际性公约之特性，诉讼费用在公约下的可偿性研究应该抛弃诉讼费用赔偿程序性质和实体性质的分界，而应当着眼于公约自身的解释体系。

本文第二部分将立足于 CISG 第 7(1) 条对 CISG 第 74 条进行解释，判断 CISG 第 74 条是否能够适用于诉讼费用的求偿问题。笔者通过综合考察 CISG 的立法历史、条约文义、各主要缔约国内国法院及仲裁庭的判例，作出符合公约“国际性”之性质及促进公约统一适用的解释。

本文第三部分将探讨诉讼费用可偿性问题所会涉及的 CISG 一般性原则。其中主要包括第 74 条下的完全赔偿原则和 *Zapata* 案中提到的平等原

* 美国加州伯克利分校法学硕士研究生。

则。并分析当两者存在冲突时,诉讼费用的求偿问题应当优先依据何项原则,方能作出正确解释。

【关键词】CISG、国际货物买卖合同中的违约损害赔偿金、诉讼费用、公约解释

一、问题的引入

《联合国国际货物销售合同公约》(United Nations Convention on Contracts for International Sale of Goods, CISG)自1988年生效以来,已经获得国际社会的广泛认可,迄今已有缔约国84个。[1] 鉴于CISG第一条给予了公约相对宽泛的适用范围,CISG也自然成为许多国际大额贸易合同的推定准据法。[2] 在当今国际贸易与商事纠纷中,诉讼费用以其数额庞大的特点,往往成为了双方当事人争议的焦点。[3] 其数额常常能占到赔偿总额的一半甚至以上。[4] 如此一来,诉讼费用能否由胜诉一方通过解释CISG来要求赔偿就变得尤为重要。而2002年美国联邦第七巡回法院及上诉法院就*Zapata*案作出的判决,引起了各国CISG学者对这个问题的热切关注。

在本案中,来自墨西哥的原告Zapata Hermanos Sucesores, S. A. (Zapata)系一家曲奇罐生产商。其与美国被告Maurice Lenell Cooky Company (Lenell)订立为期四年的曲奇罐销售合同,并合意以CISG作为合同准据法。其后,被告拒绝支付价款,双方遂将争议诉诸美国伊利诺伊州联邦法院。在一审中,原告胜诉并获得了违约赔偿,其中包含55万美元的诉

〔1〕 信息来源:http://www.uncitral.org/uncitral/zh/uncitral_texts/sale_goods/1980CISG_status.html,最后访问时间:2016年4月15日。

〔2〕 *See* Michael G. Davies, International Sale of Goods: Do Not Ignore United Nations Convention, *New York Law Journal*, 1999, § 1.

〔3〕 本文讨论的诉讼费用包括与争议解决过程密切相关的司法或仲裁程序费用及律师费。

〔4〕 William L. Craig, William Park & J. Paulsson, *International Chamber of Commerce Arbitration*, A Oceana TM Publication, 2001, p. 395; *Compagnie des Bauxtes de Guineev Hammermill, Inc.*, *No.* 90-0169, *U. S. D. C. Cir.* (1992).

讼费用赔偿。[5] 被告不服,就诉讼费用部分提起上诉。上诉法院最终认定诉讼费用不能通过CISG求偿并依法改判,驳回原告对诉讼费用的赔偿诉求。[6] 在上诉判决中,美国著名法学家波斯纳大法官列举了三点改判理由:(1)诉讼费用的赔偿本质为程序问题,因此只应受法院地程序法调整,而非CISG。(2)允许诉讼费用的赔偿从根本上违反了CISG平等原则之要求。(3)如此解释CISG将直接抵触美国联邦程序法关于诉讼费用的赔偿规则,而美国立法机关在缔约时并无法预见到CISG如此宽泛的适用范围。

然而,联邦上诉法院的判决结果不仅有失偏颇,其在CISG的解释分析过程中也并未充分考虑到CISG下的一般性原则以及公约自身提供的解释体系。笔者认为,诉讼费用在CISG项下之可偿性分析不仅需要分析者考察诉讼费用求偿行为本身的法律性质,还需要充分解释CISG的文义和基本原则。并以此确定一方当事人因另一方当事人违约而产生的诉讼费用是否属于公约的调整范畴,以及能否依据公约获得赔偿。因此,本文分三部分论证。首先,文章通过对诉讼费用赔偿问题进行识别,讨论诉讼费用求偿行为的性质是否影响诉讼费用在CISG项下的索赔;其次,文章将立足于CISG第7(1)条,讨论CISG能否适用于诉讼费用的求偿;再次,如果CISG适用,文章将讨论CISG第74条能否基于CISG的两项基本原则作出扩大解释,以包含诉讼费用的赔偿。

二、诉讼费用赔偿问题的识别

在*Zapata*案的上诉判决中,波斯纳大法官首先认定诉讼费用的求偿是一个程序问题,并因此排除了CISG的适用。由此可见,诉讼费用求偿行为的识别,应该作为一个先决问题在解释CISG前首先解决。而想要正确识别诉讼费用的求偿行为,首先必须综合考察诉讼费用在各个法域下的一般赔偿原则,再由此定性。

---

〔5〕 *Zapata Hermanos Sucesores, S. A. v. Hearthside Baking Co., Inc., d/b/a Maurice Lenell Cooky Company WL* 1000927 *N. D. Ill.* (2001).

〔6〕 *Zapata Hermanos Sucesores, S. A. v. Hearthside Baking Co., Inc., d/b/a Maurice Lenell Cooky Company* 313 *F.* 3*d* 385 7th *Cir.* (2002).

（一）诉讼费用的一般赔偿规则

诉讼费用的分配与补偿最初起源于罗马法，并随后衍生出了败诉一方承担胜诉一方诉讼费用之司法习惯。[7] 在现代社会，关于争议胜诉一方能否求偿诉讼费用的问题，各法域的态度却并不统一。[8] 目前世界上主流的诉讼费用求偿规则有二：其一是"成本跟随事件"原则，[9] 即败诉一方需要承担胜诉一方全部或部分的诉讼费用；其二是"各自分担"原则，即无论最终诉讼结果，各方都须承担各自产生的诉讼费用。[10]

1."成本跟随事件"原则

"成本跟随事件"原则，亦称为败诉承担原则或结果原则，据此败诉一方需要承担胜诉一方的与诉讼相关的法律费用。[11] 该项原则如今已被世界各地的绝大多数国家所采用，其中既包括大陆法系国家，也包括普通法系国家。例如，根据《法国民事诉讼法》第 696 条，败诉的一方当事人须承担胜诉一方的诉讼费用。[12] 同样，依据《德国民事诉讼法》第 91、92 条，谁最终败诉，谁承担费用，费用是否合理或哪一方对于诉讼发生负有过错均不予考虑。[13] 同样采取该原则的还有英国、俄罗斯及瑞士等极具代表性的国家。该原则背后的法律原理在于，倘若胜诉方依旧存在大量因争议引起的费用无法得到补偿，便不是一场完全意义上的司法胜利。[14]

---

〔7〕 屈广清、周后春：《诉讼费（仲裁费）与律师费承担的比较研究》，载《河南省政法管理干部学院公报》2003 年第 4 期；*See* Arthur Engelmann, *A History of Continental Civil Procedure*, Fred B Rothman & Co. ,1969, pp. 279 – 282.

〔8〕 John Y. Gotanda, Awarding Costs and Attorneys' Fees in International Commercial Arbitrations, *Michigan Journal of International Law*, Vol. 21, 1999, p. 1.

〔9〕 the rule of "Costs Follow the Event"或 the "English rule"。

〔10〕 UNIDROIT, "*Draft Principles and Rules of Transnational Civil Procedure*", 2002, p. 63.

〔11〕 *See* Henk J. Snijders, *Access to Civil Procedure Abroad*, Kluwer Law International, 1997, para. 9. 9. 3.

〔12〕 [法]让·文森、塞尔日·金沙尔：《法国民事诉讼法要义》，罗结珍译，中国法制出版社 2001 年版，第 1385 页。

〔13〕 [德]狄特·克罗林庚：《德国民事诉讼法律与实务》，刘汉富译，法律出版社 2000 年版，第 37 页。

〔14〕 W. Kent Davis, The International View of Attorney Fees in Civil Suits: Why is the United States the "Odd Man Out" in how it plays its lawyers?, *Arizona Journal of International & Comparative Law*, Vol. 16, 1999, pp. 361, 401.

不难看出，“成本跟随事件”原则所导致的司法结果与根据 CISG 第 74 条完全赔偿原则求偿诉讼费用所导致的司法结果非常相似。两种情况下胜诉一方都能够尽可能地减少违约对其造成的经济损失。[15] 故在遵循“成本跟随事件”原则的法域，依据 CISG 提起诉讼费用的赔偿诉求，并不会与当地程序法明显抵触。因为无论是依据“成本跟随事件”原则，抑或是 CISG 第 74 条下的完全赔偿原则，违约的一方都必须承担另一方因违约产生的诉讼费用。

但这并不意味着此时诉讼费用在 CISG 下的可偿性丧失了讨论的必要。值得注意的是，即使在采取“成本跟随事件”原则的国家，程序法在规制诉讼费用的赔偿时往往也附加了诸多例外情况。例如，当事人诉讼（仲裁）行为的合理性、当事人的胜诉程度和案件的复杂程度都是影响诉讼（仲裁）费用在程序法或仲裁规则下求偿的因素。[16] 因此当事人往往无法依据“成本跟随事件”原则获偿全部诉讼费用。而 CISG 第 74 条项下的完全赔偿原则旨在将主张违约的一方复原至合同适当履行下的经济状态。[17] 故倘若采用完全赔偿原则求偿诉讼费用，则赔偿门槛较于“成本跟随事件”原则将会大幅降低。这无疑会导致那些出于诉讼经济与接近正义的考虑而设计的复杂程序规范无从实现。基于上述原因，采取“成本跟随事件”原则的国家也不可避免地会参与到诉讼费用求偿的程序与实体之争当中。

2. “各自分担”原则[18]

真正引发争议的是包含美国在内的少数国家遵循的“各自分担”原则与 CISG 第 74 条完全赔偿原则的冲突。依据“各自分担”原则，无论诉讼结果如何，争议各方都须承担自己产生的诉讼费用。该原则最早由美国最高法院于 1796 年引入美国，并于此后多次被重申与确认。目前世界范围内遵循

---

〔15〕 刘瑛：《〈联合国国际货物销售合同公约〉损害赔偿范围实证研究》，载《政治与法律》2010 年第 8 期；*See* Troy, Keily, How Does the Cookie Crumble? Legal Costs under a Uniform Interpretation of the United Nations Convention on Contracts for the International Sale of Goods, No. 1, *Nordic Journal of Commercial Law*, 2003, p. 7.

〔16〕 刘瑛：《论国际货物买卖中的法律费用赔偿》，载《天府新论》2011 年第 1 期。

〔17〕 Liu Chengwei, Remedies for Non-performance: Perspectives from CISG, UNIDROIT Principles & PECL, para. 13. 2, *available at*: http://cisgw3. law. pace. edu/cisg/biblio/chengwei. html, visited on 10 May 2016.

〔18〕 the “ American Rule”.

此原则的国家还有日本[19]。该原则背后的法理主要包括：要求败诉方承担胜诉一方的诉讼费用可能会阻止弱势群体通过诉讼寻求司法救济；可能导致不合理惩罚败诉方的司法结果；同时，考虑到特定法域繁琐的证据开示制度，允许诉讼费用赔偿请求会给双方当事人制造巨大的诉讼成本[20]。

然而这种原则不可避免地会导致胜诉一方永远无法达到合同适当履行下的经济状况，因为其总有一部分经济损失未获赔偿。这恰恰与 CISG 第 74 条完全赔偿原则的宗旨相违背。在 *Zapata* 案中，原告 *Zapata* 选择在采取“各自分担”原则的美国起诉，却转而依据 CISG 对诉讼费用进行实体法上的求偿。这种求偿方式恰恰体现了两项原则在司法实践中的冲突。

（二）诉讼费用求偿的实体与程序之争

从上文中可以看出，诉讼费用的一般求偿原则一般规定于各国程序法当中。[21] 也正因为此，在 *Zapata* 案的上诉判决中，波斯纳大法官认定诉讼费用的求偿本身是一个程序问题，而 CISG 是一部调整实体法律关系的国际统一实体规范，因此诉讼费用的求偿不应该适用 CISG。然而这种武断的划分存在以下几个瑕疵：

首先，主流国家利用程序法来规制诉讼费用的相关法律问题，并不意味着诉讼费用的求偿本身是一个程序法问题。甚至在采用“成本跟随事件”原则的国家，将诉讼费用补偿给胜诉一方也是采用了一种与违约损失赔偿相近的法理。[22] 在这种情况下，若债权人作为胜诉方，其当然会将违约作为第二诉因请求诉讼费用的赔偿。因为债权人之所以产生这笔费用，是在于债务人的履行不当或不履行。在这种情况下，基于程序法的诉讼费用赔偿其实与基于合同法的违约赔偿并没有实质差别。将诉讼费用的求偿编入程

〔19〕 日本民事争议，尤其是违约案件的诉讼费用主要采取各自分担的原则。但也存在例外，在少数侵权案件中，胜诉的受害一方可以将诉讼费用作为侵权损害得到赔偿。

〔20〕 Peter Schlechtriem, *Legal Costs as Damages in the Application of UN Sales Law*, *Journal of Law and Commerce*, Vol. 26, No. 71, 2007, p. 74.

〔21〕 同上注第 76 页；Bruno Zeller, Attorneys' Fees - Last Ditch Stand?, *Villanova Law Review*, Vol. 58, 2013, p. 761.

〔22〕 Werner, Pfenningstorf, The European Experience with Attorney Fee Shifting, *Law & Contemporary Problems* Vol. 47, 1984, p. 66.

序规范中并不影响诉讼费用用于赔偿受害一方损失这一实体属性。[23]

其次，目前国际社会并不存在一个统一划分实体法律问题与程序法律问题的标准。[24] 实体和程序问题的划分往往植根于本国的司法习惯，经过历史的打磨和沉淀逐渐被后人所沿用，并通过本地法院的自由裁量权进行宣告。这种基于各自法域先入为主的法律解释不应该在国际公约管辖的商事争议中用以解释存在争议的法律问题，这种做法既没有考虑到争议本身的国际属性，也没有考虑到准据法的国际性质。

即使诉讼费用的求偿被认定为一个程序问题，也并不直接意味着 CISG 的适用因此被排除。尽管 CISG 是一部国际统一实体规范，但 CISG 也存在某些可能被视为程序规范的条款，例如 CISG 中主张违约一方承担举证责任的赔偿条款[25] 以及 CISG 第 11 条这一关于利用证人证言的方式证明存在销售合同这一法律事实的规定。[26] 上述条款表明，CISG 在某种程度上也规制程序性问题。有学者主张，当 CISG 程序性条款与本地民事诉讼法相冲突时，CISG 应当优先适用。[27] 因此，诉讼费用纵使具有程序性质，也不应该被直接认定为不属于 CISG 的调整范围。

综上，目前国际社会在这一争论上的主流观点是，机械地区分诉讼费用求偿是程序问题还是实体问题，并无法达到预期的法律目标，[28] 相反还会

---

〔23〕 前引注 20，第 76 页。

〔24〕 Chiara G. Orlandi, Procedural law issues and law Conventions, *Uniform Law Review*, Vol. 5, 2000, p. 23.

〔25〕 *See* Harry M. Flechtner, Moving through tradition towards universalism under the U. N. Sales Convention (CISG): Notice of lack of conformity (Article 39) and burden of proof in the Bundesgerichtshof opinion of 30 June 2004, in Johan Erauw, Vesna Tomljenovic *et al.* eds., *Liber Memorials Petar Sarcevic: Universalism, Tradition and The Individual*, Sellier. European Law Publishers, 2006, p. 457.

〔26〕 UNCITRAL, *United Nations Convention on Contracts for International Sale of Goods*, Art. 11.

〔27〕 Schlechtriem and Schmidt-Kessel, *Kommentar zum Einheitlichen Un-Kaufrecht-CISG*, Munich: Beck-Verlag, 2008, Article 11, marginal note 12; Burghard Piltz, Litigation Costs as Reimbursable Damages, Larry A. DiMatteo ed., *International Sales Law: A Global Challenge*, Cambridge: Cambridge University Press, 2014, pp. 290 – 291.

〔28〕 *See* CISG-AC Opinion No. 6, *Calculation of Damages under CISG Article* 74, 2006, para. 2. 1, *available at*: http://www. cisg. law. pace. edu/cisg/CISG-AC-op6. html, last accessed on Apr. 20, 2016; Ingeborg Schwenzer & Peter Schlechtriem, *Commentary on the United Nations Convention on the International Sale of Goods (CISG)*, Oxford University Press, 2010, p. 1010; 前引注 20，第 89 页。

导致CISG在世界范围内适用的严重不统一。[29] 因此,认定诉讼费用可偿性的正确方法要求法院或仲裁庭抛开其程序与实体的划分,转而立足于CISG自身解释体系决定的诉讼费用在公约下的可偿性。在解释CISG时,首先要考察将诉讼费用的求偿纳入CISG第74条的调整范围是否符合CISG第7(1)条的要求。若诉讼费用的求偿属于公约调整的范围但又未被公约所明确规定,则应当转而依据CISG第7(2)条,分析诉讼费用的可偿性能否通过CISG的一般原则得以解决。若不能通过一般原则解决,才应该根据国际私法的规则诉诸国内法。[30]

三、基于CISG第7(1)条讨论CISG的解释

考虑到CISG第74条是公约确定损害赔偿种类与范围的核心条款,判断诉讼费用的可偿性必须立足于对CISG第74条的解释。若对CISG第74条的损害赔偿范围作出扩大解释以使其包含诉讼费用,那么这种解释首先必须符合CISG第7(1)条规定的三项要求。

(一)公约的文义

CISG第7(1)条首先要求对公约的解释必须遵循公约的文义。尽管这项要求并不能清晰地从CISG第7(1)条的条款中读出,但学界普遍认为,尊重文义是保证公约国际性质和统一适用的前提。[31]

然而,CISG第74条的文义表达并不清晰。通过对文义的一般性理解,也许可以将诉讼费用认为是因违约遭受损害的一方当事人的损害赔偿金。[32] 可是《美国统一商法典》(Uniform Commercial Code,UCC)第2-715

---

〔29〕 同上注(CISG AC Op.6)第5.2段。

〔30〕 前引注26,第7条。

〔31〕 *See* John Honnold, Uniform Laws for International Trade:"Early Care and Feeding" for Uniform Growth, *International Trade & Business Law Journal*, Vol. 1, 1995, pp. 2-3; John Felemegas, The United Nations Convention on Contracts for the International Sale of Goods: Article 7 and Uniform Interpretation, in Pace ed., *Review of the Convention on Contracts for the International Sale of Goods (CISG)*, Kluwer Law International, 2001, pp. 115-265;前引注15(Troy, Keily),第4页。

〔32〕 CISG第74条规定:"一方当事人违反合同应负的损害赔偿额,应与另一方当事人因他违反合同而遭受的包括利润在内的损失额相等。"

条即包含与 CISG 第 74 条文义相似的赔偿条款,[33]但显然以 *Zapata* 案的上诉判决为首的一系列美国判例法并不支持对于此文义的扩大解读。[34] 在此,笔者并非主张适用美国案例法对于此类赔偿条款的解释方法,而是希望通过上述美国法院的做法,说明对于此类开放性的赔偿条款,仅根据文义并不能直接得出诉讼费用能够依其求偿的结论。

值得注意的是,与 UCC 不同,CISG 乃是一份国际公约。其立法初衷之一是尽可能扩大该公约在国际范围内的适用。因此公约立法者也为 CISG 配套了解释条款,以便当文义存在模糊之处时法院或仲裁庭可以通过解释条款扩大公约的适用。而 UCC 显然并不具有此类解释条款,同时考虑到英美法系法院在法律解释时拥有广泛的自由裁量权,来自普通法系的法官往往倾向于对 UCC 一类的国内法进行狭义解释以维持司法稳定。[35] 故上述美国法院对 UCC 赔偿条款文义的解释并不能照搬至 CISG 第 74 条文义的解释,其仅仅表明单纯从第 74 条文义上难以对诉讼费用的可偿性下定论。

(二)公约的国际性质

CISG 第 7(1)条同时要求解释公约时必须考虑到公约“国际性”之性

---

〔33〕 UCC § 2-715(1) 规定“[i]ncidental damages resulting from the seller's breach include... any other reasonable expense incident to the delay or other breach”;UCC § 2-715(2) 规定“[c]onsequential damages resulting from the seller's breach include (a) any loss resulting from general or particular requirements and needs of which the seller at the time of contracting had reason to know and which could not reasonably be prevented by cover or otherwise...”

〔34〕 参见 *Kelynack v. Yamaha Motor Corp.*,394 N. W. 2d 17,21-22 (Mich. App. 1986),密歇根州最高法院认定诉讼律师费并不能认定为 UCC 第 2-715 条下的损害赔偿金;*Olbrys v. Peterson Boat Works, Inc.*,1996 U. S. App. Lexis 10100 1,12 (6th Cir. 1996),美国联邦上诉法院根据密歇根州州立法驳回受害方依据 UCC 第 2-715 条求偿诉讼费用的诉求,并总结众多密歇根州上诉法院在这一问题上的司法态度:除非诉讼费用的字眼被明确规定在赔偿条款当中,否则不能认定为一种损害赔偿金;*East Girard Savings Assoc. v. Citizens Nat'l Bank & Tr. Co.*,593 F. 2d 598,60 (5th Cir. 1979),美国联邦第五巡回上诉法院依据德克萨斯州州立法认定,受害的卖方不能依据 UCC 第 2-710 求偿诉讼费用; *King's Aircraft Sales, Inc. v. Lane*,846 P. 2d 550 558 (D. C. Cir. 1993) 华盛顿州上诉法院依法更改一审法院依据 UCC 的诉讼费用赔偿判决。

〔35〕 *See* John O. Honnold, *Uniform Law for International Sales under the* 1980 *United Nations Convention*, Kluwer Law International, 1995, p. 156.

质。[36] 尊重公约的国际性质不仅意味着法院和仲裁庭不能借助本国的法律概念[37]或本国的法律解释方法[38]来解释 CISG,同时也暗示着在解释公约的过程中必须参照公约的立法历史,使之更贴近公约起草者的立法意图。[39]

1. 本国法律概念与解释方法的排除

制定国际统一实体法律规范很大程度上是为了扫除各国贸易法冲突对跨国商贸往来造成的法律阻碍。[40] CISG 本身是普通法系和大陆法系的各缔约国国内法之间相互妥协统一的产物。考虑到这一特性,当 CISG 和国内法的适用范围存在冲突的时候,应该尽可能扩大 CISG 的适用。因为无论接纳任何一国的法律概念或解释方法,都会对 CISG 其他缔约国的利益造成损害。不仅如此,正如意大利里米尼地区法院在 *Al Palazzo S. r. l. v. Bernardaud di Limoges S. A.* 一案的判决中所说:"相比于适用冲突法规范所指向适用的国内法,适用国际统一实体规范的又一优势在于避免选择法院的行为。"[41] 故排除国内法律概念和法律解释方法可以规避当事人通过选择法院以扭曲 CISG 之适用的行为。

然而,在 *Zapata* 案的上述判决中,波斯纳大法官并没有遵循 CISG 第 7(1)条的对于公约解释必须考虑其国际性质的规定。相反,其多次引用了美国判例法和本国法律原则来解释 CISG 第 74 条中"经济损失"一词的内涵,并以此排除诉讼费用在 CISG 第 74 条下的求偿。在判决第三页中,他分别引用了 1980 年伊利诺伊州上诉法院 *Sorenson v. Fio Rito* 案[42],1985 年科罗

---

〔36〕 CISG 第 7(1)条规定"在解释本公约时,应考虑到本公约的国际性质和促进其适用的统一以及在国际贸易上遵守诚信的需要。" Franco Ferrari, "CISG Case Law: A New Challenge for Interpreters?", *Journal of Law and Commerce*, Vol. 17, 1998, p. 247.

〔37〕 Franco Ferrari, The Relationship Between the UCC and the CISG and the Construction of Uniform Law, Loyola of Los Angeles Law Review, Vol. 29, 1996, p. 1025.

〔38〕 Michael J. Bonell, *Article 7, in Commentary on the International Sales Law: The* 1980 *Vienna Sales Convention*, Dott. A Giuffrè Editore, S. p. A. , 1987, p. 72

〔39〕 前引注 15 (Troy, Keily), 第 16 页; Bernard Audit, The Vienna Sales Convention and Lex Mercatoria, in Thomas E. Carbonneau ed. , *Lex Mercatoria and Arbitration*, Juris Publishing, 1998, p. 188.

〔40〕 *See* ICC Arbitration Case No. 7645, 1995, in 26 *Yearbook Commercial Arbitration* 130 (2001);韩德培主编:《国际私法》,高等教育出版社 2007 年版,第 25 页。

〔41〕 *Al Palazzo S. r. l. v. Bernardaud di Limoges S. A.* , District Court Rimini, Italy (2002).

〔42〕 *Sorenson v. Fio Rito*, 413 N. E. 2d 47(Ill. App. 1980), pp. 50 – 52.

拉多最高法院 *Tull v. Gundersons, Inc.* 案[43] 以及《美国合同法重述》(第二版)第 347 条 c 款[44] 来证明当庭产生的诉讼费用是不能够被作为违约损害赔偿金的一部分加以赔偿的。鉴于此般解释显然没有考虑到公约的国际性质,这种解释方法显然有失偏颇。

首先,美国合同法与 CISG 的调整范围有所差别。美国合同法所调整的是美国各州之内或州际平等民事主体间的交易关系,而 CISG 所调整的是平等主体之间的国际货物流转关系。[45] 两者调整范围的差异决定了 CISG 在订立时更多考虑的是国际贸易中较为常用或已被接受的贸易行为。因此,CISG 的立法重心与美国合同法大相径庭。[46] 其次,美国合同法与 CISG 的法律渊源并不一致,CISG 以制定法为其主要的法律表现形式,其文本具有最高法律效力,而判例法至多只能被认为有较强的说服力。[47] 相比之下,美国合同法的主要法律表现形式为判例法。[48] 尽管存在美国合同法重述及 UCC 为代表的开放性制定法,上述法案如未被各州立法会批准通过则不具有约束力,故仅应被认为有说服力。这种差异不仅意味着两种法律状态的稳定性与复杂性不同,也决定了两种法律在法律解释上逻辑的不同。倘若 *Zapata* 案中的解释方法获得承认,就无疑预示着大量采用判例法的 CISG 缔约国也可以利用本国的法律解释方法来解释 CISG。而采用判例法的英美法系国家又习惯于对立法采取狭义解释,以限制法院的自由裁量权。这必然会导致国际社会上 CISG 条款解释的严重不统一,也为国际贸易关系的发展创造不稳定因素。故诉讼费用的可偿性在 CISG 项下的讨论必须围绕着 CISG 自身建立的解释体系,通过宏观地考察 CISG 的立法目的、宗旨、原则和立法历史等,得出一个符合 CISG 的国际性这一性质的解释。*Zapata* 案中的论证不应该被采纳,因为其违反了公约的解释要反映公约"国际性"性质之要求。

---

〔43〕 *Tull v. Gundersons, Inc.*, 709 P. 2d (Colo. 1985), pp. 940, 946.

〔44〕 *Restatement (Second) of Contracts* § 347, comment c, (1981).

〔45〕 高永福主编:《国际贸易法学》,北京大学出版社 2007 年版,第 9 页。

〔46〕 前引注 37,第 1030 页。

〔47〕 刘瑛:《〈联合国国际货物销售合同公约〉解释问题研究》,复旦大学 2007 年博士学位论文。

〔48〕 张利宾:《美国合同法——判例、规则和价值规范》,法律出版社 2007 年版,第 2 页。

2. 公约的立法历史

尽管在CISG第7(1)条中并未明确将公约的立法历史作为解释公约的参考标准,根据国际法一般原则,在解释公约时也应考虑与缔结条约有关的所有文件,包括公约的立法历史。国际经济法是国际法下的一个特殊部门法,[49]因此国际法上的条约解释方法也应该适用于CISG。[50] 在国际公法领域,若条约条款的表达不甚清晰,法院和仲裁庭往往会采用《维也纳条约法公约》(The Vienna Convention on the Law of Treaties, VCLT)第31、32条加以解释,该做法也逐渐成为大多数国际法庭所采用的习惯国际法解释规则。[51] 根据VCLT第32条,当条约文义无法通过第31条阐明,抑或是在为了佐证根据第31条所得出的解释时,得使用补充材料帮助解释,其中包括条约的准备工作及缔约情况。[52] 而CISG起草者之一的John Honnold教授也在自己的著作当中表示,CISG的立法历史常常在解释公约时起到决定性作用。[53] 在*Zapata*案的上诉判决中,波斯纳大法官对CISG的立法历史之引用也佐证了CISG立法历史对于CISG条款解释的借鉴意义。

诚然,正如波斯纳大法官在*Zapata*案的上诉判决当中所说,CISG的准备工作(*Les Travaux Préparatoires*)当中并没有提及将诉讼费用以损害赔偿金的形式补偿给胜诉一方。在CISG准备工作当中就CISG第74条展开最详实的讨论便是联合国法律事务厅国际贸易法司对1978年版的CISG草稿第70条的评议。[54] 据评议文稿,联合国法律事务厅国际贸易法司仅就损害赔偿金的一般类型和计算方式展开了详细讨论,但并没有提及将诉讼费

---

〔49〕 梁西:《国际法》,武汉大学出版社2011年版,第368页。

〔50〕 左海聪、杨梦莎:《论〈国际商事合同通则〉解释补充〈联合国国际销售合同公约〉之功能——以损害赔偿制度为例》,载《比较法研究》2016年第1期。

〔51〕 *See* World Trade Organization, *United States Measures Treating Exports Restraints as Subsidies*, Report of the Panel, WT/DS194/R, 29 June 2001, paras. 8.18, 8.64.

〔52〕 VCLT第32条规定:“所获结果显属荒谬或不合理时,为确定其意义起见,得使用解释之补充资料,包括条约之准备工作及缔约之情况在内。”

〔53〕 John Honnold, *Uniform Laws for International Trade*, Kluwer Law International, 1995, §88(2).

〔54〕 该条款为1980年版CISG第74条的前身,两者字面上并无差异。

用补偿作为损害赔偿金之用。[55] 有学者认为,CISG 的立法指导思想力求其体系的独立和自洽,但考虑到法系以及国家间法律传统、利益的不同,有意回避了一些争议而不易统一的问题。考虑到国际社会暂未对诉讼费用的补偿问题达成共识,各国在诉讼费用补偿规则上也存在差异,无论是采取"成本跟随事件"原则的缔约国代表还是采取"各自分担原则"的缔约国代表都没有在条约准备工作过程中表达条约能够改变各自国内诉讼费用分担方式的意图。[56] 但这并不是对诉讼费用在公约项下可偿性的一种否定。原因有二:

首先,立法者出于绕开国家间法律冲突而在准备工作中有意回避了特定事项,并不意味着该事项在公约下失去了实现的可能。以附带损害赔偿为例,考虑到各国对于违约附带损失是否可偿以及何种附带损失可偿的相关法律存在较大差异,CISG 立法者在准备工作中有意回避了对附带损害赔偿的讨论。[57] 但当今无论学界还是实务界都普遍认为附带损害赔偿金是 CISG 第 74 条项下的合理赔偿事项。[58] 故诉讼费用求偿的讨论即使在立法过程中遭到回避,也不应被断然否定其在公约下的可行性。

其次,在 CISG 的准备工作中确认了 CISG 赔偿条款"填平"(*make whole*)因违约而受害一方的所有经济损失的完全赔偿原则。虽然 CISG 立法历史中并没有明确表示诉讼费用可以作为损害赔偿金,但是也并没有明确排除诉讼费用的求偿。故不能将这种默示草率地认为是对求偿诉讼费用的排除,而应该更深一层地讨论完全赔偿原则是否能够解释为囊括胜诉一

---

〔55〕 *See* John Honnold, *Documentary History of the Uniform Law for International Sales: The Studies, Deliberations and Decisions That Led to the* 1980 *United Nations Convention with Introductions and Explanations*, Kluwer Law & Taxation Publishers, 1989, pp. 448 – 450, also *available at*: http://cisgw3. law. pace. edu/cisg/text/secomm/secomm – 74. html.

〔56〕 Harry M. Flechtner, Recovering Attorneys' Fees as Damages Under The U. N. Sales Convention (CISG): The Role of Case Law in the New International Commercial Practice With Comments on Zapata Hermanos v. Hearthside Baking, *Northwestern Journal of International Law & Business*, Vol. 22, 2002, p. 153.

〔57〕 Albert H. Kritzer, *Guide to Practical Application of the United Nations Convention on Contracts for the International Sale of Goods*, Kluwer Law and Taxation Publishers, 1989, p. 19; Arthur G. Murphey, Consequential Damages in Contracts for the International Sale of Goods and the Legacy of Hadley, *George Washington Journal of International Law & Economy*, Vol. 23, 1989, pp. 415, 459.

〔58〕 前引注 28,第 1009 页。

方的诉讼费用，以及如此广义的解释是否符合公约“国际性”之性质和统一适用之目标。

（三）公约的统一适用

芬兰大法官 Lief Sevón 曾说：“作为一名法官，当他面前摆着一个国际公约解释难题时，其有义务尽力寻找并仔细考察外国相关判决，至少是那些同为缔约国的国家法院所作的判决。”〔59〕其背后暗藏着国际公约缔约国对于保证国际公约的统一适用而需要承担的责任与义务。

保证公约统一适用的最有效方式便是在解释公约时考虑其他国家对相同条款和概念的解释〔60〕。为了避免国际货物买卖各方采取选择法院的行为，各国的法院和仲裁庭都需要在解释 CISG 时参考其他国家法院或国际（内）仲裁庭对于相同条款或概念的解释。〔61〕 然而，在 *Zapata* 案中的上诉判决中，联邦第七巡回上诉法院单纯依赖美国合同法项下的违约损害赔偿判例法来解释 CISG 而并没有依赖任何其他国家法院或是国际仲裁庭对于诉讼费用求偿的 CISG 第 74 条解释。联邦第七巡回上诉法院作出这样的选择，也完全是因为遵循了早前联邦第二巡回上诉法院于 1995 年在 *Delchi Carrier v. Rotorex* 案中的做法。〔62〕 在该判决中，联邦第二巡回上诉法院认为 CISG 下并不存在遵循先例的原则，因此只应该考察公约条款的文义和一般原则来对公约进行解释。这种做法显然与 1985 年美国最高法院在 *Air France v. Saks*〔63〕 一案中订立的国际公约解释原则不符，〔64〕也并不符合国际惯例。〔65〕

---

〔59〕 *See* Boggiano A. et al. , *International Uniform Law in Practice. Acts and Proceedings of the 3rd Congress on Private Law*, Oceana New York, 1988, p. 131.

〔60〕 John Felemegas, An Interpretation of Art. 74 CISG by the U. S. Circuit Court of Appeals, *Pace International Law Review*, Vol. 15, 2003, para. 5(a)(iv).

〔61〕 参见前引注 57（Albert H. Kritzer），第 108 ~ 109 页；John Honnold, *Uniform Law for International Sales under the* 1980 *United States Convention*, Kluwer Law International, 1999, § 92.

〔62〕 *Delchi Carrier, S. p. A. v. Rotorex Corp.*, 71 F. 3d 1024, 1028 (2nd Cir. , 1995).

〔63〕 *Air France v. Saks*, 470 U. S. 392 (U. S. 1985).

〔64〕 *Air France v. Saks*, 470 U. S. 392 (U. S. 1985)，美国最高法院在判决中写到：“In determining precisely what causes can be considered accidents, we find the opinions of our sister signatories to be entitled to considerable weight.

〔65〕 前引注 60，第 22、47 页。

实际上，对于诉讼费用的可偿性问题在各缔约国法院的判决和国际仲裁庭的仲裁裁决中早有涉及。为了能够促进公约的统一适用，笔者将尽可能全面地分析目前各缔约国内国法院、仲裁庭和国际仲裁庭在这一问题上的解释，考察在适用 CISG 的纠纷中诉讼费用的求偿与 CISG 第 74 条之间的联系。

1. 各缔约国相关判例

综观除美国外各缔约国法院的判决，不难发现，尽管各中理由存在差异，诉讼费用在一般情况下是可以根据 CISG 求偿的。有的法院认为，诉讼费用应该被理解成 CISG 第 74 条项下因违约而产生的经济损失，因此败诉的违约一方需要支付相应的损害赔偿金；但也有的法院认为，CISG 并不直接规制诉讼费用的求偿问题，因此需要根据 CISG 第 7(2) 条援用国内法来填补公约的漏洞；还有法院认为诉讼费用应该被理解成 CISG 第 74 条项下因违约而产生的经济损失，但是却依照国内法来计算相应的损害赔偿金。

(1) 中国法院判例

中国法院的一贯做法都是允许胜诉一方当事人在适用 CISG 的国际贸易纠纷中求偿其诉讼过程中产生的律师费用。然而，中国法院从未就具体的赔偿原因展开有价值的讨论。

在瑞士米里米特公司与河南省土产进出口公司货物销售合同纠纷上诉案一案中，河南省高级人民法院维持一审法院要求米里米特公司赔偿河南省土产进出口公司律师费用八万元人民币的判决[66]。然而，尽管本案中的合同准据法为 CISG，河南省高院并未将 CISG 作为其作出律师费用赔偿决定的依据，甚至没有给出明确的法律依据，而仅仅是认为“支付律师费用是国际通行做法”。在中嘉有限公司诉喀亚瓦沙资源有限公司 (Karawasha Resources Ltd.) 航次租船合同租金及其他费用追偿纠纷案中，广西北海海事法院认定被告喀亚瓦沙资源有限公司并未在合同约定的装货港和装货期限内交付合同所约定之足够数量的货物。并认定该行为构成违约。而合同准据法为 CISG 及《中华人民共和国海商法》。在计算损害赔偿金的部分，

---

〔66〕 (2000)豫经二终字第 256 号，载北大法宝，http://www.pkulaw.cn/case/pfnl_1970324836979246.html? keywords = %E7%91%9E%E5%A3%AB%E7%B1%B3%E9%87%8C%E7%B1%B3%E7%89%B9%E5%85%AC%E5%8F%B8&match = Exact，最后访问时间：2016 年 4 月 28 日。

北海海事法院认定“原告为解决租船纠纷而在香港和新加坡支出的律师费用,乃是法治社会中解决纠纷时必然发生的费用,故亦应由被告承担[67]。”

由此可见上述两案中,中国法院并未正面回应诉讼费用是否能够依据 CISG 第 74 条求偿的问题,亦没有基于中国合同法作出分析。

(2)德国法院判例

德国法院在诉讼费用的可偿性问题上展开了相当广泛的讨论,也体现了德国法学界对 CISG 的重视及对于 CISG 后期解释所作出的突出贡献。就诉讼费用能否通过 CISG 第 74 条求偿的问题,德国法院的主流做法是将诉讼费用视作是 CISG 第 74 条项下因违约而产生的经济损失,而具体的损害赔偿金计算方法则会参照《德国民事诉讼法》。同时,德国法院还惯于在计算诉讼费用的赔偿金额时,将诉讼费用区分为诉前费用(pre – litigation fees)及当庭费用(litigation fees),并常常只赔偿前者。

在具体案件中,绝大多数的德国法院都认为诉讼费用应该被认定成 CISG 第 74 条项下的一方当事人因另一方当事人违约而遭受的损失额的一部分。[68] 例如,1997 年柏林蒂尔加滕区法院认为诉讼费用的求偿诉求能够通过 CISG 第 74 条实现。[69] 2002 年维希塔赫区法院认为 CISG 第 74 条当中的“损失额”一词应当包含当事人维护自身法律权益所必然产生的费用,例如诉讼费用。[70] 2003 年,柏林地区法院也作出了类似的判决,认定卖方有权根据 CISG 第 74 条要求买方赔偿其因为违约而产生的诉讼费用,其中甚至囊括了存在争议的当庭诉讼费用以外的法律支出。[71]

综合分析德国法院所作的判决可以看出,尽管德国法院都非常愿意将诉

---

〔67〕 (2001)海商初字第 119 号,载北大法宝,http://www.pkulaw.cn/case/pfnl_1970324837003646.html? keywords = %E4%B8%AD%E5%98%89%E6%9C%89%E9%99%90%E5%85%AC%E5%8F%B8&match = Exact,最后访问时间:2016 年 4 月 28 日。

〔68〕 AG Augsburg, 11 *C* 4004/95 *CISG-online* 172 (1996); Oberlandesgericht München, 7 *U* 4969/06 *CISG-online* 1686 (2008); AG Landsberg, 1 *C* 1025/05 *CISG-online* 1460 (2006); OLG Köln, 16 *U* 17/05 *CISG-online* 1218 (2006).

〔69〕 AG Berlin-Tiergarten, 2 *C* 22/97 *CISG-online* 412 (1997), available at: http://www.cisg.law.pace.edu/cisg/wais/db/cases2/970313g1.html, last accessed on Apr. 28, 2016.

〔70〕 Amtsgericht Viechtach, *No.* 1 *C* 419/01, (2002), available at: http://cisgw3.law.pace.edu/cases/020411g1.html, last accessed on Apr. 28, 2016.

〔71〕 LG Berlin 103 0 213/02 *CISG-online* 795, (2003), available at: http://cisgw3.law.pace.edu/cases/030321g1.html, last accessed on Apr. 28, 2016.

讼费用作为 CISG 第 74 条项下的可偿损失,在具体计算相应的损害赔偿金时却往往转向本国法作为衡量标准。在 1997 年柏林蒂尔加滕区法院的判决中,法院引用了德国联邦律师费用法(*Bundes Recht Anwalts Gebühren Ordnung*, BRAGO) § 118(I)(1)和 § 26,考虑到诉前费用和当庭诉讼费用的抵销,来精确计算诉讼费用各部分的损害赔偿金额度。在 2002 年维希塔赫区法院的判决中,法院亦引用了德国联邦律师费用法和德国民法典来确定损害赔偿金的具体数额和应付利息。在计算损害赔偿金时,对德国国内法的过度依赖某种程度上造成了法院之间解释的不一致,如 1996 年杜塞尔多夫上诉法院在解决一起由 CISG 管辖的国际货物买卖合同纠纷当中就仅仅允许卖方求偿诉前费用,而不能求偿当庭诉讼费用。[72] 而这种异化的解释绝非偶然,实际上还存在一部分仅仅允许诉前费用而拒绝当庭诉讼费用求偿的判决。[73] 这种相互不一致的做法大部分是因为 BRAGO 对于诉前费用与当庭诉讼费用中律师费部分的抵销制度,因此根本上是源于德国法院在计算损害赔偿金制度时考虑了国内法。

(3)比利时法院判例

比利时法院内部在这一问题上的解释亦存在争议。但这种差异相较于德国法院而言更大,论证的逻辑也大相径庭。例如,2004 年哈瑟尔特地区商事法院依据 CISG 第 74 条和第 78 条要求违约的买方赔偿卖方法律费用共计 580.94 欧元。由于卖方并没有在要求损害赔偿金时提供足够的信息以确定具体金额,哈瑟尔特地区商事法院依据自身职权估算了卖方的法律费用支出金额与利息。[74] 因此,在本案中法官并没有依据比利时本国法赔偿受害一方的诉讼费用,但法院也并没有讨论诉讼费用到底能否被视为 CISG 第 74 条项下"损失额"的一部分。

然而,哈瑟尔特地区商事法院同样的法官在同一天,就诉讼费用的可偿性问题却作出了另一个截然不同的判决。法院认为,因违约遭受损害的卖方不应该依据 CISG 第 74 条获得诉讼费用的赔偿。但原因并非诉讼费用在

---

〔72〕 Oberlandesgericht Dusseldorf *No.* 6 *U* 152/95 *CISG-online* 201, (1996), available at: http://cisgw3. law. pace. edu/cases/960711g1. html, last accessed on Apr. 28, 2016.

〔73〕 参见前引注 56,第 128 ~ 135 页。

〔74〕 Rechtbank van Koophandel Hasselt *AR* 04/601, (2004), available at: http://cisgw3. law. pace. edu/cases/040225b2. html, last accessed on Apr. 28, 2016.

CISG 第 74 条项下不能求偿,而是因为卖方根据比利时 2002 年 8 月 2 日出台的反商事交易中的延迟履行法案第 6 条[75] 的规定已经获得了诉讼费用的赔偿。为了防止双重赔偿,法院只好拒绝卖方的求偿请求。[76] 这种做法并不意味着诉讼费用不能被 CISG 第 74 条项下损害赔偿金所包含,而是一种出于自然正义的司法决定。其实与 CISG 第 74 条的完全赔偿原则相吻合,鉴于因违约受损害一方已经获得了诉讼费用的赔偿,因此诉讼费用不应该再被认为是损失额的一部分。若再进行赔偿便会导致过度补偿,而过度补偿在 CISG 项下并不被允许。[77]

(4)瑞士法院判例

瑞士法院在这一问题上的惯常做法是允许诉讼费用在由 CISG 管辖的贸易争端中求偿。但有的判决是基于 CISG 的解释而有的判决则是通过借助瑞士法。

1996 年法语区沃州上诉法院作出判决,要求被告(买方)赔偿原告(卖方)诉讼费用共 8830 瑞士法郎,其中既包含了原告的诉前律师费用,亦包含了原告在诉讼程序中产生的一切法律费用。[78] 但在谈及如此判决的法律依据时,沃州上诉法院似乎并没有考虑 CISG,而是以《瑞士民事诉讼法》第 92 条第(1)款作为依据。然而,仅仅一年之后,瑞士德语区阿尔高州商事法庭作出另一判决。在该判决中,法庭认定全额诉讼费用(既包括诉前费用,又包括当庭费用),只要是与违约之间存在足够的因果关系,都应当被视为 CISG 第 74 条项下违约受害方所遭受的损失额,并因此应该得以根据 CISG 第 74 条赔偿。[79]

(5)芬兰法院判例

《芬兰民事诉讼法》采取的是“成本跟随事件”原则,因此败诉一方本就

---

〔75〕 *Belgian Official Gazette* 7 August 2002 第 6 条规定,除非当事人另有约定,债权人在债务人延迟履行的情况下有权获得所有因延迟履行的发生而导致的相关费用。

〔76〕 Rechtbank van Koophandel Hasselt *AR* 04/79,(2004),available at:http://cisgw3. law. pace. edu/cases/040225b1. html,last accessed on Apr. 26,2016.

〔77〕 前引注 28(CISG AC Op.6),第 9 段。

〔78〕 Tribunal Cantonal Vaud 01 93 1061 *CISG-online* 333,(1996),available at:http://cisgw3. law. pace. edu/cisg/wais/db/cases2/960311s2. html,last accessed on Apr. 26,2016.

〔79〕 Handelsgericht des Kantons Aargau *No. OR.* 97. 00056 *CISG-online* 329 (1997),available at:http://cisgw3. law. pace. edu/cases/971219s1. html,last accessed on Apr. 26,2016.

应当承担胜诉一方的诉讼费用。如前文所说，这与 CISG 第 74 条的完全赔偿原则并不存在抵触，因此芬兰法院也惯常在 CISG 管辖案件中将诉讼费用作为损害赔偿金的一部分补偿给胜诉一方。例如，2002 年图尔库上诉法院作出的一个判决中，违约卖方在一审中仅仅根据《芬兰民事诉讼法》支付了一小部分的律师费用，因此买方在上诉中追加了要求赔偿全额诉讼费用的诉求，并获得了图尔库上诉法院的支持。〔80〕 尽管图尔库上诉法院并未明确指出诉讼费用的补偿是依何法所判，但其并未在判决程序部分当中讨论诉讼费用的求偿。且法院在给出理由时认为买方因为卖方供应的瑕疵货物产生了大额的法律费用，该笔费用的产生完全是因为卖方的违约所导致，因此应该归由卖方承担。显然，这一分析与 CISG 第 74 条完全赔偿原则的法理非常接近。

2. 商事仲裁裁决

相比于各缔约国内国法院，仲裁庭更倾向于在 CISG 管辖的贸易争端中将诉讼费用补偿给胜诉一方。这种倾向一来是因为仲裁庭相较于法院拥有更广泛的自由裁量权，仲裁规则相较于法院地程序法对于判决机构职权的约束并不那么有力；二来是因为仲裁庭在行使自由裁量权决定仲裁费用时习惯于遵循"成本跟随事件"原则，〔81〕有不少仲裁规则甚至直接规定了这样的诉讼费用赔偿规则。〔82〕 下文将主要分析三个影响力较大或较具代表性的国际仲裁庭的仲裁裁决。

(1)俄罗斯联邦国际工商会国际商事仲裁院仲裁裁决

俄罗斯联邦国际工商会国际商事仲裁院(以下简称 ICAC)〔83〕的仲裁裁决反映出 ICAC 倾向于将诉讼费用认定为是 CISG 第 74 条下受害方因违约导致的"损失额"并因此允许索赔。例如，ICAC 于其在 2003 年 6 月作出的一项裁决说明中表示，胜诉一方有权要求败诉方承担其仲裁中产生的一切

---

〔80〕 Finland 12 April 2002 Turku Court of Appeal (Forestry equipment case), available at: http://cisgw3.law.pace.edu/cisg/wais/db/cases2/020412f5.html, last accessed on Apr. 26, 2016.

〔81〕 Julian Lew, Loukas Mistelis *et al.*, *Comparative International Commercial Arbitration*, Kluwer Law International, 2003, pp. 24 – 82.

〔82〕 伦敦国际仲裁院仲裁规则第 38.4 条；德国仲裁协会仲裁规则第 35.2 条；斯德哥尔摩商会仲裁院仲裁规则第 40(2)条以及第 41 条；荷兰仲裁协会仲裁规则第 61(2)条等。

〔83〕 Tribunal of International Commercial Arbitration at the Russian Federation Chamber of Commerce and Industry.

合理费用,包括法律支出。[84] ICAC 于其在同年 8 月作出的又一项裁决中表示,尽管 CISG 第 74 条不支持精神损害赔偿金的求偿,但其允许诉讼费用的求偿。考虑到原告在仲裁程序中经历了冗长的证据开示程序,理应由被告承担其因此产生的诉讼费用。[85]

(2)国际商会国际仲裁院仲裁裁决

国际商会国际仲裁院(The International Chamber of Commerce's Court of Arbitration,ICC)在 1992 年的一份仲裁裁决中表明,诉讼费用可以通过 CISG 第 74 条以损害赔偿金的形式求偿。然而在这一份裁决当中仅仅允许了律师费用的补偿,而对于仲裁产生的程序性费用未作分配。[86] 随后于 2000 年,另一个 ICC 仲裁庭更进一步地表明,CISG 第 74 条下可以求偿的法律费用并不应当只包含当事人的律师费,而应该涵盖一方当事人在仲裁程序中支出的所有费用。但该费用必须是合理且用于仲裁程序当中的。[87]

(3)中国国际经济贸易仲裁委员会仲裁裁决

中国国际经济贸易仲裁委员会(China International Economic & Trade Arbitration Commission,CIETAC)也相当一致地认为诉讼费用能够依据 CISG 第 74 条求偿。在 CIETAC 1996 年的一份仲裁裁决中,仲裁庭认为卖方因买方违约而提起仲裁程序,其间产生的仲裁程序费用、律师费用及相应的利息都是买方违约间接造成的后果,因此需要由买方承担。[88] 在 CIETAC1999 年的另一份仲裁裁决中,仲裁庭进一步地认为诉讼费用一般而言是可预见且应该被预见的违约经济损失,最终仲裁庭要求违约方补偿

---

[84] ICAC 97/2002, June 6, 2003, available at: http://cisgw3.law.pace.edu/cases/030606r1.html, last accessed on Apr. 26, 2016.

[85] ICAC 57/2001, August 15, 2003, available at: http://cisgw3.law.pace.edu/cases/030815r1.html, last accessed on Apr. 26, 2016.

[86] ICC Arbitration *Case No.* 7585 *of* 1992, available at: http://www.unilex.info/case.cfm?pid=1&do=case&id=134&step=FullText, last accessed on Apr. 26, 2016.

[87] ICC Arbitration *Case No.* 10329 *of* 2000, available at: http://cisgw3.law.pace.edu/cases/000329i1.html, last accessed on Apr. 26, 2016.

[88] CIETAC *CISG*/1996/23, May 14, 1996, available at: http://cisgw3.law.pace.edu/cisg/wais/db/cases2/960514c1.html, last accessed on Apr. 26, 2016.

受害方包含仲裁程序费、律师调查费、差旅费等一系列支出。[89] CIETAC的另一仲裁庭于1996年甚至在申请人没有提交证据证明律师费用的情况之下，依然根据当时法律市场的一般收费标准给予了律师费用的补偿。[90]

3. 上述判例的局限性与指导意义

综合分析上述判例可以发现，在一方面，这些判例可以为以后的法院和仲裁庭在面对CISG第74条项下诉讼费用的求偿问题时作为保证CISG统一适用的标尺；另一方面，这些案例自身也存在着很大的局限性。

首先，在理解和使用这些经过翻译处理的外国判例时，语言和法律背景的差异往往会造成判决在二次处理中的误差。如上文提到的1996年杜塞尔多夫上诉法院的案件中，[91]根据Unilex数据库[92]中的英文翻译，卖方获得了所有的全额诉讼费用的赔偿，包括在诉讼程序开始前卖方通过律师追偿价款所产生的法律费用。[93] 但根据CLOUT数据库[94]提供的英文翻译，卖方仅仅获得了诉前费用的补偿。[95] 这两者之间的分歧就是语言差异降低上述判例司法价值的一种体现。特别是在诉讼费用的求偿问题上，不同的司法程序背景在分析这些外国判决时尤为重要。而翻译者往往并不熟悉这些法域的法律体系和司法制度，并最终导致这些判例的英文版本自相矛盾或是表达不清。

其次，抛开翻译的误差不谈，仅仅通过比对不同法域的裁判机关，甚至是同一国家或仲裁机构内部的不同裁判庭，甚至是同一法院在同一时间作

---

〔89〕 CIETAC *CISG*/1999/09, February 12, 1999, available at: http://cisgw3. law. pace. edu/cisg/wais/db/cases2/990212c2. html, last accessed on Apr. 26, 2016.

〔90〕 CIETAC *CISG*/1996/56, December 18, 1996, available at: http://cisgw3. law. pace. edu/cisg/wais/db/cases2/961218c1. html, last accessed on Apr. 26, 2016.

〔91〕 参见前引注56，第128页至第129页。

〔92〕 Unilex是由意大利国家研究理事会和罗马国际统一司法学会共同创设的比较法与国际法研究中心建设的商业数据库，其专门收集CISG和《国际商事合同通则》的相关判例及其英文摘要。

〔93〕 载Unilex数据库，参见http:// www. unilex. info/ case. cfm? pid = 1&do = case&id = 206&step = Abstract，最后访问时间2016年4月26日。

〔94〕 CLOUT数据库是由联合国国际贸易法委员会建立的判例法数据库，其中收集了CISG及《联合国国际商事仲裁示范法》的相关判例，并在其官方网站上附有英文摘要。

〔95〕 United Nations, Commission on International Trade Law; *Case Law on UNCITRAL Texts*, U. N. Doc. A/CN. 9/SER. C/ABSTRACTS/12 (1997), case number: 169, available at: http://www. uncitral. org/english/clout/abstract/abstr12. html, last accessed on Apr. 26, 2016.

出的判决也存在争议。有的法院或仲裁庭直接依据 CISG 第 74 条补偿当事人因违约而被迫支付的所有法律费用；有的法院或仲裁庭认为 CISG 第 74 条包含当事人诉前法律费用；又有德国法院认为 CISG 第 74 条的损失额包含当事人因违约产生的所有诉讼费用，然而在具体计算时依据德国法仅赔偿当事人诉前法律费用的额度；当然还存在不少法院并没有给出具体的判决理由，而仅仅出于一种法律常识或是司法习惯允许诉讼费用的求偿。这种判例间的不一致也大大折损了他们在以后法院和仲裁庭中的借鉴意义。显然也并不满足 CISG 第 7(1)条对于公约解释必须保证统一适用的要求。

再次，上述判例许多都来自德语国家或是德语区，抑或是一方当事人营业地位于德国或德语区，因此一定程度上受到了德国法学界对于 CISG 解释的一些影响，在一定层面上依然缺少代表性。

然而，综合看待上述判例还是不难发现，尽管在具体计算方式上存在差异，绝大多数法院和仲裁庭还是以明示的方式认可诉讼费用作为 CISG 第 74 条项下的可偿损失额，而仅仅是在额度的具体计算上考虑国内法对于诉讼费用的具体划分和设计。且目前国际社会上，除去 *Zapata* 案外，并没有明确表示不能将诉讼费用解释成 CISG 第 74 条中规定的损失额的判例。[96] 故考虑到 CISG 第 7(1)条规定公约解释必须反映国际属性，在抛开国内法对于诉讼费用损害赔偿金具体计算方法的影响后，我们可以从上述判例中提炼出来的便是：诉讼费用应该被认定为 CISG 第 74 条项下的损失额，因此应该依据完全赔偿原则得以求偿。

四、基于 CISG 一般原则的对第 74 条的解释

尽管通过利用 CISG 第 7(1)条的分析可以看出，CISG 第 74 条的字面意思、公约本身的国际性质以及国际判例似乎都支持诉讼费用在 CISG 第 74 条下的求偿，但这并不是一个绝对的答案。我们仍需要进一步分析 CISG 第 7(2)条，考虑诉讼费用的求偿是否符合 CISG 的一般性原则。学界主流观点认为，CISG 第 74 条下存在两个核心原则：完全赔偿原则与可预见性原

---

〔96〕 参见前引注 56，第 134 页。

则。[97] 由于可预见性更多是随着个案情况不同而对完全赔偿原则的限制，在此不做一般性的讨论。但依然需要注意，尽管存在仲裁庭认为诉讼费用在一般情况下都是可预见的情况，[98]在具体案件中当事人依然需要提供足够证据证明自己产生的诉讼费用属于另一方当事人在缔约时的可预见范围内，否则有可能无法得到赔偿。例如，当一方希望保留采取风险代理的方式寻求法律救济的可能，那么这种风险代理所产生的特殊计费方式也必须在订立合同时告知对方。[99] 而下文主要讨论完全赔偿原则是否要求诉讼费用被赔偿和 *Zapata* 案中用以排除诉讼费用求偿的平等原则。

（一）完全赔偿原则下诉讼费用的求偿

完全赔偿原则是 CISG 第 74 条下的核心原则，其旨在将违约损害的一方还原至违约行为没有发生以及合同被正确履行的经济状态。[100] CISG 咨询委员会也因此认为 CISG 第 74 条应该被灵活地解释，以补偿因违约受损一方的所有经济损失。[101] 这种灵活解释能否宽泛地将受损一方的诉讼费用——这一带有浓厚程序色彩的经济损失——包含在内呢？笔者将诉讼费用浅分成三类，并分别讨论其在完全赔偿原则下的一般性求偿。

1. 庭前产生的法律费用

之所以将庭前产生的法律费用单独讨论的原因在于，在各国的程序法或仲裁规则当中，诉前费用往往并不被法院或仲裁庭依据职权分配的程序费用所涵盖，因为严格意义上其与司法程序本身并没有紧密的联系。因此，德国学者往往又将这种法律费用称为“法外费用”（extra-judicial costs）。这一类的费用主要包括当事人在提起争议解决程序之前进行的、必须采取法律手段以维护自身合法权益的行为所导致的费用，如聘请律师撰写履行义务催告书或是备送债务提示信。

---

〔97〕 前引注 28（Schwenzer & Schlechtriem），第 1000 页。

〔98〕 *See* CIETAC CISG/1996/35, August 6, 1996, available at: http://cisgw3. law. pace. edu/cisg/wais/db/cases2/960806c1. html, visited on 27 Apr. 2016.

〔99〕 Peter Schlechtriem, Case Comment Attorneys' Fees as Part of Recoverable Damages, *Pace International Law Review*, Vol. 14, 2002.

〔100〕 前引注 61（John Honnold），第 445 页；Guenter Treitel, *Remedies for Breach of Contract: A Comparative Account* Oxford: Oxford University Press, 1988, p. 82.

〔101〕 前引注 28（CISG AC Op. 6），第 1. 1 段。

目前学界的主流观点认为,这种费用构成 CISG 项下的一种附带损失。原因在于,根据 CISG 第 77 条,[102] 主张违约的一方必须采取合理的措施减轻损失。而诉前费用往往被用以减轻损失继续扩大,或是保障债权的履行。补偿当事人因此产生的费用不仅是因为这些费用是基于公约赔偿条款的要求而产生的,更是反映了公约尽最大可能保障合同顺利履行的潜在原则。[103] 只有当诉前费用能够根据公约得到合理赔偿,主张违约的一方才有采取合理法律措施保障合同继续履行的动力。

在实践中,德国法院及瑞士荷兰等德语区法院倾向于将诉前费用与当庭诉讼费用割裂开来,但一般情况下都允许诉前费用在 CISG 项下的赔偿。[104] 当然,这种倾向无疑受到《德国联邦律师费用法》第 6 条的规定。同时也有西班牙法院作出了相同判决。[105] 在 *Zapata* 案中,波斯纳大法官也在判决中写到,尽管当庭诉讼费用不得根据 CISG 求偿,主张违约一方用以合理减轻损失的法律费用是可以求偿的。

综上我们可以得出结论,主张违约一方的诉前法律费用一般而言是可以根据 CISG 第 74 条下完全赔偿原则所涵盖的。但具体的求偿仍然受到 CISG 第 74 条可预见性原则和第 77 条减轻损害规则的限制。也有荷兰法院对费用数额的合理性作出要求。[106]

2. 当庭产生的诉讼费用

对于完全赔偿原则能否解决当庭产生的诉讼费用的求偿问题,学界和实务界内部都存在较大分歧。这种分歧的主要矛盾点在于完全赔偿原则允许当庭诉讼费用的求偿是否会造成胜诉原告与胜诉被告之间的不平等。简而言之,便是平等原则和完全赔偿原则的博弈。实证主义法学家普遍观点

---

〔102〕 CISG 第 77 条规定:"声称另一方违反合同的一方,必须按情况采取合理措施,减轻由于该另一方违反合同而引起的损失,包括利润方面的损失。如果他不采取这种措施,违反合同一方可以要求从损害赔偿中扣除原可以减轻的损失数额。"

〔103〕 UNCITRAL, *UNCITRAL Digest of Case Law on the United Nations Convention on the International Sale of Goods*, U. N. Doc. A/CN. 9/562, 2012, p. 227, para. 3.

〔104〕 前引注 28(Schwenzer & Schlechtriem),第 1011 页。

〔105〕 *Wolfram R. Seidel GmbH v. Crotton S. A.*, Rollo No. 574/2003-A, May 22, 2006, available at: http://cisgw3. law. pace. edu/cases/060522s4. html, last accessed on Apr. 26, 2016.

〔106〕 *Eyroflam S. A. v. P. C. C. Rotterdam B. V.*, 295401 / HA ZA 07 – 2802, October 15, 2008, available at: http://cisgw3. law. pace. edu/cases/081015n2. html, last accessed on Apr. 26, 2016.

认为,完全赔偿原则才是被公约所承认和广泛接受的原则。不能因为赔偿的对象是诉讼费用便曲解和限制这项原则。这项原则只能通过公约本身条文中明确规定的条件所限制,如诉讼费用的可预见性和减轻损害规则,而不能被自然法中主张的平等正义所牵制。[107]

在实务中,司法界已经发展了大量支持CISG第74条下完全赔偿原则应该包含诉讼费用求偿的案例。相比之下,2002年美国联邦第七巡。上诉法院显得形单影只。尽管*Zapata*案上诉判决获得了学界诸多学者的肯定,判决也同样存在诸多的问题,例如上文所列举的,在解释公约时没有依照CISG第7(1)条考虑到公约的国际性质和统一适用,以及下文即将展开讨论的平等原则排除诉讼费用求偿的不正当性。于2014年,美国联邦第二巡回法院也作出与之相悖的判决,向我们展示了美国本土司法界对*Zapata*案的公开质疑。在*Stemcor USA, Inc. v. Miracero, S. A. de C. V.*一案中,违约一方向美国联邦第二巡回法院提起申请要求撤销一份允许仲裁费用在CISG项下求偿的仲裁裁决,并在诉状中引用了*Zapata*案作为支撑。然而在该案判决中,第二巡回法院不仅申明*Zapata*案对其并无约束力,还进一步表明任何法院都不应该因为某一案件的判决便忽略其他各国法院在面对相同争议时作出的不同解释,并最终得出结论:CISG第74条并不禁止诉讼费用,包括当庭费用的求偿。[108]

综上我们可以得出结论,从完全赔偿原则的角度出发,CISG显然是主张诉讼费用的求偿。

(二)平等原则对诉讼费用赔偿的排除

平等原则排除诉讼费用的求偿被认为是*Zapata*案上诉判决中最有说服力的论点,至今也被包括CISG咨询委员会在内的世界各CISG学者所接纳和采用。

CISG损害赔偿之确立采取无过错原则,根据CISG第45(1)(b)条和

---

〔107〕 Bruno Zeller, Four-Corners-The Methodology for Interpretation and Application of the UN Convention on Contracts for the International Sale of Goods, 2003, paras. 130, 143 – 167, available at: http://www.cisg.law.pace.edu/cisg/biblio/4corners.html.

〔108〕 *Stemcor USA, Inc. v. Miracero, S. A. de C. V.*, 2014 U. S. Dist. LEXIS 140058 (S. D. N. Y. 2014).

CISG 第 61(1)(b)条,如果买(卖)方不履行他在合同和公约中的任何义务,卖(买)方都可以按照 CISG 第 74 条至第 77 条的规定要求损害赔偿。这就表明,CISG 项下的损害赔偿建立在违约行为的确认之上。然而,倘若诉讼中的被告或仲裁中的被申请人在争议解决程序中胜诉,那么直接导致的结果便是原告或申请人的请求被驳回,违约行为不复存在。这也就意味着胜诉的被告或被申请人永远不能依据 CISG 的赔偿条款要求原告或申请人赔偿自己的诉讼费用。波斯纳大法官认为,这就必然造成了胜诉原告(申请人)与胜诉被告(被申请人)之间的不平等。而这种不平等又恰恰不符合 CISG 的立法精神和基本原则,因此诉讼费用在 CISG 项下不应该得到求偿。

上述论证表面上看似是成立的,实则却经不起推敲。笔者旨在通过分析平等原则的内涵和其适用范围,考察其是否能够延伸至 CISG 赔偿条款的适用以及如何影响到赔偿条款的适用。

1. 平等原则的内涵

首先,CISG 下的平等原则起源于公约的序言。公约序言中写道:“本公约各缔约国……考虑到在平等互利基础上发展国际贸易是促进各国间友好关系的一个重要因素……兹缔约如下……”这句话奠定了公约促进各缔约国间平等从事国际贸易的基调。有学者因此得出结论,自然法下延伸而出的平等原则是一项贯穿 CISG 的一般性原则,并可以用在第 7(2)条下作为填补公约漏洞的手段。[109] 又因为在 CISG 调整的国际贸易关系中,买卖双方往往来自不同的缔约国,保证缔约国之间的平等也就自然延伸为保证买卖双方的平等。

其次,从 CISG 条款的结构性布局可以看出,公约中涉及买方和卖方的主要义务的条款呈对称性分布。以 CISG 第 45 条和第 61 条为例,第 45 条(1)(b)款和第 61 条(1)(b)款都分别为买方和卖方在对方违约的情况下提供了平等的机会要求损害赔偿。这就意味着平等原则不仅表示买卖双方在义务上的平等,在求偿的权利上也是平等的。故公约的起草者必然希望给

---

〔109〕 *See* John Y. Gotanda, Awarding Damages Under the United Nations Convention on the International Sale of Goods: A Matter of Interpretation, *Georgetown Journal of International Law*, Vol. 37, 2005, p. 130; Joseph Lookofsky, The 1980 United Nations Convention in Contracts for the International Sale of Goods, in Nobert Horn ed., *The Transnational Law of International Commercial Transactions: Studies in Transnational Economic Law*, Springer, 1982, p. 92.

予合同买卖双方平等适用CISG第74条的机会。

2. 平等原则的范围与适用

无可否认,无论是根据自然法精神还是CISG的序言,公约确实存在平等对待缔约国和交易各方的指导性原则。但该原则的范围和实践中的适用是存在限制的,其并不能够缩小CISG第74条的赔偿范围。换言之,在完全赔偿原则和平等原则的博弈中,应该以完全赔偿原则优先。理由如下:

首先,平等原则作为CISG序言的组成部分,其效力并不确定。其实,根据序言可以提炼的,并非调整平等民商事主体之间的私法上的平等原则,而是一种公法意义上的平等互惠原则。起草者之所以在序言当中囊括该原则,是为了保证发展中国家缔约方和发达国家缔约方能够通过缔约平等获益。[110] 其强调的是国家层面上经济利益的平等,而非特定国际商事合同中当事人的平等。[111] 在此笔者并不否认国际货物买卖合同双方之间的平等主体地位,而是为了说明*Zapata*案中衍生出的平等原则与CISG序言中的平等原则实际上存在差异。*Zapata*案及其后被众多学者所引用的所谓"平等原则"更多的是合同法意义上的平等原则,是一种自然法上的原则,而非实证法上的原则。因此,平等原则不应该被认定为是CISG第7(2)条项下的公约一般性原则。[112]

其次,平等原则在一般情况下并不约束合同各方的缔约与履约行为,[113] 以CISG条款结构的对称性说明买卖双方存在默示的平等原则并不正确。通过分析CISG规制买卖双方的合同义务条款不难看出,CISG并不绝对地赋予货物买卖双方完全对称的权利与义务。[114] 例如,CISG第31条中规定的卖方享有的交货义务与CISG第57条关于买方支付价款地点的相

---

〔110〕 前引注28(CISG AC Op. 6),第3b段。

〔111〕 *See* Fritz Enderlein & Dietrich Maskow, *International Sales Law*, Oceana Publications, 1992, p. 21.

〔112〕 *See* André Janssen & Sorren Kiene, The CISG and Its General Principles, in André Janssen & Olaf Meyer eds., *CISG-Methodology*, Munich: Sellier, 2009, pp. 261 *et seq*; Keith W. Diener, Recovering Attorneys' Fees under CISG: An Interpretation of Article 74, Nordic Journal of Commercial Law No. 1, 2008, p. 50.

〔113〕 同上注。

〔114〕 CISG规范卖方义务的条款见于第30条至第52条,买方义务的条款见于第53条至第65条。

关规定,都是仅针对货物买卖一方设立的权利与义务。由此可见,买卖双方在履约过程中的行为不同决定了平等原则不能机械地适用于 CISG 有关合同双方缔约与履约的条款。

最后,通过分析 CISG 的救济条款也不难发现,无论是依据 CISG 第 45 条还是第 61 条,都仅仅只有因违约受害的一方可以根据公约的救济条款寻求赔偿,同时也仅仅只有违约方需要负担赔偿责任。由此可以得出,尽管 CISG 第 45 条和第 61 条平等对待受害的买方和卖方,上述条款从未将违约方与受害方放置在平等的位置上。因此,*Zapata* 案中所描绘的不平等是不可避免的。在发生争议后,往往也只有受害方作为原告时才可以要求赔偿,违约方无论是站在原告的角度还是被告的角度都不能依据 CISG 要求赔偿。同时,这种所谓的"不平等"只有在一方主张违约的前提下才会发生。如果违约在提起诉讼程序和仲裁程序时已被推定,而司法程序仅仅是为了解决其他争议事宜,就不存在只有原告可以基于违约要求赔偿的情形了。因为当违约已经被推定或是不存在争议的事实确立之时起,就已经决定了,仅仅只有主张违约的一方有可能获得赔偿,而违约的一方只能承担责任。

五、结语

CISG 项下诉讼费用的求偿问题不仅在学界争论不休,也是国际统一实体规范在适用中与国内法发生冲突的典型。*Zapata* 案的上诉判决不但没有能够通过正确解释 CISG 来解决该争议,还进一步加深了 CISG 与国内法之间的冲突。这显然不是解决诉讼费用在 CISG 下求偿问题的正确之道。而充分立足于 CISG 国际性质和统一适用之要求的条约解释方为适当。将诉讼费用认定为 CISG 第 74 条下主张违约方的损失额,既符合 CISG 第 74 条的完全赔偿原则,亦符合公约"国际性"之性质,同时也有助于推动公约的统一适用。平等原则作为 CISG 序言当中的公法原则并不排除诉讼费用在 CISG 项下的求偿。

从实务的角度出发,考虑到各国法院和国际仲裁庭在处理诉讼费用的求偿问题时的方法尚不统一,笔者建议选择 CISG 为管辖法律的缔约方在订立合同时将诉讼费用的赔偿写入惩罚条款,以避免在具体求偿中遭遇困难。在没有订立相关条款的情况下,选择 CIETAC、ICC 等仲裁机构解决争议将会有更大的可能获得诉讼费用的赔偿。

The Recovery of Arbitration Costs under the CISG—An Interpretation Premised on the Zapata Rulings

XU Wenqi

Abstract: With the thriving of international trade of goods, the values of contracts for international sale of goods are surging, and so are the costs for dispute resolutions. As a result, parties to international commercial disputes are more inclined to seek relief for litigation costs. Given as well the wide application of the United Convention on Contracts for International Sale of Goods, this article is designated to provide an interpretation of Art. 74 of the CISG, with regards to the recovery of litigation costs, from the perspectives provided in the Zapata rulings delivered by American District Court and the Federal Courts of Appeal.

The first part of this article is set to classify the compensation for litigation costs. After a thorough review of how this issue is generally decided among different jurisdictions, this article concludes that the procedural/substance dichotomy yields unproductive results, while the proper interpretation should be derived from the Convention's self-developed interpretation system.

The second part of this article is set to build an interpretation of Art. 74 of the CISG pursuant to Art. 7(1) of the CISG. An interim solution to the recovery of litigation costs under the CISG will be achieved by studying the legislative history, plain wordings and decisions rendered by signatory state courts as well as international arbitral tribunals.

The third part of this article is set to take an insight into the CISG general principles related to the recovery of litigation costs, namely the full compensation principle and the principle of equality. I will further determine which principle shall prevail in an event of a conflict.

Keywords: CISG; Damages for a Breach of Contracts for International Sale of Goods; the Recovery of Litigation Costs; Treaty Interpretation

译　文

译者说明

大国崛起与对国际法的掌握和运用紧密相关。自明治维新以来，日本历经变法图强、霸权扩张到再次融入国际社会的曲折历程。国际法在日本的发展亦随之一波三折，一方面促进日本很快地迈入了欧洲意义上的“文明国家”，为日本创造了生存与发展的空间；另一方面却未能阻止日本发动第二次世界大战，走向人类文明的对立面。国际法在日本的命运也反映出“后来者”与现存国际秩序之间存在的共通性问题，对这些问题的反思能够为处于和平崛起中的我国提供一面难得的历史之镜。

有鉴于此，本人翻译了日本东京大学荣休教授大沼保昭先生的姊妹作《战前日本国际法——以教学科研为视角》和《战后日本国际法——以教学科研为视角》。这两篇文章先后于1986年和1990年用英文发表于《日本国际法年刊》之中。大沼先生以其深厚的理论概括与批判力，对日本国际法在战前与战后时代分别呈现出的典型特征、存在的问题以及未来发展的方向做出了精当的分析。读之发人深省，其中对笔者触动最深的有以下几点。第一，国际法的价值：国家主义抑或国际主义。明治政府建立后，日本社会开始了全面西方化的进程。国际法亦在政府强大的支持下得到了迅速发展。然而，在国家主义的体制下，日本国际法学表现出明显的“官方法学”特征，完全成为政府外交政策的工具。“二战”爆发前，几乎没有一位日本国际法学家敢于发表批评政府的言论，他们或者为日本的战争行为辩护，或者缄默不语。

第二，国际法的方法：实践性抑或理论性。战前时代的日本国际法学呈现出明显的实践导向，学者们围绕不平等条约的修改以及战争问题发表了大量的作品。对实践性问题的研究虽然回应了国家的迫切需求，但理论研究的缺乏却制约了日本国际法成长为一门批判性学科。“二战”后，日本国际法学似乎又走向了另外一个极端，学者们刻意回避和政府接触，将其自身囿于理论探讨之中，对实践了解的缺乏遭致了日本社会的批评。也许，在保持思想独立的基础上恰当地平衡理论研究与服务政府的法律实践，是摆在每一个国家国际法学者面前的难题。

第三，国际法的视角：欧洲性抑或全球性。自 19 世纪国际法引进以来，欧洲中心主义和消极主义一直存在于日本国际法教学科研之中。战前，日本人并未认可国际法的内在价值，他们普遍认为国际法同任何西方事物一样，是日本为了在欧洲统治的国际社会中生存所必须学习和接受的。因此，当日本经济、军事实力壮大后，其毫不犹豫地公然违反国际法。“二战”后，欧洲中心主义与消极主义依然存在，并且导致了日本学者对国际法贡献的不足。这实际上也反映出建立在丛林法则基础上的国际法虽然能够得到扩张，但却未必能够获得全球性。如何使欧洲基督教文明以外的国家真正认可国际法的全球性，也许是尚未完成的任务。诚如大沼先生所言，我们不能放弃作为亚洲人的敏感性，但也要积极地为促进国际法的全球性做出贡献。

此外，这两篇文章还详细论述了日本法学教育体制的沿革、日本国际法研究的代表性人物与成果等饶有趣味的话题。相信，通过阅读这两篇文章，学界同仁们一定能够获得更深的体悟。本文的翻译得到大沼教授的欣然许可，在翻译过程中得到了北京大学易平老师的帮助，在此一并感谢！不足之处，请各位学友指正！

是为说明！

周 杰

2017 年 1 月 20 日

于 苏州

战前日本国际法
——以教学科研为视角*

◇［日］大沼保昭** 著 周 杰*** 译

引 言

日本在传统上一直处于中华文明圈范围内。儒家思想中虽然也存在一套调整涉外关系的规范体系，却没有产生独立的国际法学科。

19 世纪时日本被迫进入国际社会。为了能够在以欧洲为中心的国际社会中生存并取得平等地位，日本在全面西方化的进程中努力地学习国际法。在此历史背景下，日本国际法的教学科研呈现出四个方面的特征：实践性、国家导向、欧洲中心主义和消极主义。其中实践性特征随着时间的推进而逐渐减弱，后三个方面的特征则持续地存在。

战前日本国际法的历史虽然有其独特的一面，但是上述四个特征对于所有被迫进入欧洲统治的国际社会中的"后来者"而言，都是共同具有的。日本与当时国际社会之间的关系，能够为思考存在于"后来者"与现存国际社会之间的矛盾关系的问题提供一些教训。

以上是本文概述。在下文中，我们将试图对"二战"前日本国际法教学

---

* 原文标题为 Japanese International Law in the Prewar Period—Perspectives on the Teaching and Research of International Law in Prewar Japan，发表于《日本国际法年刊》1986 年，总第 29 期（*The Japanese Annual of International Law*，No. 29，1986）。

** 大沼保昭教授，明治大学法学部特聘教授，东京大学荣休教授。

*** 译者为苏州大学王健法学院国际法讲师，法学博士。

对于韩国和日本之间的古代关系，在中日韩三国的史学界是一个尚存争议的话题。本文的分析将建立在日本主流历史学家的观点之上。应当注意的是，在古代时期韩国、日本这样的表达，有时只是地理上的概念，而并不必然指代一个统一的国家。——译者注

科研的动因、现实功能、存在的偏见以及历史背景做出详细的阐释。

一、历史背景

（一）中华世界秩序的非完全成员

在大部分有文字记载的历史中，日本都处于中华文明圈之内。在日本统一之前，一些地方势力就已经和中国建立了联系。相比之下，日本和韩国之间的关系则更加紧密。从公元4世纪到公元5世纪，日本“大和”政权已经与朝鲜半岛上的百济国建立了联盟，有时甚至还介入到朝鲜半岛的内部政治斗争之中。在同一时期，大和政权也与中国建立了正式的外交关系，持续地向中国进贡。

日本地方势力和中国皇帝建立早期联系的目的之一在于，通过被册封为日本国王的方式来加强并神圣化其统治权威。这表明从早期时代开始，中国以及中国皇帝的权威被认为是在日本之上的。[1] 中国在事实上也远比其周边国家更加文明和强大。中国的文字、政治制度、法律、文学、绘画和技术等几乎所有领域的先进思想和产品都被引入日本。

然而这并不意味着日本一直都是中国朝贡体系，亦即“中华世界秩序”[2]的一个完全成员。日本的地方势力确实在早期向中国皇帝朝贡并以此换取日本国王的封号。但是，自公元7世纪开始，除了非常短的时间以

---

〔1〕 NISHIJIMA Sadao, Nihon Rekishi no Kokusai Kankyo (*International Surroundings of the History of Japan*, Tokyo University Press, 1985, pp. 5 - 6, 15 - 16; id., Chugoku KodaiKokka to HigashiAsia Sekai (*Ancient Chinese States and the East Asian World*, Tokyo University Press, 1985), pp. 418 - 423; HARA Hidesaburo, Nippon Retto no Mikai to Bunmei (*Savagery and Civilization in the Japanese Archipelago*), in Rekishi Gaku Kenkyu Kai and Nihonshi Kenkyu Kai, ees., Koza Nihon Rekishi (*Courses of Japanese History*, I, Tokyo University Press, 1984), pp. 8 - 19.

〔2〕 关于中华世界秩序的概念，参见 John K. Fairbank, ed., *The Chinese World Order-Traditional China's Foreign Relations* (Cambridge, Mass., 1968). See also S. NISHIJIMA, supra n. 2. and BANNO Masataka, Kindai Chugoku Seiji Gaikoshi (*Modern Chinese Political and Diplomatic History*, Tokyo University Press, 1973), pp. 75 - 93。

外,日本政权拒绝这种册封。[3] 日本试图与中国建立平等关系,而中国从未将日本以及"普天之下"的其他国家视为平等对象。也就是说,世界上的任何其他国家的地位是低于中国的。

日本和韩国之间的关系则更为密切。即使在中日断绝往来的时期,日韩之间仍然保持了外交关系。但是,日本将韩国视为朝贡国,因为日本认为其与中国是平等关系,韩国是中国的朝贡国,那么韩国也应该是日本的朝贡国。而这一推论不仅不被韩国所承认,后者甚至认为自己比日本更加文明,[4]因此要求至少在平等的基础上与日本进行外交往来。

有时这些相互冲突的主张引起了外交上的麻烦,比如在外交信函中对各国的统治者应如何称呼,谁应被称为皇帝;再比如对待各国使节的方式等。但是由于以下几个方面的原因,中日韩之间在整体上维持了较好的关系。

第一,距离上的障碍阻止了中日之间频繁的联系。尽管双方的主张相互冲突,但是距离因素使他们长时间处于和平共处的状态。正如上文所言,从公元7世纪开始,日本的统治者们即已不再要求得到中国皇帝的册封。对于这一点改变,中国的皇帝们几乎从来没有认真地考虑过。在他们眼中,如此遥远的日本几乎不能扰乱他们的心神,日本国的国策当然就更不会引起他们的注意了。[5] 中国皇帝们几乎从不催促日本进入中央朝贡体系。日本使者带去的微薄"贡品"就能使他们心满意足。而这些"贡品"在日本人眼中不过是善意与礼节的象征而已。直到元朝时,中国才试图入侵日本。元朝政府在1274年和1278年分别两次派出大量战舰,但都被台风击沉于大海。

第二,日本的外交官员无论在哪个历史时期与中国接触时,都异常谨慎

---

〔3〕 1401年足利义满开始和中国明朝永乐皇帝进行接触。1401年永乐皇帝正式册封足利为日本国王。1402年足利正式接受了这一册封。然而,日本与中国正式的关系在16世纪中期时结束了。直到19世纪晚期两国才同意在平等的基础上恢复外交关系。

〔4〕 比起日本而言,韩国的政权阶层更加强烈地臣服于儒家思想。根据儒家思想的基本框架,评判一国的基本标准是其文明开化程度,而非力量的强弱。因此,即使韩国政权承认日本比之更为强大,但其从未承认日本的这一主张。

〔5〕 从14世纪开始,倭寇经常侵扰中国沿海地区。中国政府被激怒了,他们要求日本当局对这些海盗进行镇压。同样地,日本在1592年和1597年两次入侵韩国也使明朝大为恼怒。但是,类似的情形是非常少见的。

地起草信函,以免冒犯对方。因为中日平等的主张从未被后者接受,官员们在起草外交信函时不得不故意选择模糊性语言,也就是既不承认也不否认中国更高的权威。而中国政府则绝不会公开表达中国皇帝与日本皇帝处于平等的地位,即使在处理国内事务上,他们实际上遵从两国平等的原则。

日本官员在和韩国的交往过程中使用同样的语言技巧。他们一方面尽力促使韩国国王承认对日本的朝贡国地位;另一方面当韩国坚持平等甚或是更高的地位时,他们采取了折中的办法,即只在对内解释时将韩国描述为朝贡国。〔6〕

虽然表面上日本不承认中国的优越地位,但其实际上接受了儒家思想作为调整外交关系的依据。儒生们担任帝国法院法官、祭司以及政府官员的职务,并依据儒家思想进行对外交往。这种情况在中国和韩国亦是如此。儒家思想成为中日韩三国调整外交关系的规范框架。

但是,由于各国都盛行民族中心主义,他们在对儒家思想的理解和适用上存在明显的差异。尽管在19世纪以前,统一的民族意识在日本民众中尚未形成,但是民族情感一直存在于日本的精英阶层中,他们意识到了外国,尤其是中国的存在。一旦出现重大外交纠纷,处于睡眠状态的民族情感就以某种具体的形式苏醒过来。比如,当足利义满接受明朝永乐皇帝册封时,他过于顺服中国的态度受到了日本政治和知识阶层的激烈抨击。

从17世纪中期开始,日本奉行"闭关锁国"政策长达两百余年。在名义上只保留了与韩国以及琉球之间的外交关系,与中国之间只存在很少的贸易往来。然而,江户幕府时代(1603~1867)长时间的隔绝〔7〕却导致了文学艺术领域的高度发展。国民教育也达到了较高水平。〔8〕 这一时期不仅儒

---

〔6〕 为了维持日本与韩国之间的友谊,这种双面政策甚至达到外交官员需要故意起草错误外交信函的程度。从1606年开始,负责对韩关系的对马藩长期系统地这么做。这种行为于1633年被发现,负责的官员受到了严厉的惩处。进一步阅读可参见 NAKAMURA Hidetaka, Nissen Kankeishi no Kenkyu (*Study on the Japan-Korea Relationship*, Yoshikawa Kobunkan, 1969), Ⅲ, pp. 483 – 492; TASHIRO Kazui, Kakikaerareta Kokusho-Tokugawa-Chosen Gaiko no Butai Ura (*Falsified Diplomatic Correspondences*, Chuo Koron Sha, 1983)。

〔7〕 然而,应当注意到的是,这种隔绝或者说闭关自守并不是绝对的。

〔8〕 据统计,江户时代晚期的日本,大约43%的男孩和约10%的女孩接受某种形式的学校教育。这些数字非常引人注目。参见 Ronald P. Dote, *Education in TokugawaJapan* (Berkeley and Los Angeles, 1965), pp. 317 – 322。

家思想的教学与研究变得更加精良,还诞生了"日本国学"这一新思想流派。日本国学从哲学基础上展开了对儒家思想的激烈批判,认为后者过于规范导向、过于压抑人性、过于顺从中国,日本人的内在价值,尤其是天皇的价值应该被强调。日本比其他国家更具优越性的观点得到了宣扬。政治与知识阶层经常探讨日本与周边国家之间的关系,对这一问题,不仅儒学与日本国学之间存在分歧,即使在各自派别的内部也存在分歧。[9]

尽管存在上述区别,从国际法的视角来看,明治时代以前的日本有两个共同特征。第一,理解与评价外部世界的根本框架呈现出等级制特征。无论是儒家思想,还是日本国学都未将国际关系看作平等主体之间的交往。第二,更为基本的特征是,国际关系规范构成儒家思想和日本国学之间根本争论的一部分。虽然一部分学者和官员曾从规范层面对国际关系问题进行讨论,但实质上他们的讨论从未与儒学的道德伦理基础相脱离,同样地,也没有与日本国学的哲学基础相脱离。[10] 因此,一门独立的国际法学科也就无从产生,国际法的产生只能等待西方列强的到来。

（二）被迫进入欧洲中心的国际法律秩序

近代国际法于19世纪中期,也就是江户幕府时代晚期第一次进入日本。[11] 此时,亚洲邻国正处于被西方殖民化的过程中。中国在与西方列强的战争中接连失败,不得不接受一系列不平等条约。越南、缅甸和印尼等其

---

〔9〕 See WATANABE Hiroshi, Kinsei Nihon Shakai to So Gaku (*Tokugawa Japan and Neo-Confucianism*, Tokyo Univesity Press, 1985), pp. 49 - 60.

〔10〕 第一个特征从某种意义上说,是这一基本特征的结果。因为,国家的法律地位不可能独立于包含道德、伦理、物质等方面的世界观而存在。那么,建立在平等概念上的国家权利与义务的观念就没有发展的空间。

〔11〕 关于近代国际法的引入,可参见 KOZAI Shigeru, Bakumatsu Kaikoku ki ni Okeru Kokusai Ho no Donyu (Introduction of International Law in the Last Days of Tokugawa), *Hogaku Ronso*, XCVII, No. 5, (1975), pp. 1 - 38; TAIJUDO Kanae, Some Reflections on Japan's Practice of International Law during a Dozen Eventful Decades, *Proceedings of the American Society of International Law*, 69th AnnualMeeting, April 24 - 26, 1975 (Washington, D. C., 1976), pp. 64 - 69; MATSUI Yoshiro, Kindai Nihonto Kokusai Ho (ModernJapan and International Law), (1), (2). *Kikan Kagaku to Shiso*, No. 13 - 14 (1974), pp. 87 - 97, 344 - 167; SUMIYOSHI Yoshito, Seio Kokusai Ho Ggaku no Nihon e no I'nyu to Sono Tenkai (Introduction of the Study of Western International Law and Its Development), *Horitsu Ronso*, XLII, No. 4. 5. 6 (1969), pp. 343 - 370; ITO Fujio, One Hundred Years of International Law Studies in Japan, *Japanese Annual of International Law*, No. 13 (1969), pp. 19 - 34。

他亚洲国家则已经沦为殖民地或半殖民地。日本亦在坚船利炮的威胁下被迫打开国门。西方列强为了在全球范围内取得政治经济的统治地位，提出了包含治外法权、单方最惠国待遇以及限制关税自治条款等在内的不平等条约。[12]

当时的日本在科技、军事等各个领域都严重落后于西方。因此，即使德川幕府充分理解了这些条款的危害与不正义性，也很难拒绝他们的要求。而实际上，由于当时日本人的国际法知识的匮乏，德川幕府并未能够充分理解这些条款的意义。[13] 其甚至认为"治外法权"条款能减轻日本法院裁判"南部野蛮人"（也就是西方人，因为他们从日本南方率先来到日本，因此有此称呼）之间纠纷的负担，因此将是有利于日本的。[14] 自 1858 年始，日本和西方列强之间也连续地签订了一系列不平等条约。

然而，日本领导层很快就充分理解了不平等条约的内容及其后果，并且更迅速地意识到只有学习西方文明，才能抵御西方列强的入侵并改变日本落后的现状。因此，日本开始大规模地从西方引进知识和思想，以及可以想象得到的任何事物。国际法就是在江户幕府政权行将崩溃时被引入日本的。

当 1864 年惠顿的《万国公法》被译为中文并在中国出版时，它立即就被传入日本并在知识分子中流传。第二年，开成学校，也即后来的东京大学，将该书在日本付梓发行。1866 年，奉命前往荷兰学习法律、国家理论与经济学的西周学成回国，当年他即在开成学校讲授国际法，这被视为国际法教学在日本的开端。[15]

1868 年明治政府成立，江户幕府政权在明治维新运动中被废除。新政权的领导人最关心的问题是怎样维持国家的独立。他们有足够理由担心，

---

〔12〕 Cf SHIBAHARA Takuji, Nihon Kindaika no Sekaishiteki lchi (*Modernization of Japan in World History*, Iwanami Shoten, 1981); ISHII Kanji and SEKIGUCHI Hisashi, Sekai Shijo to Bakumatsu Kaiko (*World Market and Opening of Japan in the End of Tokugawa Period*, Tokyo University Press, 1982).

〔13〕 See Mario E. Cosenza, ed., *The Complete Journal of Townsend Harris* (Japan Society), 1930, pp. 491 – 492.

〔14〕 SUMIYOSHI Yoshito, Meiji Shoki ni Okemu Kokusai Ho Ishiki (Image of International Law in the Early Days of Meiji) *Honitsu Ronso*, XLVIII, No. 2 (1951), p. 8.

〔15〕 ITO, supra n. 12, p. 19.

如果日本在军事和经济上不能变得更加强大，其也将沦为西方列强的殖民地。在此危机感的驱使下，他们不惜一切代价地推行社会现代化，也即西方化。当时的国际社会被视为一个弱肉强食的舞台。岩仓具视，明治政府主要的创建者和领导人，曾说道："西方列强常怀虎狼之心，一味地害怕而不抵抗他们的入侵，帝国迟早将被奴役。"〔16〕

同时，新政权也注意到了国际法中的国家平等概念。政府领导层认为国际法能够成为日本在国际社会中求得生存的工具。因为根据国际法，日本应被西方列强视为平等国家，日本的主权应该得到尊重，即使其在军事上还很弱小。岩仓具视一方面深刻地领悟到国际社会中的丛林法则，另一方面却说道："国家，不管大小强弱，根据国际法一律平等。尽管现在我们在条约中丧失主权。然而西方列强只是一时获得了这些特权，并且他们的行为违背了国际法的基本原则。"〔17〕

正如岩仓所建议的，日本在 19 世纪晚期首要的外交目标是修改不平等条约。国际法对于实现该目标有两方面的重要意义。首先，对于谈判、修改不平等条约，国际法知识具有直接意义。其次，当时的国际法被定义为"文明国家"之间的法，为了获得修改条约的机会，日本必须显示其已经成为一个"文明国家"。日本遵守国际法的行为将能成为其已经成为"文明国家"的证据。就此而言，理解和掌握国际法具有间接的意义。

基于这些判断，明治政府非常重视国际法。惠顿、伍尔西等人的国际法教科书很快地被翻译成日文。明治政府热衷于聘请欧美国际法学者充当政府法律顾问。此外，在 1897 年，日本国际法学会便已经在政府的促进下成立了，而当时日本国际法学者的数量还非常有限。

---

〔16〕 Iwakura Kojikki (*The Record of Duke lwakura*, Iwakura-Ko Kyuseki Hozon-kai, ed. ,1907, 2 ed. ,1927), Ⅱ, p. 700. 亦可参见福泽谕吉（明治时代具有重大知识影响的思想家和教育家）的评论，他写道："全球国际法当然看上去不错，但是……国家间真实的关系是权力的争斗。一百本全球国际法的书也不能打败几门大炮……在国际关系中只有两条路：征服或者被征服。" Keio Gijuku, ed. , Fukuzawa Yukichi Zenshu (*Complete Works of Fukuzawa Yukichi*, lwanami Shoten, 1959), IV p. 637.

〔17〕 Remarks by IWAKURA Tomomi in Ministry of Foreign Affairs, com. ; Nihon Gakujutsu Shinko Kai, ed. ; Nihon Gaiko Monjo, Joyaku Kaisei Kankei, Supplements (*Japanese Diplomatic Papers: Revision of the Treaties*, Nihon Kokusai Rengo Kyokai, 1953), p. 76. 再次参见上引福泽谕吉的评论，他将国家独立的实质看作"根据全球正义和人性而产生的友好关系，即使是一个非洲黑奴，只要他有正当的理由，其也不惧怕非正义的盎格鲁—萨克逊舰队。" 因此强调了国家间平等的重要性。FUKUZAWA Yukichi, supra n. 17, p. 31.

上述历史背景以及在此背景下的政府动机决定了战前日本国际法教学科研的主要特征:实践性、国家主义、消极主义和欧洲中心主义。

实践性,源于日本国际法学者被要求向政府提供外交建议,以及为国家培训政府与军事官员。比如,箕作麟祥在翻译伍尔西的《国际法导论》时,删除了原作的第1条至第35条的内容。这部分内容包括国际法的定义、演变、渊源以及正义与道德基础。他认为删除的原因是,“这部分内容不能为处理国际关系中的现实问题提供实际而有用的知识”。[18]

国家主义,一方面源于政府是国际法学家的主要需求方,另一方面源于国际法学家自身也认为回应国家的需求是其应尽义务。日本急切地向西方展示其遵守国际法的形象,以此说服西方国家其已进入“文明国家”行列,从而在国际社会中应被赋予平等的权利。因此,这一时期的日本国际法学家们没有觉察到在督促政府遵守国际法与回应国家需求之间的任何矛盾。

消极主义,主要源于日本人将国际法视为外来物的潜在意识。一方面日本人认为国际法是外部力量用武力强加于日本的,另一方面他们又认识到必须掌握并学会使用国际法,以获得在国际社会中生存的空间并提高其国际地位。不管如何,他们认为国际法不是日本能够创造或者参与创造的。

欧洲中心主义,主要源于国际法的教学科研在本质上是日本社会全面西方化进程的一部分。[19] 国际法是舶来品,除了引进欧美国际公法学家的著述,日本人在学习、讲授国际法时没有其他现成的教材和资料。这就自然地导致了西方的经典国际法教材在日本被奉为圭臬。

当然,战前日本国际法教学科研也存在其他一些特征。本文中讨论的特征也并非到今天都依然存在。其中,实践性和国家主义特征随着历史的进展已经减弱了。同时,又有一些新的特征在“二战”后出现。在下文中我们将更加详细地阐释这些日本国际法教学科研的特征在战前时代的发展。

---

〔18〕 MITSUKURI, KohusaiHo (A-4), Johen I no Jo, Reigen, pp. 1 – 2.

〔19〕 自然也存在保守分子对西方化的痛苦抵抗。政府本身也担心西方化可能导致社会的民主化,从而动摇天皇的决定权威。然而不容否认的是,日本社会整体上在明治时代经历了急剧的西方化变革。

二、“二战”前日本的国际法教学与科研

（一）国家主义与实践路径

1. 教育中的国家主义

教育是明治政府非常重视的领域之一。政府领导人相信教育是自强御侮的关键途径。明治政府迅速地在全国推行义务教育，与此同时，决定建立高等教育机构以培养国家未来的领导者。在短暂的过渡期后，明治政府于1872年颁布了《学制令》。这是日本第一个完整的现代教育规划，包括小学（8年制义务教育）、中学（6年）、职业学校和大学（3～4年）。1877年，开成学校与东京医科学校合并为东京大学，由此诞生了第一所欧洲意义上的大学。当时东京大学拥有91名教学人员和1750名学生。在19世纪七八十年代，还见证了许多私立法律学校的迅速成长。今天日本顶尖私立大学中的绝大部分都与这一时期的私立法律学校有着渊源。[20]

最初，包括东京大学在内的高等教育机构并未表现出明显的国家主义倾向。然而，从19世纪80年代晚期到90年代早期，政府在教育领域推行国家主义的坚定意志显露了出来，其迫切希望将大学变为培养行政、司法官员的场所。1886年，政府颁布了《帝国大学令》，东京大学自此改称帝国大学。这就导致“帝国大学文理科教育研究的根本目标是为国家需求服务”[21]的结果。1887年，政府颁布了《文官考试试用及见习制度》等相关政令，赋予帝国大学的毕业生在竞争高级政府职员、法官和检察官职位时优先的地位。被教育部承认并满足特定要求的私立法律学校的毕业生，也被允许参与这些职位的竞争。法律成为国家公务员考试中的必考科目，包括国际法在内的法律部分占据了相当重要的地位。这些状况基本上一直存在，尽管1893年颁布的《文官任用令》等其他政令一定程度上改变了公务员考

〔20〕 AMANO Ikuo, Kindai Nihon ni Okeru Gaikoku Ho no Juyo to Hogaku Kyoiku no Seiritsu (Adoption of Foreign Laws and Establishment of Legal Education in Modern Japan), *Nagoya Daigahu Kyoiku Gakubu Kiyo*, XVIII (1972), p. 212.

〔21〕 Monbu Sho (Ministry of Education), Gahusei Hyaku Nen Shi; Sbiryo Hen (*A Hundred Year History of Educational System*: Materials, Teikoku Chiho Gyosei Gakkai, 1972), p. 152.

试的要求。这也实际上反映了明治政府重建高等教育机构的动机所在,也即并不是将法律看作制约国家权力的方式,而是统治人民的工具。

1889 年帝国颁布了《明治宪法》,其中规定:“日本臣民在法律规定范围内,有言论、著作、印行、集会及结社之自由。”[22]因此,对政治体制的批评受到了严格限制,即使本质上是学术性的批评也不被允许。

最后,明治天皇于 1890 年下诏颁布了《教育敕语》,更是清晰地表达了国家主义思想。它要求所有日本臣民都应献身于帝国的事业。其中规定:“尔臣民,孝于父母……一旦缓急,则义勇奉公,以扶翼天壤无穷之皇运。如是者,不独为朕之忠良臣民,亦足以彰尔祖先之遗风矣。”[23]该敕语被供奉于从小学到大学的所有教育机构中,每一个日本学生都被要求将其谨记于心。

在不利于学术自由的制度背景下,法学的教学科研呈现出“官方法学”的特征。[24] 法学教育的目的是教给大学生,也就是未来的精英们利用法律治理国家的知识。法学研究的目的和存在价值受到这一目的的直接限制。从 19 世纪 90 年代开始,德国(普鲁士)在日本的影响逐渐增大,这不仅体现于立法中,也体现于法学教育和研究之中。产生这一现象的重要原因之一是,比之英国和法国,普鲁士具有更加明显的国家主义倾向。其法律模式被认为更加适合日本。[25] 尽管也出现零星的自由主义倾向,法学学者们在总体上囿于国家主义的框架之中。随着时间的推进,自由主义在学术领域中出现增长,在“大正民主”(1912 ~ 1926)时期学术自由达到顶峰。即使如此,法学学者中的自由主义也远未强大到使法学成为一门成熟的批判性学科的地步。

2. 国际法中的国家主义

国际法对于政府的外交尤为重要,因此国家主义在国际法中也就表现

---

〔22〕 ITO Hirobumi, *Commentaries on the Constitution of the Empire of Japan* (transl. by ITO Miyoji, Igirisu-Horitsu Gakko, 1899), p. 55.

〔23〕 Ministry of Education, supra n. 22, p. 8.

〔24〕 See HIRANO Yoshitaro, Kanryo Ho Gaku (Bureaucratic Jurisprudence), UKAI Nobunari et al., eds., Nihon Kindai Ho Hattatsu Shi, II1, (*History of the Development of Modern Japanese Law*, Keiso Shobo, 1958), pp. 213 – 242; FUKUSHIMA Masao, Kanryo no Ho Shiso (Legal Thoughts of Bureaucrats), NODA Yoshiyuki and AOMI Jun-ichi, eds., Kindai Nihon Ho Shiso Shi (*History of Legal Thoughts in Modern Japan*, Yuhikaku; 1979), pp. 59 – 110.

〔25〕 AMANO, supra n. 21, p. 232.

得更加明显。国际法学者本身也没有准备好建立一门批判性学科。他们理所当然地认为,教学、科研以及向政府提供建议是服务国家的行为。事实上,东京帝国大学、陆军士官学校和海军兵学校的国际法教授们,不仅是学者,他们也是政府的法律顾问,在发生外交纠纷时负责向政府提供法律意见。在中日甲午战争以及日俄战争中,他们甚至被派往前线检查日本陆军和海军的行为是否遵守战争法。

海军兵学校的有贺长雄教授以及东京帝国大学的高桥作卫教授,在上述两场战争结束后分别以法文和英文出版了关于这两场战争的著作。他们宣称,日本陆军和海军的战争行为完全符合战争法。这一主张迅速地在欧美国家中被接受。部分原因在于这些作品内容翔实,包含了大量的事实材料,另一部分原因则在于福希叶(P. Fauchille)、胡兰德(T. T. Holland)和韦斯特莱克(J. Westlake)为他们的作品作序。这些国际法权威作家的名声扩大了这些作品的影响力。不管如何,日本在这两场战争中遵守国际法的行为,为其赢得了声誉。

日本政治和军事领导人确实希望维持严明的军纪并避免任何违反战争法的行为。比如,在 1894 年 8 月 1 日明治天皇颁布的《对清国宣战诏书》中规定:"使用任何方式……只要其不违背国际法。"〔26〕在 1904 年 2 月 10 日颁布的《对俄宣战诏书》中也规定:"为了实现国家目的,可行使所有国际法限度内的战争方式。"〔27〕日本领导人认为遵守战争法可以产生两个方面的实际作用。第一,可使各列强保持中立,避免任何不受欢迎的干涉。然而这一点期望在甲午战争中落空了。《马关条约》签订后,德、法、俄三国立即向日本施压,要求日本返还通过条约获得的辽东半岛。〔28〕第二,也是更为重要的是,遵守战争法能够促进日本被承认为"文明国家"。对于治外法权的废除和关税自治的恢复而言,这种承认乃是前提。日本在甲午海战前已经

---

〔26〕 Gaimu Sho (Ministry of Foreign Affairs), ed., Nihon Gaiko Nenpyo Narabini Shuyo Mon/o (*Japanese Diplomatic Chronological Table and Major State Papers*, Nihon Kokusai Rengo Kyokai, 1955), p. 154.

〔27〕 Gaimu Sho (Ministry of Foreign Afairs), ed., Nihon Gaiko Mfonjo (Japanese Diplomatic Papers), XXXVII-VIII, Supplement (*Russo-Japanese War*, Nihon Kokusai Rengo Kyokai, 1958), p. 144.

〔28〕 "三方干涉"极大地影响了日本人对国际社会秩序的理解。正如前面指出的,日本人认为国际社会具有"丛林法则"与"国家平等"的双重面貌。干涉还辽事件使得后一面貌更加模糊了,并且加剧了日本人对国际法愤愤不平的心态。国际法规则不是绝对的,而是西方人说了算的。

成功修改了与英国的不平等条约。日本也正在准备修改与其他欧洲列强之间的不平等条约。为了稳固三十年来获得的脆弱成果,日本必须谨慎行事。

日本陆军、海军在这两场战争中可能确实很少违反战争法,军队中有着要求绝对服从的等级制与威权思想。但是如果缺少有贺长雄与高桥作卫两位法学家的作品,日本的名声不可能传播得如此迅速和广泛。正是由于这一原因,日本的后辈学者对他们的作品予以了高度的评价。然而,除了颂扬这些作品对日本名誉的贡献之外,很少有学者尝试对他们的学术价值进行分析。

另一个引人注目的事实,也证实了明治时代早期国际法研究的国家主义倾向,也即1897年日本国际法学会的成立。正如前文所言,自19世纪60年代,日本高等教育机构中才开始讲授国际法。京都帝国大学(亦即继东京帝国大学之后的第二所帝国大学)的建立还晚于日本国际法学会三个月。因此,日本在当时只有少数几位国际法专家。即便如此,日本国际法学会还是在外交部的促进下成立了。

日本国际法学会于1902年正式出版《国际法杂志》。相比之下,在国际法已经存在了超过两个世纪的西方国家,相关的学术社团也才刚开始建立,国际法学术期刊也只是到了这一时期才开始出版。例如,1875年国际法学会(ILA)成立,1906年美国国际法学会(ASIL)成立,1894年《国际公法综合杂志》出版,1907年《美国国际法杂志》出版。因此,离开了政府强大的支持,日本国际法学会不可能在1897年即已诞生,其主办的学术刊物也不可能在1902年就已经获得出版。

明治政府在这一时期对国际法有着强烈的需求。首先,许多修改后的不平等条约将要被实施,包括国际法与国内法关系问题在内的许多现实问题亟需研究。其次,日本赢得了甲午战争并与清朝政府签订了《马关条约》,明治政府需要解决许多具体问题,比如对个别国民的赔偿。政府实践的需要,是日本国际法学会能够很早建立的关键原因。[29] 尽管其他法学学科也具有"官方法学"的特征,他们的全国性学会直到1945年明治政府倒台后才建立起来。和其他国家导向的法律学科相比,明治政府给予国际法明显更

〔29〕 YAMADA Saburo, one of the major founders of the Association, revealed these practical concerns. See YAMADA Saburo, In Celebrating the 50th Anniversary of the Association of International Law, *KokusaiHo Gaiko Zassi*, XXXXVIII, No. 1 (1949), pp. 5 – 6.

多的支持。

3. 国际法中的实用主义

对现实问题,尤其是战争问题的热切关注,是日本国际法研究的另一个显著特征。日本对国际法的兴趣是被巨大的国家需求所推动的。不光是政府和军队的领导人,就连国际法学者也如此看待国际法。在政府和学术界之间并不存在我们今天所看到的明显隔阂。由于这一根本动机的存在,加之自明治政府以来,日本战事不辍,涉及中日战争(1894~1895),日俄战争(1904~1905),"一战"(1914~1918),20年代以来多次出兵中国的"十五年战争",包括"九一八事变"(1931)、侵华战争(1937~1945)以及"大东亚战争"(1941~1945),因此,日本国际法学者创作了一批围绕战争的作品。

即便如此,他们对战争本质的理论研究也并不理想。事实上,国际法理论研究的缺乏并不限于战争问题。很少有学者对国际法的哲学和社会学基础、国际法的逻辑结构、国际法史、国际法方法论与认识论等理论问题感兴趣。他们最多只是在分析国际法现象时存有一些模糊的理论倾向。有贺长雄和高桥作卫等第一代国际法学者更倾向于搜集、整理案例和资料,并在此基础上进行简要的解释。当然,理论研究的不足不只是由于国际法学家对实践问题的过度关注造成的,也是由当时的制度背景与研究资料的匮乏所致。这个问题在日本现代化的进程中被一定程度上解决了,下文将具体阐释之。

(二)学科的改善与国家主义的持续存在

1. 学科的制度化

明治政府在重视国际法的同时,却延误了学科的制度化建设。第一个全职国际法教授直到1894年才被任命。从1868年至1893年,先是外国人,后来是日本的外交官在讲授国际法。其原因是政府将注意力完全放在不平等条约的修改上,这是政府可以不惜一切代价完成的任务。因此,许多才华横溢之士都在这些实际问题之中消耗了精力。[30]

这种情况随着日本高等教育体系整体的制度化建设而得到改善。高等

---

〔30〕 See criticism in this respect of TAKAHASHI Sakuei, MeijiJidai ni Okeru Kokusai Ho Kenkyu no Hattatsu (Development of the Research of International Law during the Meiji Period), *Hogaku KyokaiZassi*, XXXI, No. 4 (1913), p. 101.

教育机构的数量在现代化进程中逐步增加。1920 年时，只有包括 5 所帝国大学在内的 16 所大学和约 22,000 名学生，至 1945 年时，已经有 48 所大学和约 99,000 名学生。[31] 尽管缺乏国际法课程教师和学生数目的准确数据，但可以确定的是，他们的数量也在一般趋势上稳步增长。除了大学数量的增加之外，大学的组织结构和课程也变得更加标准化。通常而言，在经过 6 年小学、5 年初中和 3 年高中后，学生们在进入大学法学院时学习国际法，在他们毕业时被授予学士学位。

根据不同大学或学院的规定，国际法是必修课程或者是选拔性课程。在大多数设有法学院的学校中，至少有一名国际法教授。在东京帝国大学等主要教育机构中，通常会有包括副教授、讲师在内的几名全职国际法教师。所有上述因素都促进了国际法学者数量的增加。

国际法学科的质量也同时获得了提高。日本国际法学者在早期受限于研究资料的匮乏。随着日本成长为列强之一，包括图书馆在内的大学设施得到了大幅改善。京都帝国大学在 1901 年将国际法扩充为两门课程，即国际法Ⅰ和国际法Ⅱ。在学术机构数量增长的同时，日本国际法教学科研的质量在新世纪到来后，尤其在"一战"之后，也得到了很大的提高。

2. 学科质量的提高

立作太郎是"二战"前日本学者中的重要人物。他以东京帝国大学外交史主讲身份开启学术生涯，但是很快他就接替了高桥作卫教授的席位，并把一生都献给国际法研究。在他之前的学者将主要精力集中于案例和其他现实材料的收集、整理与复述工作，立作尝试更为深入地解释国际法。这代表了当时日本国际法方法论的一般趋势，即从幼稚的描述性方法向解释论方法转变。

1899 年立作教授开始出版学术作品。他的两部代表作《平时国际法》与《战时国际法》在 1930 年和 1931 年分别出版。正如书名所显示的，立作的研究反映了"和平法—战争法"这一典型的国际法二元模式。战争被认为是核心的法律现象之一，发动战争权和战时行为需要由法律调整。

立作太郎的这两部著作，不只是总结权威欧美公法学家的学说，更是对其 30 年来研究成果的综合与系统化。它们可以被视为日本学者建立自己

---

〔31〕 Monbu Sho (Ministry of Education), supra n. 22, pp. 459, 463.

的国际法学科的第一次尝试。它们在事实上也被认为是战前日本的权威著作。

在20年代和30年代步入学术殿堂的更年轻一代的学者们则展现了多样化的学术倾向。他们的研究遵循严格的科学方法，并在此基础上出版专著和论文。这反映了日本国际法研究在“一战”后迈进了一个新的时代。[32]国联的建立对之产生了巨大的影响。苏维埃国际法理论、国际法新趋向理论[33]、意大利学派等接连被引入日本。

在新的理论潮流中，纯粹法理论和新康德主义最为吸引日本学者的关注。纯粹法理论是第一个建立在良好方法论基础上的法学理论，因此其不仅在国际法领域，在宪法和法理学领域也产生了巨大的影响。出现了一批支持纯粹法理论的日本学者。其中，横田喜三郎和大泽章引进了纯粹法理论，并建立了日本版本的纯粹国际法理论，成为这一学派的领军人物。

横田喜三郎于1922年开启学术生涯，1930年成为东京帝国大学教授。1933年和1934年分别出版了具有最激进一元论风格的《国际法》(上下卷)教科书。他首先假定存在一个国际共同体，并将国际法描述为这一共同体的法律秩序，而非各国制定法的总和。但是这类教科书不太可能获得流行。后来，他自己也放弃了按照这套教材进行教学，并出版了另一本风格上更为传统的教科书。但是他并未放弃纯粹法方法论，而是发表了很多作品来宣扬纯粹法和一元论。同时，他积极投身于学术辩论，倡导国际法优于国内法的一元论。其敌手范围广泛，不限于国际法学者，也包括刑法和宪法学学者。另一位纯粹法理论的倡导者，九州帝国大学教授大泽章主要受到斐德罗斯的影响。但是由于其虔诚的天主教徒身份，后来他转向了以阿奎那学说为基础的自然法。

当横田和大泽章积极倡导纯粹法时，京都帝国大学的田冈良一教授则强调国际法史和社会学分析的重要价值。他承认纯粹法理论在厘清国际法逻辑结构时具有价值。但是，他认为纯粹法不足以将学术研究和国际社会的现实结合在一起，而国际法规范的历史背景与现实功能的分析能够达到

---

〔32〕 Cf. SOGAWA Takeo and MATSUDA Takeo, Senkan ki ni Okeru Kokusai Ho (Study of International Law during the Inter-War Period), Horitsujiho, L, No. 13 (1978), pp. 51 - 66.

〔33〕 Cf. Nicholas Politis, Les nouvelles tendances du droit international (*Liberairie hachette*, Paris, 1927).

这一目的。本来,田冈教授的方法能够促进国际法成长为一门批判性学科,可惜的是,他只是用这一方法对现存的国际法秩序进行正当化解释而已。[34]

从纯粹法理论到马克思主义法学的相继引入,日本国际法在两次世界大战之间的间歇期呈现出多样化的学术追求。基于对方法论和认识论的强烈兴趣,以及不同理论之间观点的对抗,国际法研究的质量得到了很大提高。早期幼稚的实用主义也在很大程度上被克服了。

3. 国家主义的持续

然而,国家主义特征仍然存在,并在旧体制走向灭亡的过程中变得更加明显。在此尤应提及横田喜三郎教授,因为他几乎是唯一一位对 1931 年"九·一八事件"进行公开批评的日本国际法学者。他反对日本政府和军队以自卫权为理由为战争行为辩护。[35] 尽管也有其他一些学者批判这一事件,但是他们不敢公开表达自己的观点。表达自由随着日本族主义的发展开始受到越来越多的限制。[36]

1941 年 12 月 8 日裕仁天皇发布了《开战诏书》,标志着日本正式发动"大东亚战争"。该诏书清楚地显示了极权主义倾向。以国际法的视角观之,其最为显著之处在于,没有任何文字提及战争行为应在国际法基础上进行。上文提到,在天皇发布的中日甲午战争和日俄战争的开战诏书中都明确提及了这一点。[37] 当然这也是明治政府主动遵守国际法意愿的反映。

与之相比,日本政府在 1941 年的态度则明显不同。日本与纳粹德国、法西斯意大利结盟,通过武力方式公开挑战现有国际秩序。极权主义意识形态下的日本在国际和国内都走向了法治的对立面。国际法学者们无力抵抗这一趋势。虽然部分国际法学者被这一诏书所激怒,但是他们只限于在私下场合中抱怨而已。到了战争爆发前的最后阶段,已经没有人再敢公开

---

〔34〕 SOGAWA and MATSUDA, supra n. 33, p. 60.

〔35〕 关于日本学者与"二战"之间关系,参见 MATSUI Yoshio, Nihon Gunkoku Shugi no Kokusai Ho Ron (International Legal Theories of Japanese Militarism), Tokyo Daigaku Shakai Kagaku Kenkyujo (Institute of Social Science, University of Tokyo), ed., Seni Nihon no Ho Taisei (*Legal Regime of Wartime Japan*, Tokyo University Press, 1979), pp. 361 - 405。

〔36〕 关于他所承受的社会、政治压力,参见 YOKOTA Kisaburo, Wlatashi no Issho (*My Life*, Tokyo Shimbun Press, 1976), pp. 118 - 133。

〔37〕 Supra p. 33.

批评政府了。

遵守国际法的原则未能写入《开战诏书》具有突出的标志性。日本政府曾经在陆军和海军中积极推进国际法教育，从30年代至40年代此种情况消失了。取而代之的是，在军队中极力强调遵守上级命令，而不管命令本身是否符合国际法。这导致了“十五年侵略战争(1931～1945)”中日本大规模地违反国际法，陆军和海军犯下了严重的战争罪行。政府向公众以及国际法学者隐瞒这些罪行，因此国际法学者不能充分了解这些行为，他们也不再被派往前线给予任何国际法上的指导或建议。

国际法学者的沉默，也是由于他们中的大多数人对这一问题并不关心，而不只是由于对战争状况缺乏了解。那么，只有等到旧帝国体制崩溃以及保证学术自由的新宪法到来时，国际法才能成长为一门批判性学科。

(三)欧洲中心主义和消极主义

国际法教学在明治政府初期时，只有翻译成日文的西方权威学者的教科书可供参考。惠顿和伍尔西的教科书被翻译为多个版本，卫斯林、马顿斯、肯特、赫夫特等人的学说也被翻译了过来。即使全职国际法教授被任命后，国际法教学仍然主要依赖于对欧美学说的引进和解释。日本国际法学家们在他们的作品中也有意限制自己观点的发挥，往往只作非常简短的评论，主要论证部分仍然脱不开“拿来主义”。这一特征在高桥作卫及其同辈学者所著的教科书中体现得较为明显。由于国际法的概念以及现实功能对于日本而言完全是舶来品，其本是西方文明的产物，拥有完全不同于日本的哲学和世界观，那么这一结果就一点也不令人感到意外。

从西方学者的著作中，早期阶段的日本学者确实发现了国际法的全球属性，尤其是从自然法理论中。他们同时还试图用儒家世界观解释国际法，将国际法视为宇宙之法或普遍正义。[38] 然而这种理想很快就被19世纪后期国际法的现实运作与实证倾向所打倒。正如在现实中所见到的，没有人能够否认国际法的欧洲中心特征。国际法和任何其他西方的思想、产品一

---

〔38〕 MATSUMOTO Sannosuke, Tenno Sei Kokka to Seiji Shiso (*The State under the Rule of Emperor and Political Thoughts*, Mirai Sha, 1969), pp. 199－209; ITO supra n. 12, p. 22.

样,都是日本为了实现"富国强兵"[39]而必须学习和接受的。

因此,日本顺从国际法的态度,不是由于信服其内在的价值和哲学基础,而只是由于日本无法抵抗西方列强,也无法改变国际法在国际社会中适用的事实。这种对国际法以及国际正义愤愤不平的情绪在现实中被进一步强化,比如,三国干涉还辽、种族平等未能写入国联宪章,美国反亚洲移民的行为等。当日本跻身"列强"行列后,他觉得有利于西方的国际法秩序必须被改变,即使通过武力也在所不惜。因此,日本开始毫不犹豫地公然违反国际法。

实际上,在此之前日本就已经强迫中国和韩国签订了不平等条约,其也没有犹豫地通过武力方式干涉邻国内政,甚至在这些国家推行殖民统治。1895 年甲午战争胜利后,日本占领了台湾。1900 年,日本和其他"文明国家"一道入侵中国。1910 年日本吞并了韩国。

日本政府和国际法学家利用国际法对上述事件进行正当化辩护。学习国际法的过程也是日本成长为殖民列强的过程。日本在学习现代西方文明方面是优等生,这既是事实也是讽刺。

尽管日本国际法极端依赖欧美的情况随着时间而逐渐消失,但却没有产生系统批判欧洲中心主义国际法的理论,也没有任何试图建立新国际法秩序的努力。正如上文指出的,高桥作卫的教科书可能是日本人第一次建立自己的国际法理论的尝试。即便如此,在他的作品中仍然能够看到欧美学者的强大影响,尤其是奥本海和霍尔的学说。

从 20 年代到 40 年代出现的短暂学术繁荣,也不能摆脱欧洲中心主义和消极主义的阴影。这次繁荣实际上不过是对正在西方发生的法律、政治、哲学观念风潮的移植而已。随着"超国家主义"的发展,出现了试图以日本价值观为基础构建的国际法理论。然而,这些尝试不过是在为"大东亚共荣圈"作理论铺垫而已。这些理论混合了纳粹德国的"大空间"理论和门罗主义的元素,构成了非理性的日本幻想。在日本帝国崩溃后,他们很快便被湮没无闻了。

---

〔39〕 这一口号表达了战前日本的基本国策。学习西方文明是实现该目标的重要方式。然而这一方式被持续性地深入推进,最终构成一般日本人的基本精神面貌。因此,"脱亚入欧"的信念在日本社会中变得根深蒂固。

三、结论

前文的分析已经清楚地表明,实用主义、国家主义、欧洲中心主义和消极主义这四个特征如何决定了战前日本国际法教学科研的性质与功能。对于所有进入欧洲中心国际社会的“后来者”而言,在一定程度上都具有这些特征。为了能够在陌生的国际社会中生存,后来者必须进行自我改变以适应国际社会。

既然为了追求国家的生存和发展可以不惜任何代价,那么国家主义和实用主义就必然会盛行。许多时候,领导阶层不得不承担起政治家、学者、教育家、军事领导人等多重角色,因为懂得西方知识的领导人的数量十分有限,而且也很难对他们的角色进行准确的区分。在此情况下,社会科学自然难以成长为批判性科学。

既然国际社会和国际法是以欧洲为中心的,日本必须改变自己去适应它,那么就自然导致了欧洲中心主义。一直以来国际法的创制和解释都由西方所主宰,日本除了接受它,没有其他办法,因此又表现出消极主义。

即便如此,日本独特的政治、历史、文化不可避免地影响了“日本国际法”四个特征的具体形态。直到今天,欧洲中心主义和消极主义仍然影响着日本国际法的教学科研。为了更加清晰地展示这些特征在日本呈现出的一般性与特殊性,有必要增加下面几点论述。

首先,欧洲中心主义不是日本国际法教学研究中所特有的现象,它在几乎所有国家的现代知识分子中都较为盛行。这一点恰恰是对西方占据现实世界中的政治、经济以及军事统治地位的反映。为了在现代世界中生存与发展,日本必须接受现代生活方式。“现代化”直到今天仍然是“西方化”的代名词。19 世纪日本开始进入国际社会时,明治政府就非常清楚地意识到为了维持国家的独立,日本必须全面接受现代西方文明制度和思想。在近代以来的日本社会中,“脱亚入欧”这一口号具有标志性的意义。其实,任何一个想要发展的国家,都将不可避免地要经历西方化的过程。

其次,西方化在殖民地国家有时表现得更加明显。殖民地国家的精英阶层在前宗主国的大学中接受了高等教育,他们中的许多人过度地接纳了西方思维方式。即使当他们批判“欧洲对世界的统治”以及“美帝国主义”

时,他们的行为与思考方式也背叛了他们。与这些国家相比,日本建立了较为良好的高等教育体系,大部分日本精英都选择在本国的大学中接受高等教育。因此,和殖民地国家相比,欧洲中心主义思想在日本显得并不十分强烈。

再次,日本在进入国际社会后,发现自己是一个孤独的"后来者",既不同于19世纪进入国际社会的拉美国家,也不同于"二战"后进入国际社会的亚非国家。拉美国家在争取独立后接连进入国际社会,它们具有共同的宗教归属(天主教),共同的经济利益(欧美国家的债务人),共同的语言(西班牙语,除巴西外)。这些共同因素将拉美国家拧成一股绳,共同对外行动。虽然亚非国家间缺乏类似的文化共通性,但是当它们获得独立后,迅速地成为世界舞台中的绝大多数。这使得它们更有力量来对抗现有国际法秩序。在联合国大会中,国家不分大小,一国一票,它们的利益能够在这个国际舞台中得到促进。

然而,日本在进入国际社会时则是另一种情形。本来日本也可以联合其他被压迫的亚洲邻国或者拉美国家。在明治政府初期,就有人提出日本应该联合中国以及其他亚洲国家共同抵抗欧洲列强。但是这一观点很难说服大多数人。因为日本人普遍认为中国清王朝过于腐朽,力量过于孱弱,不足以和日本并肩作战。大部分人认为,倘若和中国结盟,必将把日本带向灭亡。最终,日本选择了在道德上应受谴责但有利于其生存的另一种方案:跻身列强行列,效仿西方国家,在亚洲推行殖民主义扩张。这个方案表明日本从国际法角度完全认可西方列强的行为,并试图从有利于帝国主义的国际法中获取利益的最大化,而不是否定它。

复次,当日本进入国际社会时,正处于西方列强对其现代文明的价值与力量深信不疑的时代。今天的欧洲国家已经认识到其文明的局限性,这在19世纪晚期时是不可想象的。国际法构成西方国家文明自信的一个重要因素,其价值与全球性在当时未受质疑。

最后,在大部分历史中日本一直是中华文明圈的外围国家,其已习惯于从外部引进文明。日本社会西方化之前,它受到了中国文化的巨大影响。西方化对于日本而言就如同其在漫长历史中的中国化一样,只不过这次学习的对象是欧洲。也可以说,日本进行自我变革以进入欧洲中心的国际社会的过程好比就是其在历史中进入中华中央体系的现代翻版。

日本国际法的消极主义以及对国际社会贡献的欠缺与欧洲中心主义密切相关。国际法一直就是日本必须去学习、接受和遵守的舶来品。日本努力地引进并消化它。质言之,国际法是强加给日本的而不是日本能够创造或者参与创造的。安达峰一郎曾在1931年至1934年出任国际常设法院院长,除此之外,在国际组织中罕见日本人的身影。在学术领域中日本学者的贡献也乏善可陈。在制定或修改多边条约的国际会议中,除了直接关涉日本利益的议题外,日本代表们也更倾向于保持沉默。

语言,正如许多人已经指出的,是主要的障碍。对于日本学者而言,用英文或法文写作难以达到与使用日文写作同等的质量。日语在逻辑上与印欧语系差异巨大。使用外文写作需要消耗学者们明显更多的时间和精力,即使如此,最终的质量也不能达到和其日文作品相同的满意度。事实上,大部分日本学者的外文论著的质量都不如其日文作品。因此,日本学者不太倾向于用外文写作。这种情况一直到今天依然如此。

然而语言的问题并不只限于日本,对于许多"后来者"都有这一问题。尽管这样,日本国际法学者和其他"后来者"国家中的国际法学者相比,也不如他们活跃,对国际法的贡献也少得多。为什么呢?原因之一是,日本不曾被任何一个西方列强殖民,并且建立了自己的高等教育体系。除了明治政府早期之外(那时日本尚未有足够的高等教育机构),在日本知识分子中,并未形成留学西方并在那里取得学位的传统。事实上,比起大正(1912~1926)和昭和(1926~1989)时代,明治时代的学者留学西方的时间明显更长,出版的英文和法文著作也更多。这一时代日本急切地学习西方,随着大正时期和昭和时期日本自身高等教育体系的完善,这种心态在很大程度上被缓解了。

使情况更糟糕的是,日本国内已经形成了一个供学者间充分交流与批评的"市场",并且学者们能够在国内找到教学科研的岗位。从"一战"后这种情况即已开始存在,到了"二战"后更加如此。

令人感到讽刺的是,这些本来有利于学科繁荣的因素却产生了不利的结果,反而助长了日本国际法的消极主义,并影响了日本对国际法的贡献。其实,这种现象也能突出地反映出存在于日本国际法与现存国际法之间的问题,也可以说是存在于现代日本社会和国际社会之间的一般性问题。

仅凭未能使用国际社会中的主流语言进行创作与出版这一点,日本国际法学者就应受到批评。不能仅仅由于为使日文作品质量提高,就怠于用外文创作。包括国际法学者在内的大部分日本人,对欧美列强统治的世界秩序持有批判性态度,但是,日本人没有努力通过和平的方式批判并改变之。相反,他们一方面效仿欧洲列强对外推行殖民统治,另一方面又通过武力挑战国际秩序。而日本的国际法学家们对政府的决策不能做出任何制约。在国家主义的背景中,他们或者为帝国的政策辩护,或者沉默不语。

对于来自在现存国际秩序中处于不利地位的国家学者们的批评,欧美主流的国际法学家们几乎没有尝试去理解。他们不愿承认潜藏在国际秩序背后的不正当性。对西方的逻辑、概念、语言乃至文化的全球属性,他们也未曾提出任何质疑。他们似乎很难理解种族平等条款未写入《国联宪章》,以及在美国发生的反亚洲移民的行为对日本人自尊心的伤害。

“二战”的发生有着多方面的原因。日本发动侵略战争的行为,毫无疑问地应该被谴责。但是,这并不能表明当时的国际秩序就是正当的。任何人都不应忘记,当日本提出“将亚洲从白人统治中解放出来”的口号时,对部分亚洲人而言是有吸引力的。尽管日本后来的战争行为背弃了这一口号。

战后,在国际社会中未占据主流地位的国家缺乏足够的军事力量挑战现存的国际秩序,但是他们对现有秩序同样有许多批评和抱怨。这些国际关系中的紧张、摩擦和冲突必须被一一解决。对战前历史进行回顾并从中学习,对目前问题的解决是有利的。但是,那些在国际社会中未占据主流地位的国家的国际法学者们,他们是否尽力从国家主义倾向中解放出来,并在理性与逻辑的基础上提出他们的不同主张了呢?那些在国际社会中占据了主流地位国家的国际法学家们,他们是否尽力从对现存秩序的偏见中解放出来了呢?也就是说,他们是否仍然认为国际社会的政治、经济、语言、文化和军事等方面的现存秩序是理所当然的呢?战前日本国际法虽然有独特的一面,然而它实际上反映出存在于现存国际秩序与“后来者”之间的一般性问题。因此,在考虑这些问题时,日本国际法的历史能够提供一些经验与教训。

战后日本国际法

——以教学科研为视角[*]

◇[日]大沼保昭[**] 著 周 杰[***] 译

一、引言

笔者在上一篇关于战前日本国际法的文章中,分析了日本全力推进西方化改革给国际法的教学与科研带来了四个方面的特征,即实践性、国家主义、欧洲中心主义和消极主义。其中,实践性特征逐渐被理论导向的方法取代,而其余三个特征在战前体制崩溃前一直持续存在。"二战"结束后,国家主义迅速地被国际主义以及和平主义理论方法取代。但是,欧洲中心主义和消极主义的特征一直延续到今天。然而,理论导向方法的运用似乎又矫枉过正,导致了学界与实践部门的疏离。此外,战后日本大学的数量以及学生和教授的规模骤增,也从正反两个方面给国际法教学与科研带来了新的特征。

本文,笔者将首先交代战后日本社会发生的变化。进而,笔者将阐述这

---

* 本文原文标题为 Japanese International Law in the Postwar Period—Perspectives on the Teaching and Research of International Law in Postwar Japan,发表于《日本国际法年刊》1990 年,总第 33 期(*The Japanese Annual of International Law* No. 33,1990)。感谢作者及《日本国际法年刊》授权翻译并发表。

** 大沼保昭教授系日本著名国际法教授,现为明治大学法学部特聘教授,东京大学荣休教授。近年来,其研究兴趣集中于国际法的跨文明视角研究以及国际法的全球化(Globalization of International Law)。

*** 译者为苏州大学王健法学院国际法讲师,法学博士。ONUMA Yasuaki, Japanese International Law in the Prewar Period-Perspectives on the Teaching and Research of International Law in Prewar Japan, *Japanese Annual of International Law*, No. 29 (1986), pp. 23 – 47 (Please note the following errata in this article: on p. 34, l. 6, "Shantung Peninsula" should read "Liaotung Peninsula").

些变化如何影响日本国际法学科,该学科又如何对国内、国际社会的发展趋势及主流观点进行回应。本文将论证战后日本的国际法研究可以被归纳为两个在战前时代已经存在的特征,即欧洲中心主义与消极主义。在此基础上,笔者将指出日本国际法学者在目前和将来所要面临的任务与挑战。[1]

二、影响战后日本国际法教学与研究的社会变化

战后与国际法学科相关的日本社会的改变,主要体现为以下三点:(1)国家主义急剧衰落;(2)国际主义与和平主义导向方法的出现;(3)国际法学者与学生数量的迅速增加。

(一)国家主义急剧衰落

日本"二战"失败,不只是军事意义上的,也反映了日本人生存哲学与战前体制正当性的丧失。这种观点被盟军占领当局以间接或直接方式强迫灌输给日本人民,并被东京审判和媒体报道的证实与强化进一步放大。日本军队、警察部门在战前所犯下的酷刑罪和其他不人道罪行被揭露了出来。日本人民在得知战前政权令人耻辱的行为后,都坚信这一观点。日本新宪法正是在这样的公众情绪中被制定出来的。新宪法在对战前政权所犯罪行真诚忏悔的基础上,融合了三个基本原则:(1)放弃战争;(2)人民主权;(3)用宪法保障人权。

《宪法》第九条规定:"1. 日本国民衷心谋求基于正义与秩序的国

---

〔1〕 尽管已经出版了一些从历史图景的角度描述日本国际法研究状况的文章,但这些以英文完成的文章倾向于列举顶尖的学者及他们的作品,而缺乏对日本国际法研究现状的总体分析,更没有出现试图阐明国际法研究和日本社会以及国际社会之间关系的文章。此外,现有的研究几乎没有涉及国际法教学的问题。在这篇文章中,笔者将如同上一篇文章一样,试图阐释这些重要但却被忽视的方面。篇幅所限,本文不能以这种历史描述的方式涉及国际法的全部方面。因为这篇文章主要集中于日本国际法的教学与研究,它将不会涉及国际法在日本的实践情况。关于后一主题可参见:ODA Shigeru and OWADA Hisashi eds. ,The Practice of Japan in International Law 1961 - 1970 (1982);Kokusai HoJirei Kenkyu - kai, Kokka Shonin (*Digest of Japanese Practice in International Law*, *Vol.* 1:*Recognition of States*) (1983);id. Kokko Saikai, Seifu Shonin (*Digest of Japanese Practice in International Law*, *Vol.* 2:*Restoration of Official Relations and Recognition of Governments*) (1988); id. ,Ryodo (*Digest of Japanese Practice in International Law*, *Vol.* 3:*Territory*) (1990)。

际和平，永远放弃以国权发动的战争、武力威胁或武力行使作为解决国际争端的手段。2. 为达到前项目的，不保持陆海空军及其他战争力量，不承认国家的交战权。"[2]

尽管在冷战背景下，日本倒向了西方阵营，并建立了实际上由陆海空军组成的自卫队，但是自卫队的军力配置和影响力都被限制在最小的程度上。这与战前体制有着极大的反差。战前日本军方拥有强大的实力和影响力，甚至干预教育及学术领域。

接受人民主权原则也就意味着对天皇主权的彻底否认。战后，曾经阻碍学者们讨论和批评国家权力以及体制正当性的"国家政体"（National polity）概念被抛弃。并且，学术自由在新宪法第 23 条中被当作基本人权予以保障。这一权利不能被日本国会制定的法律废除。这亦与战前的日本形成鲜明对比，战前日本的宪法只在"法律的范围内"保障言论自由和出版自由。[3] 这也构成了与战前体制的巨大反差，学术自由及其相应的制度支撑，如大学自治，在战后日本宪法的实践中也得到了很好的维护。没有学者再担心由于批评政府会遭到逮捕或其他迫害。这些变化促进了国际法的学习自由以及作为科学性质学科的发展。

另一方面，学术界对国家权力的质疑变得相当普遍。社会人文学科的学者们倾向于减少与政府官员的接触。此外，日本学者亦不愿涉足有关国家武力使用问题的研究。这些因素也对战后的日本学术研究产生了不利影响。

（二）国际主义与和平主义导向方法的出现

从本质上说，任何国家的国际法研究都不能封闭于国际社会的发展。国际法研究不但要对国际趋势敏感，而且也是对国际社会变化的回应。对小国的国际法学者而言，这一点尤为正确，因为他们不期望在创制与改变国际法规则方面能够发挥主要作用，他们只能追随国际社会的主流。日本也不例外。今天的日本，尽管就经济规模而言是一个强大的国家，但它在学

---

〔2〕 NAKANE Fukio, ed., EHS Law Bulletin Series, 1 (1948), p. AA3.

〔3〕 ITO Hirobumi, *Commentaries on the Constitution of the Empire of Japan* (trans. by ITO Miyoji, (1899), p. 55.

术、文化和语言上的影响力有限。因此,消极主义和欧洲中心主义一直是日本国际法研究的主要特征。[4]

国际社会以及西方学者的观念在战后发生改变,对日本国际法的教学科研产生了重大影响。[5] "二战"导致了人类有史以来最严重的人为灾难,对国际和平与安全的维护成为塑造战后国际事务最主要的方面。这种"和平优先"的心态,在日本学者中亦普遍存在。

日本国内体制与社会的变迁,为国际主义与和平主义导向方法路径的出现,发挥了更为重要的作用。如前所述,日本新宪法对战争所造成的灾难进行了真诚的忏悔,在第 9 条中明文宣布"放弃战争"。许多日本人将新宪法称为"和平宪法",并持续表达强烈的支持。从人类理性的高度来讲,这一变化是人们所希望看到的。《日本宪法》第 9 条在战争非法化的历史中占据了较为重要的位置,这让人将其与 1928 年《巴黎非战公约》中相似的规定联想到一起。[6]

然而,从消极一面来看,厌战情绪与国际主义心态的结合,有时却导致日本学者们过分教条化与幼稚化的理想主义倾向。他们在国际法研究中,对权力要素的关注较不充分。学者们有意与实践部门,尤其是政府部门保持距离,进一步导致对现实的忽视。

(三)国际法专家和学生数量的增加

从战前年代开始,在大学注册的学生数量已经开始出现增长。[7] 而从精英教育到大众教育的实质转变发生在战后。截至 1989 年,日本有 499 所大学,约 121,000 名教职人员(包括教授、副教授、助理教授、讲师和研究助

---

〔4〕 ONUMA, supra n. 1, pp. 40 – 46.

〔5〕 国际组织、人权的国际保护、海洋法体系的根本变迁,所有这些新的问题都对日本学者产生了重要影响。然而殖民体系在世界范围的崩溃及其结果,尽管在人类社会的历史中具有极其重要的地位,除了松井义郎(MATSUI Yoshiro)和其他一些学者之外,并没有吸引多少日本国际法学者的关注。对这一重要问题漠不关心的原因在于日本学者倾向于追随西方学者的步伐,而西方学者本身对这一问题也缺乏兴趣。

〔6〕 Among many studies on the significance of article 9 of the constitution, the most remarkable is FUKASE Tadakazu, Senso Hoki to Heiwateki Seizon Ken (*Renunciation of War and Right to Live in Peace*) (1987).

〔7〕 从 1915 年至 1945 年,在研究生院注册学生的比例,从 1% 上升到 5.8%。

理在内),以及约200万名本科生和85,000名研究生。[8] 过去的十年中,大学录取比例已经达到35%至38%。[9]

截至1989年,法律专业学生的数量已经超过170,000名。[10] 尽管学习国际法课程的人数不能被精确统计出来,我们可以从下面的事实中估计出,有相当多的法学院学生学习了国际法:(1)1958年3月31日,日本大学标准研究咨询委员会做出决定,国际法被列为法科学生九门建议必修课之一。当一所大学新设法学院时,应该遵守这一标准。那些已经成立的法学院,也被建议遵守这一标准。[11] (2)许多顶尖大学的法学院将国际法列为某些类别学生的必修课,如公法专业的学生。(3)即使在那些没有强制学习国际法的法学院,也有部分学生倾向于将国际法作为选修课程。此外,国际法有时也在政治学院、国际关系学院以及其他相关的人文社科学院中被讲授。[12] 因此,学习国际法的学生数量在战后有了实质性增长。[13]

大学以及入学本科生与研究生数量的增加,自然导致对国际法教师需求的增长。战后研究生院数目的增多回应了这一需求,并培养出许多国际法教授。日本国际法协会建立之初,只有约100名会员,并且国际法专家极其稀缺。到1990年会员数已经上升到728名。另外在战前,日本国际法协会缺乏全国性,几乎所有会员都集中在东京地区。这一情况随着战后地方

---

〔8〕 Monbu-sho (Ministry of Education, Science and Culture), Daijin-kanbo, Chosa-Tokei-Kikaku-ka, Gakko Kihon Chosa Hokoku Sho, Heisei 1 Nendo (1990), pp. 29 – 31.

〔9〕 Mombu-Sho, Monbu Tokei Yoran, Heisei2 Nendo (1990), p. 35.

〔10〕 根据Mombu-Sho的研究,在法学院注册的学生数目接近171,000名。然而,有一部分学生也在法和经济学院(约12,500名),在国际关系学院(约4,000名),在政治与经济学院(约27,000名),以及在其他一些学院学习法律课程。

〔11〕 SOMENO Shigeyoshi, Hogaku Kyoiku no Gendaiteki Kadai (Contemporary Tasks of Legal Education), *Horitsujiho* (The Law Journal), Vol. 55, No. 5 (1983), p. 10.

〔12〕 MIYAZAKI Shigeki, Kokusai Ho, Kokusai Shiho ni Kansuru Waga Kuni no Daigaku deno Kyoiku Jokyo ni Tsuite (On the Situation of the Education of International Law and Private International Law in Japanese Universities), *Kokusai Ho Gaiko Zassi* (*The Journal of International Law and Diplomacy*), Vol. 78, No. 5 (1979), pp. 78 – 81.

〔13〕 The number of students taking courses on International law is much greater than that of, e. g., U. K. See Edward D. Brown, *The Teaching of International Law in the United Kingdom*, Bin Cheng, ed., *International Law: Teaching and Practice* (1982), p. 170.

性大学数量的增加得到了改善。[14]

学生以及国际法专家数量的增加,从正反两个方面给日本国际法教学与研究带来了实质性影响。就积极方面而言,国际法知识在更大范围的人群中得到了传播。国际法研究的范围变得更加广泛,对具体问题的研究也更加深入。相比而言,战前时代在国际法具体领域的专家非常稀缺,这一状况在战后得到了极大改善。但从消极方面,这也导致了研究领域的壁垒化。随着教学负担变重,师生比变得更糟。对国际法真正有兴趣的学生比例也出现了下降。此外,大学前阶段和专业化教育时间的不足,也是战后法学教育质量恶化的部分原因。许多学生发现他们很难理解在大学课堂上被讲授的内容。

三、国际法教学

(一)高等教育的转变

新宪法颁布后,几乎所有中央与地方机构都面临改革,教育系统也不例外。1947 年 3 月,日本先后颁布了《基本教育法》和《学校教育法》。其中,《基本教育法》的序言中规定:

> “日本已经制定了新宪法,展示了我们将通过建立一个民主文明的国家,致力于促进世界和平与人类福祉的决心。这一理想的实现,根本上取决于国家的教育实力。”
>
> “我们应该尊重个人尊严,并致力于培养热爱真理与和平的人民……”[15]

依据《基本教育法》第 1 条的规定,教育的目标是:“人的个性的充分发展,培育理智、身体俱佳的国民。我们作为和平国家的建设者,应该热爱真

〔14〕 TAKANO Yuichi, Kokusai Ho Gakkai Sengo 25 Nen Shi (The Postwar History of the Japanese Association of International Law, 1945 - 70), *Kokusai Ho Gaiko Zassi*, Vol. 71, No. 5 - 6 (1973), p. 278.

〔15〕 NAKANE, supra n. 3, Vol. 3 (1977), p. AA1.

理与正义，尊重个人价值，尊重劳动，具有强烈的责任感并充满独立精神。”[16]该法第3条规定了教育公平与非歧视原则。这部法还规定：“教育应该直接对全体人民负责，不应受到不合理的控制。”[17]国会确认天皇发布的有关教育的诏令不再有效，旧帝国大学的特权地位被正式取消。这些事实清楚地显示，战后日本教育体系是建立在自由、和平与平等主义哲学基础之上的。[18] 这与战前国家主义哲学导向构成鲜明对比。这一改变与《联合国教科文组织章程》所体现的哲学基础是一样的，正如新宪法与《非战公约》《联合国宪章》第2条第4款均提及了战争非法化的概念。

除了教育理念的根本转变，大学生数量的骤增成为促进战后国际法知识传播与理解的有益因素。战前日本社会中，拥有国际法知识的国民数量非常有限。尽管战前日本在总体上遵守国际法，比如在中日甲午战争与日俄战争中。但是日本在“二战”中犯下了严重违反国际法的罪行。导致这一恶果的原因之一是在普通士兵与民众间对国际法缺乏普遍的理解。但是这些普通士兵不能被认为是违反战争法的，因为他们只是服从军队中上级下达的命令，并且也不知国际法为何物。

相比之下，战后通过大学课程的学习掌握国际法基本知识的国民数量得到了很快的增长。不光与战前日本相比如此，和同时代的其他国家相比亦然。在同龄人中，日本年轻人进入大学深造的比例也相当高。[19] 此外，具有强大影响力的报刊，如《朝日新闻》《读卖新闻》和《每日新闻》，它们各自的日发行量估计都在600万到1000万份。这些报刊提供了高质量有深度的国际新闻报道。[20] 通过类似途径，国际事务的知识在战后日本民众中

---

〔16〕 Ibid.

〔17〕 Id, p. AA4.

〔18〕 然而，大学地位平等化的理想，也就是反对旧帝国大学的特权地位，事实上被接下来的发展出卖了。尽管形式平等被建立起来，很少有弥补在旧帝国大学与其他大学之间差距的切实行动被真正实施。对于这个问题的批评，参见 e. g., OECD, Reviews of National Policies for Education: Japan (1971), pp. 69 – 70。

〔19〕 1985年在主要工业化城市中的同龄人中，大学生的比例如下：美国（18～21岁）40%；日本（18～21岁）32%；英国（18～20岁）19%。Monbu-sho Daijin-kanbo Chosa-tokei-kikaku-ka, Kyoiku Shihyo no Kokusai Hikaku, 1987 (International Comparison of Educational Indicators) (1988), pp. 16 – 20.

〔20〕 这些报纸和高质量的《华盛顿邮报》或者《世界报》（法国）相比稍显逊色。但是，考虑到他们巨大的发行量，他们对于普通公民的启蒙作用是显著的。

得到了广泛传播,这对日本社会加深对国际法的理解是至关重要的。

然而同时,战后日本的国际法教学也受到这些促成进步要素的负面影响。首先,教育体系本身存在制度性问题。战后的日本教育体系由:(1)6年小学;(2)3年初中;(3)3年高中;(4)4年大学本科(通识课加上专业化教育)组成。研究生教育由另外的2年硕士和3年博士工作组成。

为了促进教育体系的公平,在大学教学中推行学制标准化。此前,根据是否是帝国大学而有所区别。然而这一举措却造成了教育周期的缩短。战前日本教育体系中有14年大学前教育,以及3年至4年专业化教育;战后只有12年大学前教育和2年至3年的专业化教育。虽然在智力方面,日本高中生在国际上获得的评价颇高,然而人文教育和专业法学教育的欠缺却导致了法学院学生质量的严重缺陷。同时,人文与社会科学研究院只向有限数量的学生提供机会,因此法学本科教育中存在的问题不可能期望通过研究生院而得到有效解决。

大学生数量的骤增亦对教育质量造成了不利影响。当40%的高中毕业生能够升入大学或学院,很难再期待大部分的学生具有良好的理性思维能力。虽然日本大学致力于回应社会要求扩大招生的压力,但是他们没能提供与增加人数相配套的教学设施与课程。[21]

(二)法学教育的问题

法学院学生受到的大学前教育并不充分,大学普及化的伤害尤为严重。许多法学院,尤其是那些重要的私立大学,不得不采取容纳几百名学生同时上课的"麦克风"教学形式。国际法教授们试图讲授完整的国际法体系,遗憾的是许多教授发现他们难以做到这一点(在那些只安排每周4个学时的大学中,这一窘境更加明显)。因此,为了将完整的国际法体系授予学生,他们只能讲授最为基本的知识。对国际法特别感兴趣的同学有机会参加小型

〔21〕 日本大学中教学设施以及教学质量的缺乏,在总体上是日本整个社会的责任。日本政府总是不乐于向高等教育分拨足够的经费。OECD在其报告中,惊讶于日本只向高等教育投入相当小比例的国家财政预算。(OECD, supra n. 19, pp. 7 – 5)。公司企业以及公民也不愿向大学捐款。因此,日本大学,尤其是私立大学,不得不严重依赖学费收入,并因此必须接收超过一定数量的学生。See The Japan Association of Private Colleges and Universities ed., *Japan's Private Colleges and Universities. Yesterday. Today and Tomorrow* (1987), pp. 33 – 36, 160 – 172.

研讨课,但是因规模所限,大部分学生只能忍受“麦克风”式的大课堂教学。

即使进入法学院,法学学习也不只是为了培养未来的法律职业人士,而是注重培养学生法律思维能力,使学生成为在复杂背景中做出合理判断的理性人。事实上,大部分法学院毕业生,毕业后选择进入私人公司,并在工作中扮演了通才的角色。而有志于成为法官、检察官或者律师的学生,则必须通过艰难的国家司法考试,并在司法研修所中接受为期两年的职业训练。

在日本司法考试中,国际法被列为选择性科目。而事实上,真正选择将国际法作为应试科目的人数比例相对较小。[22] 在司法研修所中亦没有设置国际法课程。尽管以理论为导向的大学教育和以实践为导向的研修所教育相结合的模式,在培养法律职业人士(包括法官和检察官)方面起到了很好的作用,日本法律职业人士中国际法知识的缺乏,可以部分地归咎于研修所中国际法训练的缺失。

这一缺陷导致美国和日本之间的冲突,即日本政府是否应该允许美国律师在日执业。尽管日本的司法考试并没有国籍上的限制,但因为竞争非常激烈(每年约24,000名考试者中,只有不足500人通过),很少有外国人能够顺利通过。在日本律师中,既具有充分的国际商法知识,又有相当执业经验的人数非常少,而与此同时,美国律师在这方面具有优势。他们要求日本政府允许他们在日执业,但遭到日本律师们的反对。现在达成了妥协,在外国律师没有日本律师执照的情况下,允许他们就涉外法律问题发表咨询意见。但是市场对国际经济法律师的需求与现实中相关律师的稀缺之间的矛盾,仍然没有得到根本解决。

日本大学中法学教育质量欠佳,一直受到各个部门的批评。[23] 其中一项批评是日本大学中人文社会科学缺乏国际性,具体表现在教师、学生的构成以及课程设置上。[24] 其主要原因乃是在日本社会中已根深蒂固的单一

---

〔22〕 从1986年到1990年,每年平均约24,000名国家司法考试应试者中,选择国际法的人数比例约为6.5%。

〔23〕 E. g., Keiei Hoyu-kai, Hogaku Kyoiku ni Tsuite no Kigyo Gawa karano Teigen (Proposals of Private Companies on Legal Education), *Hogaku Seminar* No. 356 (1984), pp. 108 – 112.

〔24〕 See KITAMURA Kazuyuki, Daigaku Kyoiku no Kokusai Ka (Internationalization of University Education) rev. ed. (1989).

民族文化。[25] 这一点在日本社会的各行各业中都不难被发现。80 年代以来，日本社会经历了广泛的国际化进程，部分地解决了这一问题。[26] 日本大学在 80 年代诞生了大量的新设学院，其中也包括国际法中新分支学科的出现。典型的如，国际经济法、国际商法与欧共体法。这一变化既反映了跨国间经济、社会、信息和文化交流活动的增加，也反映出日本在国际事务中日益活跃的角色。随着国际化的发展，自然就产生了在法律层面上监管跨国活动的需要。因此在这一时期，国内法的国际化与国际法的国内化需求都相应增加。

（三）国际法教学的内容

战后日本国际法课程和教科书都发生了质的变化。战前在国际法学科中占有主导地位的“和平法—战争法”二元体系被抛弃。战争法在学科体系中地位的急剧下降在教科书中得到了明显的反映。例如，在田畑茂二郎、高野雄一与山本草二教授各自出版的教科书中，战争法部分占据全书的篇幅从约 1%（山本教授书）到不足 10%（田畑教授书）。这和日本战前具有代表性的立作太郎教授所著两卷本国际法形成了鲜明对比，在该书中，战争法部分占据了整整一卷。这种变化一方面反映了当代国际法学者整体上对使用武力观点的改变，即从国际法是由战争法与和平法构成的二元体系，发展到武力使用的非法化。另一方面这也体现了在战后日本社会中普遍弥漫的追求和平的真诚心态。

在战争法领域，以联合国为代表的国际组织的重要性被凸显出来。国际组织的内容，不仅在研讨课中被作为主题，在大课堂教学中也占据了一定的比例。这一趋势导致国际组织法作为独立学科在 60 年代诞生。今天，在许多大学里，除了国际公法和国际私法，国际组织法亦被列为一门单独的

〔25〕 See ONUMA Yasuaki, Tan-itsu Minzoku Shakai no Shinwa o Koete (Beyond the Myth of A Mono-Ethnic Society) (1987); id. Wakoku to Kyokuto no Aida (Between "Wa" and the "Far East,") (1988).

〔26〕 1982 年，《任命外国教授在公立大学任教特别法》颁布。在这部法之前，公立大学极端不愿雇佣外籍教授。然而自该法颁布以来，公立大学逐渐增加外籍教授的任用，在日本大学中学习的外国学生的数量也稳步增加。当 1980 年时在日本大学学习的外国学生的数量为 6600 名，在 1989 年这一数字已经接近 23,000 名。

课程。

因为大课堂教学的形式能够容纳大量学生，所以大部分的法律课程是以此形式被讲授的，国际法也不例外。大部分情况下，任课教师会要求或者至少推荐一本教科书以及条约规范汇编。除了横田喜三郎和田冈良一教授在战前就已出版的教科书外，上文提及的田畑茂二郎、高野雄一、山本草二教授的著作也是战后日本国际法教科书的代表之作。

横田喜三郎教授在战前早期版本的教科书中，将国际法建立在一元论基础之上，全书显得相当抽象并具有强烈的理论导向。其战后的版本，则更为实证，更多关注对国际法规则的具体解释。高野雄一教授在该方向上更进了一步，他也出版了关于国际组织法的权威教科书。相反，田冈良一教授和田畑茂二郎教授则寻求从历史、政治和社会背景的视角去解释具体的国际法规则。山本教授在其 1985 年出版的教科书中采用了高野雄一教授的方法，并寻求达到最大限度的逻辑自洽。山本教授着眼于从国际法院判决和仲裁机构裁决出发，以此解释国际法规则在实践中的运用。但是，这种方式可能导致给予国际法院判决和仲裁机构裁决过高的权威性评价。

四、国际法研究

（一）60 年代早期以前的主要研究领域

“二战”失败后，日本很快就出现了国际法研究成果的增长。在物质条件极其匮乏的情况下（比如，缺乏纸张和打印设备，交通与发行不便利等），能够产生如此成就是令人意外的。原因之一是受到了振奋人心的自由观念的激励。战前时代里，旧体制变得越来越具有压迫性，许多学者都感到压抑。当旧体制崩溃时，他们便将其充沛的精力自由地释放在写作与出版上。战争的结束、盟军的占领、新宪法的颁布等历史事件，都给国际法学者们提供了许多激动人心的问题。这段时期研究的主要问题有：（1）盟军占领；（2）战争罪；（3）和平与安全相关问题；（4）领土问题。

盟军对日本的占领，在多个方面与战争时期的占领具有不同之处。第一，战争时期的占领是临时性的，而盟军的占领持续了近 7 年时间。第二，尽管正式的和平条约直到 1951 年才签订，决定日本战后政体的重要问题在

《波茨坦公告》中就已经被确定下来,并在盟军占领期间开始实施。受到这些新因素的刺激,国际法教授连同国内法学者一起着眼于研究占领问题。这些研究不仅涉及与占领相关的国际条约,也涉及盟军在占领期间发布的指令,以及这些指令和日本国内法之间的关系。这些研究起到阐明国际法与国内法关系的作用。

战争罪问题被激烈讨论和研究,主要是和日本前任领导人在远东国际军事法庭上受到起诉的事件相关。而且不仅是国际法学者,一些顶尖的英美法学者、历史学者以及其他的评论人士也都加入到这一问题的讨论当中。那些为纽伦堡和东京审判合法性辩护的学者,典型的如横田喜三郎,宣称发动侵略战争的个人需要承担国际刑事责任,这是战争非法化的逻辑结果,也反映了战后国际社会根本结构的变化。

那些批判东京审判的人则认为它违反了“法无明文规定不处罚”的原则。他们认为《波茨坦公告》中规定的战争罪行只包括传统的战争犯罪,而不能扩及反和平罪和反人道罪。他们还辩称,盟军的手也不干净,盟军对日本主要城市进行无差别的轰炸,并在长崎和广岛投下两颗原子弹。苏联也违反了《日苏中立条约》的规定。因此盟军没有资格审判日本。

就国际法的角度而言,证明东京战犯审判的合法性具有非常大的困难。〔27〕然而陷于争论中的人却忽略了国际法随着时间而发展的现实。新时代出现的法律规范在表面上看违反了当时的规范,但是考虑到法律演进的一面,东京审判可以被认为是合法的,并且是作为这个世纪将战争非法化的重要一步。〔28〕

另外一个重要的事实也不应被忽略。尽管部分日本学者正确地批评盟军“法官的手也不干净”,但是这个批评对于日本侵略战争主要受害者的亚洲国家而言不具有说服力。虽然主要的盟军国家也曾犯过战争罪行,并在

〔27〕 横田喜三郎教授承认对主要战犯的审判在法律基础和程序上存在一些瑕疵,但是他着力强调审判的“实质”,并认可审判从根本上的合法性。不过,鉴于横田教授治学的方法论基础是纯粹法学理论,他这种强调实质内容的视角就不能免于被批判。

〔28〕 ONUMA Yasuaki, Beyond Victors' Justice, *Japan Echo*, Vol. 11 (1984), pp. 64 – 69; id., The Tokyo Trial: Between Law and Politics, HOSOYA Chihiro et al., eds., *The Tokyo War Crimes Trial: An International Symposium* (1986), pp. 47 – 50; id., Tokyo Saiban kara Sengo Sekinin no Shiso e (From the Tokyo Trial to the Philosophy of Postwar Responsibility of Japan) rev. ed. (1987), pp. 40 – 44.

其他国家推行殖民统治，但这个事实不能洗脱日本自身对亚洲受害国家的责任。[29] 忽略亚洲国家的感受，部分原因在于日本人从根本上存在的对非西方国家的漠视，以及欧洲中心主义弥漫的消极后果。从 20 世纪 60 年代后期开始，这一思维模式被逐渐纠正，但是在许多日本人中，包括在国际法人士之间，仍然存在这一思想的残余。

从 1945 年到 60 年代早期，日本学者最多关注的是对战争与和平问题的研究。横田喜三郎教授在一元方法论的基础上，强调联合国集体安全机制对维护世界和平的重要性。他的这一观点是战后早期国际主义意识的典型代表。田冈良一教授则对联合国的真实作用，以及将战争非法化的有效性保持怀疑的态度。他认为，如果不赋予国际法院强制管辖权，联合国对促进和平的作用可能很小，甚至可能起到反作用。[30] 田冈教授对潜在事实的敏感，以及对历史事实的详细分析，使他在自卫权研究方面取得了杰出成果。对大量案例分析后，他总结道，国际法中的自卫权和国内刑法上的自卫权根本不同，前者更接近紧急避险权。他的作品逻辑构建严谨，成为战后日本国际法学者取得的最令人瞩目的成果。

和平与安全问题，不光在理论层面上意义重大，其也直面日本社会的现实问题，如日本自卫队以及《日美安保条约》的合宪性。在盟军占领 6 年后，日本缔结了《旧金山和约》与《日美安保条约》。这个决定在日本人中引起了严重的意见对立。因为这意味着日本将坚决倒向西方阵营，而拒绝成为不结盟国家。大部分国际法学者对此也抱有相当怀疑的态度。从日本宪法第 9 条的字面意义以及理念基础判断，大部分人的观点已然被采纳。然而必须承认，从严格意义上对第 9 条进行解释，在当代国际社会中显得过分理想化。因此，该条被日本政府和最高法院在相对宽松的态度上予以解释，即该条在实质上只限制过度的军事预算和重新武装。在“砂川”(*Sunagawa*)案件中，最高法院的判决通过依赖政治问题原则体现了这一“现实性”方法与路径。该判决写道：

“允许美国军队驻扎的原因在于，通过信任热爱正义与和平的人

〔29〕 Ibid, pp. 45 - 47, 169 - 178, 190 - 197.

〔30〕 See also TAOKA Ryoichi, Fusen Joyaku No Igi (Significance of the Kellog-Briand Pact), *Hogaku* (*The Journal of Law and Political Science*), Vol. 1, No. 2 (1932).

民，补充我国国防力量的不足。美国军队的驻扎不能被认为和宪法第9条、第98条第2款以及序言中的宗旨相冲突，并非违宪和无效。”

“安保条约……具有极高的政治考量。作为一个主权国家，条约内容是否违宪……与内阁以及国会的自由裁量权不能分开。因此，除非该条约明显违宪，它应该被排除在司法审查权的管辖范围之外。”[31]

“二战”结束后，根据《波茨坦公告》的规定，战前隶属日本的部分领土被剥离。美国在冲绳（琉球群岛）施政以及苏联在事实上兼并“北方四岛”[32]的行为的正当性问题，都为国际法学者提供了兴趣盎然的课题。除了学者个人的作品，日本国际法协会还专门就这些问题出版了几卷书籍。北方四岛对日本而言是最重要的领土问题，许多学者批评苏联对他国领土的事实兼并，违反了不扩张原则（Non-expansion principle）。而这一原则恰恰是日本接受《波茨坦公告》的前提之一。学者们还质疑了日本政府的某些论点，尤其是关于“千岛群岛”这个术语不包括“南千岛群岛”的问题。

（二）60年代以来国际法研究的特征与趋势

60年代以来大学数量骤增，国际法教授的人数也随之迅速增加。与“二战”相关的课题到60年代早期已经基本被解决。学术界的研究兴趣自然变得更分散。这段时间影响日本国际法研究兴趣起落的最重要因素是在国际社会中整体上发生的事件和趋势。下面列出的，是战后国际法发展的主要议题以及日本学者的回应。

1. 国际人权法

国际人权法的发展是战后国际法研究最显著的趋势。日本学者一直积极引介，但他们的研究路径过于单一。他们倾向于通过对国际人权规范以及国际裁判的研究来批判日本落后的状况。当国内法或实践与国际人权法的冲突在国会被讨论，或作为法庭审判的对象时，他们会在法学期刊或大众

[31] Japan v. SAKATA Shigeru et. al. (December 16, 1959), *Japanese Annual of International Law*, No. 4 (1960), pp. 103 – 158, at 107, 108.

[32] 亦即俄罗斯所称“南千岛群岛”。——译者注

媒体上发表批评观点。[33] 这些冲突也在国际法课堂或研讨会上被提及。许多和外国人权利、劳工权利、妇女权利相关的案例被讨论和传播。从国际法视角出发对日本现实的批判，促进了日本人权标准的提高。

然而这种研究范式也产生了负面影响。首先，日本学者倾向于满足对概念本身的研究，如"人权"和"人权的国际保护"，而忽视所需要保护的人群真实的生活状况，以及现实背后的政治背景和这些概念的实际功能。他们经常由于对现实的无知而受到批评。其次，日本学者对发展中国家的人权问题缺少兴趣。他们不仅对威权政体下人民的公民权与政治权利状况漠不关心，对新出现的诸如自决权、发展权等具有挑战性的问题也甚少关注。由此可以看出日本学者所共同具有的，也是存在于日本社会的消极主义与国内本位的心态。因此，在日本学者们的研究中几乎没有出现对全球人权状况研究的重要成果。在促进发展中国家人权进步方面显得相当落后。[34]

2. 国际组织法

战后伴随着对联合国的乐观心态，日本学者对国际组织的关注很快显示出来。这一心态从 50 年代逐渐下降，一部分学者仍然以实证主义方法稳步推进对国际组织的研究。这一趋势的代表是田冈良一教授出版的国际组织法教科书。他将国际组织间的合作视为当代国际社会的核心，国际组织法不仅构成了一个独立的法律体系，还改变了一直以来建立在主权国家合意基础上的国际法律秩序。

然而，正如田冈教授所承认的那样，国际组织法研究容易陷入对国际组织制度本身的描述，而不是在分析基础上建立整体的理论。对国际组织现实运作状况的分析，以及在此基础上构建体系性理论仍然是下一代人的任务。

3. 国际经济法

随着战后科学技术水平的进步，人类跨国活动的范围得到极大的扩

---

〔33〕 根据对日本宪法的解释，条约和习惯国际法效力优先于日本国内法。因此，当日本批准一项条约时，政府将仔细审查现存国内法的规定，国会通常会修改那些和条约规定相冲突的内容。尽管在这样的审查和修改之后，仍然可能存在国际法规定和国际条约相冲突的情况。

〔34〕 只是从 80 年代起，日本学者和政府才开始在全球层面上关注人权的状况。标志性的事件是，1982 年日本以及一位日本学者各自在联合国人权委员会和下属委员会中被选举为成员。从那时起，日本和日本学者开始在这些机构中占据一席之地。

展。这就出现了对跨国交通、通信、生产等领域进行规制的需要。最显著的例子是由跨国公司实施的跨国经济活动大量增加。这些活动的法律基础及其规制和安排不仅影响了国际法,而且影响了其他的规范性文件,如国际组织的决议、行为准则、国内法和行政管理指南等。不同经济活动的法律问题也相继出现,如反垄断法的域外适用、关贸总协定中各种原则与规则的实施、对共产国家的出口管制等。日本学者对解决这些问题并没有太多贡献,除有限领域之外,大部分问题是由政府官员和律师们讨论并解决的。

在大学里也没有将国际经济法作为一门独立的课程,这反映了大学教育对现实回应的乏力。在过去十年中,日本大学开始逐渐提供这门课程,但真正能够开课的学校数量仍然显得相当之少。从理论研究的角度来看,很少国际经济法方向的研究能够具有扎实的理论框架,也很难找到一本在课堂教学中使用的内容详实的教科书。

4. 海洋法

海洋法律制度在战后经历了巨大的变化。海洋强国几乎不受限制的行动自由被极大地限制。由于科技进步和开发能力的提高,人们开始担心自然资源被过度开发并对海洋环境产生破坏,这促使需要对海洋活动加强监管。

日本学者在两个时期显示了对海洋法研究的热切关注。(1)1958 年日内瓦海洋法四公约缔结;(2)从 70 年代到 80 年代早期,《联合国海洋法公约》起草并形成最终文本。海洋法会议吸引了许多日本学者的关注。据估计,在 1975 年和 1976 年关于海洋法的研究成果,占据了这两年出版的国际法论文的 20% 至 25%。[35]

然而,大批量出现的研究成果的质量颇令人怀疑。针对 1975 年至 1977 年国际法领域中的学术出版情况,评论家指出这期间的成果往往倾向于追逐会议的进展情况,并且在核心内容上只呈现出简单介绍性或解释性。[36] 海洋法领域的研究也反映了日本国际法学者中持续存在的消极主义倾向。

〔35〕 SERITA Kentaro, Gakkai Kaiko (Review of the Academic Activities of the Year), *Horitsu Jiho*, Vol. 47, No. 14 (1975), p. 109; Vol. 48, No. 13 (1976), p. 118.

〔36〕 See comments of SERITA and MATSUI Yoshiro in Horitsu Jiho, Vol. 47, No. 14 (1975), p. 109; Vol. 48, No. 13 (1976), p. 118; and Vol. 49, No. 14 (1977), p. 116.

除了小田滋法官和部分学者外，许多日本学者沉浸在大量的资料中，满足于被动地翻译或者解释这些材料。

5. 国际法史

尽管国际法史专家的数量以及相应的出版成果并不多，但就其质量而言，这方面的研究是成果较为丰硕的领域。这方面的成功可主要归功于田畑茂二郎教授，他的著作极大地影响和激励了下一代学者。在国际法观念史研究方面，田畑教授处于开拓性地位。他指出，近代国际法的基本结构建立于主权国家平等独立的基础之上，这一观念乃是瑞士法学家瓦泰尔首先建立。瓦泰尔应该被尊奉为“近代国际法之父”，而非格劳秀斯。他也强调社会经济因素对国际法原则与具体规则的影响，他本人就是在这一方法论指导下开展研究的。这一方法被他的弟子们所继承，并且同样也出版了高质量的作品，比如，对领海、有效占领、中立等概念的历史分析。

受到田畑茂二郎教授以及现代批判主义潮流的影响，一批年轻一代的学者，包括笔者本人，开始在国际法研究中试图有意识地克服近代主义与欧洲中心主义的成见。首先，我们反对不加批判地将现代概念投射到过去，历史概念的严格分析被着重强调。应该在当时的意识形态、政治、经济和社会整体背景中去运用这些概念。其次，我们强调近代以来的欧洲国家间秩序只是许多地区性国际秩序之一。直到 19 世纪以前，其他地区秩序，如伊斯兰和中华中心模式的秩序，一直共同存在。由于欧洲强大的物质、军事和文化实力，欧洲秩序开始了全球化。今天，大部分学者提及国际法时倾向于讨论的是欧洲国际法的发展。〔37〕为了获得对国际法史的恰当理解，我们认为应该把适当的注意力放在历史事实上。

6. 一般理论和方法论

那些在战后成为日本顶尖国际法学家的学者（如横田喜三郎、田冈良一和田畑茂二郎），在战前就显示了对方法论、认识论以及国际法哲学的强烈

〔37〕 如果曾有一位对 17 世纪、18 世纪、19 世纪国际社会的客观观察者，那么他将会把国际社会描述为共同存在的地区间国际秩序。没有任何一个地区、以及在此地区中的权威力量或思想家能够宣称自己是全球性的。只是在欧洲列强征服土耳其和中国之后，这些被征服地区的国家才承认欧洲国家秩序在全球的有效性。也只是在此之后，欧洲观念、行为、制度、权威和事件才被认为是“一般的”或是“全球的”。

兴趣。他们年轻时遭遇了“凯尔森轰动”(Kelsenian shock)[38],迫使他们研究国际法方法论问题。他们沿袭西方国家国际法学者法律实证主义的路线,这又是日本国际法消极主义的另一例证。相比而言,战后大部分日本学者在方法论以及国际法一般理论上显现的兴趣不足。

这种情况从70年代后期开始逐渐得到改观。首先,1976年年轻一代学者筹建创办了国际法基本理论研究会。他们设定了一系列研究项目,如关于格劳秀斯、普芬道夫、国际法秩序的未来以及欧洲国际秩序在19世纪的全球化等课题。他们强调对近代主义之成见的批判,指出国际法学科需要重构,把国际法从过度形式化的法律概念中解放出来。

其次,山本草二教授在其1985年出版的教科书中的理论,为这一改变提供了充分的支持。他的教科书具有两方面的典型特征。一是强调国际法通过国内法机制实施贯彻的重要性,这反映了战后日益增多的国际经济、社会、信息和文化活动对法律的需求。二是强调从管辖权分配与调整的角度对国际法理论进行重构。这一问题更具挑战性。该理论不再将国际组织法、国际行政法和国际经济法视为分开的学科,而是根据管辖权分配的理念对这些新的法律现象进行重新整合。

最后,日本学界对“国际法渊源”“国际立法”“软法”以及“习惯国际法与一般国际法关系”等理论问题的关注度显著提高。村濑信也教授试图建立国际法创制理论,他的论证路径是将习惯国际法和一般国际法等同。小森光夫教授以及笔者对此方法抱持怀疑态度。奥胁直也教授对村濑教授的理论进行批判,并尝试引入更高位阶但缺乏自我执行机制的“联合国法”概念以及实施这一抽象概念的具体条约及习惯法规则。经过这些学者们热烈的讨论,在这一领域必将有高质量成果的产生。

---

〔38〕 奥地利法学家凯尔森在19世纪二三十年代,提出了法律的“一元主义论”,主张国际法和国内法处于同一规范体系之中,并且国际法的效力始终优于国内法。这一思想对自19世纪以来占据主流的,以奥本海、安齐洛蒂等国际法学家为代表的二元论思想构成极大的冲击。——译者注

五、未来的任务

（一）制度问题

上文分析显示，战后日本国际法的发展具有积极和消极两方面的特征。部分负面问题是由制度本身造成的，比如专业教育学制设置不够充分，这些问题必须在制度层面上予以解决。日本确实也在寻求改善研究生和本科生教育质量的方法，如重构研究生院与本科生院之间的关系。一个尝试是在硕士课程中提高专业化与职业化教育的比重，并扩大研究生院的招生规模。我们希望更多的毕业生进入私人公司或政府部门，而不只是进入学术界。如果这个方向的努力成功了，那么学生们将能够在研讨课中接受更多的专业化教育。这应该能减少一些对日本大学的批评。[39]

我们还必须尽快改善大学设施，尤其是图书馆。除了一些国立大学，许多大学的图书馆配置是相当简陋的。即使那些享有优先地位的大学，其设施水平和美国一流大学相比，也令人难堪。因此，我们需要面对两个主要任务。一是重新分配高等教育预算经费，缩小一流国立大学与其他大学之间的巨大差距。二是这一过程的执行不应以牺牲一流国立大学的经费为代价，因为其现有设施尚不足以满足高等教育的巨大需求。此外，私人公司和公民应该被鼓励通过各种基金会向大学捐款。

（二）国际法学者自身的问题和任务

除了制度层面的改善，许多问题必须由国际法学者自身来解决。其中最紧迫的任务是：(1)克服欧洲中心主义与消极主义；(2)打破学术界与实务界的隔阂；(3)在后殖民地与“无国界”世界背景中探讨理论问题。

1. 欧洲中心主义和消极主义

前文已经充分讨论了持续存在的欧洲中心主义及消极主义的问题，因

---

〔39〕 东京大学法学院最近就研究生院改革问题咨询日本企业的意见，回复总体上是正面的。See Daigakain-Kaikaku ni Taisurn Kigyo no Ishiki Chosa Hokoku Sho (Report on the Enquiries to Private Companies Concerning the Restructuring of the Graduate School) (1990).

此在这里只作简要讨论。

在日本历史上，一直存在努力融入主流文明的显著倾向。大部分时间里，中国是日本学习的对象。19 世纪中叶以来日本开始全面西化，但同时与外来主流文明相冲突的日本民族主义反应也一直存在。这种冲突在主流文明外围的国家中同样存在，这是许多国家需要共同面对的问题。[40]

首先必须承认近代以来的欧洲文明给人类带来了不同的价值观和许多利益。就国际法而言，它本身即为欧洲近代文明的产物。国家平等、不干涉以及对人权的国际保护等观念促进了人类文明的进步。民族主义对以欧洲为中心的国际法秩序的挑战经常是非理性、暴力、反进步与自我欺骗性的。日本在应对欧洲中心文明时的民族主义反应，如非理性地强调君主体制以及日本在战后时代的独特性，对促进国家间相互理解造成了不良影响。日本的民族主义没有在创造与改变国际法上起到正面的作用。那些挑战主流西方国际法理论的社会主义国家和第三世界国家，同样没有提出富有创造性的理论。他们的理论通常缺乏准确性和客观性，且为欧洲中心主义的现代性所困扰。尽管他们对西方理论进行了猛烈批判，却过分依赖主权概念及其他类似的原则。

尽管这是事实，但是我们不能完全将被动主义的方法论正当化，而不对西方学者中流行的理论提出质疑。承认某个原则或规则的全球效力是重要的，但同样重要的是不能放弃基于非西方的身份而对隐藏在看似全球性规则之中的种族中心主义和狭隘主义的敏感。当代日本学者的主要任务之一应该是对占据全球统治地位规则的"真实全球性"进行鉴别，而拒绝那些只是由于西方国家的实力而强加给国际社会的规则。在今天看来这个任务是最为重要的。全球社会对于基本国际规则认可的同时，不应拒绝文明的多样性。

2. 学术界的封闭

日本国际法学者与实践的隔离，可以从不同方面体现出来。第一，很少有教授兼职律师或法律顾问工作。甚至更少的人曾经出过庭，无论是在国

〔40〕 中心与外围之间的关系根据时间和具体因素而会发生转变。一个中等规模的国家 X 可能成为相对于帝国 Y 而言的外围国家，但可能在面对小国 Z 时处于更高的地位。随着帝国 Y 的衰落和 X 的兴起，X 也可能成为一个位于中心地位的强国。

内还是国际上。第二,具有在政府或国际组织中工作经历的国际法教授的数量极其有限。甚至参加过国际会议的教授数量也相当少。第三,国际法教授和政府官员、法官、检察官、律师或者公司法律顾问直接讨论的机会也很少见。最后,学者们与国际性非政府组织的联系不充足,比如那些在国际人权和环境保护方面的非政府组织。这种缺少经验与孤立隔绝的状态导致了对"实在法"的过度学理解释,以及建立在脱离实际的理论建构基础上的对于"应然法"的天真论断。这种情况进一步证实了实务人士对国际法学者过于理想化的批评,并且进一步减少了学者们和实务人士对话的机会。

这一现状令人惋惜,其原因部分地是由于与明治时代不同,当代日本官员,尤其是外交官都接受了很好的国际法训练。教授们自然就不用承担既作为学者,又作为外交官或政府顾问的多重角色。[41] 另一部分原因是公立大学教授同时也具有公务员身份,他们被禁止从外部执业中获取经济利益。

当然,日本学者本身也应对这种不幸的状况负责。学者们追求学术自由化的初衷值得称赞,但是他们走得过远,在学术与实践之间人为地建起了一堵围墙。他们限制就学术问题与政府官员进行内部讨论,也逃避接受实务人士的批评。此种学术理论家的封闭心态必须被打破。国际法理论研究必须寻求与实践的充分结合。如果能找到一条可行的路径,那么日本学者中存在的不现实的与教条的国际法研究趋势可能被扭转。即使为了达到这一目标,国际法学者也应当保持其独立性。与实务人员加强联系是一个方面,消化理解这些内容是另一方面。政府决策者应该尽量拒绝马屁精类型的学者,而应对学者们经过良好论证的批判持欢迎态度。

3. 需要研究的理论问题

如上文所述,自70年代末开始,日本的国际法基础理论研究出现了挑战传统的新趋向。符合这种新趋向的关于国际法理论与实践的分析、讨论和重构必须被进一步鼓励。国际法研究应该包括该学科的全部领域,由于某些问题对未来国际法秩序整体上的重要性,它们值得被特别关注。

第一,必须具有一般国际法的系统理论,包括习惯国际法的重构。这一理论必须适当考虑正在出现的许多新规范,包括国际组织决议、政府单方承

---

〔41〕 See also William K. Cummings and AMANO Ikuo, *The Changing Role of the Japanese Professor*, William K. Cummings et al. eds. ,Changes in the Japanese University (1979), pp. 128 – 129.

诺以及对公众诉求的官方回应(比如对主要 NGO 组织的诉求的汇编),或者体现当代人规范意识的其他方面。[42]

第二,随着跨国经济、社会、信息和文化活动的加速,不同分支的国内法之间以及国际法与国内法之间的关系需要进行结构性调整。正如《美日结构性障碍协议》中所规定的,传统上属于国内管辖的政策及机制,包括与农业、金融及工业相关的政策及机制,如今都受到他国批评并通过协商加以修改、调整和重构。几乎所有在当代具有全球意义的话题,包括人口、环境、发展与人权等都涉及国内外法律关系的重新调适。由于信息流动的全球化,发达国家的人们能够很快获知在世界上任何地区发生的事件。但是,他们有时对在外国发生的事件并没有太多思考,只是根据他们的成见来理解。为了在国内管辖事项与国际关心事项之间找到合适的分界线,或者为了在当今"结构性干预"(Structural Intervention)的时代中重新定义不干涉原则,国际法学者必须在平衡全球价值与多元文化这个复杂问题上具有更深的洞见。

第三,有必要将法律从过度的实证与形式主义概念中解放出来,并从规范的功能角度重新进行概念化。法律功能不只是限制性或禁止性的,而且也是为了交流、调和冲突并且是理性化的。正如耶鲁学派所强调的,如果只是将法律视为大坝,国际法学者的理论研究就会受到损害。但是国际法只要被称为"法",就不能从法的整体形象中脱离,而这一形象是由数百年来国内法的共同特点塑造的。无论人们如何极力强调国际法和国内法的区分,将前者视作水平系统而将后者视为垂直系统,那些参与国际法运作的人,不管是政策制定者、持批判态度的记者还是普通公民都倾向于从既有的法律认知来理解国际法,而这种认知是有极大局限性的。单纯用国内法视角分析国际法的做法必须被抵制,然而只要国际法仍然是法律分支,其就必须根据法律术语来定义并进行体系构造。

如果我们从解决冲突或者最大化地减少暴力的角度来思考国际法,就可能存在这样一种假设,即建立具有强制管辖权与执行机制的国际司法系

〔42〕 必须知道的事实是,习惯国际法并不总是被看作一般国际法,两者的等同直到 19 世纪晚期才出现。随着人们规范意识以及其他历史背景的变化,一般国际法的概念也随之而变。因此,在一般国际法规则的诞生被认为几乎是"立即"的时代,总结出新的一般国际法概念也就势在必行。

统，将成为最值得追求的模式。然而事实上，这样的假设是受到质疑的。正如许多国际政治学者已经指出的那样，具有强制执行机制的国际司法系统，并不一定是最佳的国际冲突解决方式。即使在国内社会中，这一模式的必然性也是有疑问的。恰当的冲突解决模式，应根据社会心理、文化传统以及其他影响人类行为的因素而改变。尽管西方法治文化的思维已经成为主流，它作为解决冲突方式的全球有效性仍然是有疑问的。

日本在19世纪以来的全面西方化的过程中，表面上坚持吸收西方法治文明，但实际上并不认同这种源自欧洲的文化。然而就争端解决及压制暴力的模式而言，日本在实质上保留了传统特征，也就是依赖调解的方式解决冲突，并着力强调教育在控制暴力行为上的教化功能。许多非西方国家都没有西方式法治文化，因此他们将在很大程度上经历与日本相似的现代化过程。提出并解决这一根本性问题，将成为日本学者对国际法的重要贡献。〔43〕

〔43〕 这一事业也将同时促使日本国际法学者克服他们当中根深蒂固的欧洲中心主义与消极主义思想。

学术活动

北京大学“王铁崖国际法系列讲座”综述（2015年9月~2015年12月）

◇ 北京大学法学院2014级、2015级国际公法专业硕士研究生整理*

本年度“王铁崖国际法系列讲座”自2015年9月开始至12月结束，期间共举行8次活动。该系列讲座由北京大学国际法研究所主办，是以纪念原北京大学国际法教授王铁崖先生而命名并受到王铁崖国际法基金资助的学术活动。该活动意在促进学界与实务部门之间的交流与合作，加强国内、国际学术界沟通和意见交换，从而推动北大国际法学科的发展与进步。本年度“王铁崖国际法系列讲座”邀请到了国内外知名国际法学者、相关国际组织中的实务工作者担任主讲人。各位主讲人对当前国际法所面临的一些理论和实践问题进行了细致的梳理和深入的剖析。

一、中国与周边国家

（一）中菲南海仲裁案

2015年11月25日，国家海洋局张海文司长在北京大学二教412教室为北京大学学生带来了一场题为“中菲南海仲裁案”的讲座。张海文司长通过分析海洋争端的结构和中菲南海仲裁案关于管辖权的裁定，提出了自己对本次仲裁案的看法，并分析了相关国际法问题。

---

* 《北京大学国际法与比较法评论》编辑部感谢吴建每、顾一鸣、李秀秀、于浩、杨肯、章璐、徐晋阳、葛奕君等同学对讲座内容认真、细致的整理。

1. 海洋争端的解决

根据《联合国海洋法公约》(以下简称公约)第 15 部分的规定,涉及海洋的争端可以提交给下列的法院或法庭,可以简单归类为:一是常设机构,包括国际法院、常设国际仲裁法院、联合国海洋法院以及公约下的国际海洋法法庭。案子提交给这些机构的共同前提是要当事方达成一致、事先同意。二是非常设的机构,非常设的机构有案子的时候才组成,特点是没有具体的常设机构。公约第 15 部分第一节规定了调解,但是不具有执行力和拘束力。

当然,第 287 条规定任何缔约国在签署公约、缔约公约或者加入公约当时或其后的任何时间要做出书面声明,声明内容包括:选择一个或下列一个以上的方法解决争端。中国在 2006 年做出了排除声明,同时也对附件七作出了特殊的规定,即第 287 条第 3 款第 5 项在什么情况下视为提交附件七,什么情况下可以提交附件七。

公约第 288 条规定了管辖权的问题,对以下事项具有管辖权:一是对本公约的解释和适用产生的争端;二是对与本公约目的相关的国际协定的解释和适用产生的争端;三是法院或法庭认为对于管辖权争端拥有裁定权的。其中,第三点赋予了法院较大的自由裁量权,容易产生问题。法院或法庭在接到案子之后要进行初步的审查,检视是否滥用法律程序,初步证明是否存在提交的理由。

中菲南海仲裁裁决没有经过初步审查的程序,没有尽到对具体的事实和法律进行分析的义务。因为仲裁庭作出的裁决完全按照菲律宾的法律文件,而排除了中国的理由和声明,甚至抛弃了表面的公正。

2.《联合国海洋法公约》

(1)基本概况

公约规定法庭由 21 名法官组成。法官的提名和选举比较严格,其中法官的提名由国家进行,且通过缔约国大会进行选举。

对于案件审结的时间,公约并没有严格的规定,一般是以实际进展来决定时间长度。

另外,仲裁庭的裁决是具有强制执行力的。

附件六第 21、22 条规定了仲裁庭对三类事件享有管辖权:一是与公约解释和适用的相关问题;二是与公约目的相关的问题;三是愿意提交给法庭的事项。

其所能够适用的法律包括公约、不抵触的国际法规则、公允及善良原则。

(2)仲裁程序

附件七是本案提交仲裁适用的程序依据。该程序可以由当事方一方单独启动而无需经过对方同意,对方可以在任何时间段参与其中。对于仲裁员名单,缔约国有权提名 4 人放入常备名单中,中国还没有行使此项权利提交名单。

对于仲裁时限,附件七并没有明确规定。但是本案中,菲律宾明显希望加快案子的进程,经济负担是一个因素,另外一个因素是菲律宾总统希望在自己的任期内得到结果。对于一方不到庭的问题,公约第 9 条明确规定不会影响程序的进行。

3. 菲律宾仲裁案始末

本案进程的主要节点是 2013 年 1 月 22 日。当天,菲律宾向中国提出外交照会,明确要按照公约附件七提交仲裁并指定仲裁员,这意味着仲裁程序的启动。但是,中国政府很正式地将对方的照会退回去,且明确告诉对方不会接受仲裁也不会参与仲裁。

中国在 2014 年 12 月 7 日发布了立场文件。该立场文件的核心内容是仲裁庭没有管辖权,论述的角度包括以下几个方面:一是从公约条款的解释和适用的角度进行论述。二是指出菲律宾的许多诉求是中国在公约批准时声明排除适用的事项,而涉及领土和划界的问题赫然在排除之列。三是根据公约规定,只有当事国依照第十五部分第一节不能解决的才能提交给第二节,即当事国之间具有协商的义务,两国经过长时间的协商和谈判没有解决才能提交给仲裁庭。对此,中方认为菲律宾没有尽到该义务,另外,依据中菲联合公报,双方承诺如果有争议,需要通过谈判、磋商等方式和平解决,《南海各行为宣言》也明确规定,若有争端,则由当事国各方通过谈判解决。

但是常设仲裁法庭做出决定,明确指出对菲律宾诉求中的七项享有管辖权,另外七项诉求则与后面的实体问题密切相关,将在实体问题的审理中考虑;常设仲裁法院认为第 15 项诉求(菲律宾要求裁决中国的所有权利主张和所有行为是非法无效的,常设仲裁法院要求菲律宾确定是中国的什么行为和范围)过于宽泛,其无法做出裁决,要求菲律宾对该项的范围进行限制。

菲律宾的诉求：一是中菲海洋权利应该按照公约予以确定。这实际上是菲律宾很空泛的说法，什么是海洋权利并没有很明确的定义。菲律宾要求裁定九段线主张违反公约而无效。如果仲裁庭依据法律和事实作出裁决的话，那么仲裁庭对于该条是作不出裁决的。对于其提出的第15项诉求，菲律宾也是在意识到了仲裁庭无法解答的情况下在文字上进行了微调。

菲律宾的第4项诉求主张中国的国内法须符合公约，美济礁和西门礁是属于菲律宾的大陆架，中国在美济礁和西门礁上的活动侵犯了菲律宾的权利，应予以制止。此处菲律宾犯有一个错误：不是西门礁而是东门礁。之后在2014年，菲律宾对此进行了修改，在西门礁边上打上括号写上了东门礁。这说明菲律宾提起仲裁的行为是很仓促的——连基本事实都没有理清楚。

菲律宾第6项诉求主张南薰礁和渚碧礁依照公约不处于中国的大陆架之上，同样也是在替中国划界。菲律宾还主张黄岩岛、赤瓜岛、华阳礁和永暑礁按照公约第121条第3款应确定为岩礁，因此只能拥有不超过12海里的领海，而中国非法助长了超过12海里的海洋区域。菲律宾的此项主张也存在问题，其需要证明中国何时主张对这四个礁拥有超过12海里的领海、享有大陆架和专属经济区，若菲律宾无法给出相关的事实和证据，就无法证明中国有任何非法的行径。

菲律宾的第9项诉求主张要求中国停止以不可持续的方式在黄岩岛和赤瓜礁附近水域捕获生物资源的行为，并停止在黄岩岛、赤瓜礁以及其附近属于行使其他不符合公约的行为。2012年菲律宾派军舰岛黄岩岛企图抓获中国的渔船，但是被中国拦截了，此后中国派海监船和渔舰船到黄岩岛，进而在队伍合并后长期驻守黄岩岛，菲律宾的船自此就不能进入黄岩岛内进行捕鱼和作业。

菲律宾的第10项诉求主张依照公约，菲律宾所能够拥有哪些权利。但这不是公约管辖权范围内可管辖的事项，因为中方从来没有否认菲律宾依照公约所享有的权利，所以不存在争端。

菲律宾的第11项诉求主张中国对菲律宾的专属经济区和大陆架的开发是非法的。这也涉及划界的问题，如果没有划界，如何知道哪些区域是菲律宾的大陆架和专属经济区？

4. 中菲南海的争端内容

中菲在南海之间至少有两类争端:第一类是关于岛礁主权的问题;第二类是划界问题,由此引出的是公约涉及的捕鱼权、资源勘探和航行问题。

(1)岛礁主权问题

菲律宾不要求仲裁庭对岛礁的归属问题和划界问题作出裁决,仲裁庭在管辖权的裁决上也明确提出本仲裁庭不审议主权归属和划界问题。那么,仲裁庭要审什么、菲律宾提起这个案子的目的又是什么?

若是公约的适用和解释问题,最后还是会绕回主权和划界问题。所以可以裁决的问题是:具体的岛礁性质(是岛还是岩礁)和这些岛礁是否享有领海之外的权利。但这会涉及咨询权和咨询管辖权的问题。而咨询管辖权在附件七范围之外。如果要仔细解读上述可裁决问题,都会涉及领土归属问题。菲律宾提出不需要仲裁庭裁决领土归属,而是解决其是否有法律权利。如果仲裁庭就这些事项裁定自己有管辖权而且做出解释,那么此举在法律上和实践上带来的问题是:是否任何一个国家对任何一个岛礁都可以提起仲裁。

(2)划界问题:默认的效力、关键日期、法不溯及既往

A. 默认

菲律宾指出,中国在南海的许多权利是非法的。这首先需要厘清中国政府在南海所提出的权利主张、提出主张的时间及依据,其次需要明确周边国家是否认知到中国曾经提出的、现在依旧提出的对南海权利主张。主张的方式包括明示和默示,国际法上默示也是具有效力的,默示可以是不支持、不反对、不放弃。即如果一方有明确的权利主张,另一方不表示反对,在公约里这表示默认。联合国体系中也是如此,包括公约缔约国大会,有具体的议题,某一个国家有具体的提案,会议上有什么意见和评论就需要说出来,主席最后还会问是否还有其他不同意见,如果没有其他不同意见,则敲锤,代表该条款/规则生效。因此,一方可以不表态,但是不表态推定为默认。

B. 关键日期

对断续线的解释联系到国际法的另外一个规则——关键日期,即什么时候产生法律上的争端。关键日期之前的行为在国际法上具有法律意义,对于争端产生之后的行为双方是刻意而为之的,应该忽略不计。那么断续

线是什么时候开始有的？根据资料记录，断续线最早于1914年画在地图上，当然这也可说这是民间的地图而不属于官方。官方公布关于断续线的记载是1948年，这虽然不是关键日期，但也是很重要的日期。如果各国、各方有意见、疑问或反对，应该在这一节点作出表态。菲律宾可能会推辞说1948年菲律宾尚未独立，彼时美国是菲律宾的殖民宗主国。即便如此，当时美国也应该替菲律宾表态，但是美国在1948年并没有表态。总而言之，1948年中国公布该断续线的时候，这些现在替南海提出主张的国家都没有提出疑问。如前所属，在国际法上，沉默就是不反对。所有人都没有反对意味着中国公布断续线的行为在国际社会中是得到默认的。

第二个关键的时期是1949年。这涉及政府继承问题。中华人民共和国政府继承了中华民国政府，由此，中华人民共和国政府继承了中华民国政府所有的权利。所以在20世纪50年代，中华人民共和国政府颁布了新的地图，但内容和1948年地图画出的大体位置是一样的，但线段有调整。对于新中国政府的继承，其他国家也没有反对，可以明确当时的继承是合法的。1970年以后，《联合国海洋法公约》进入筹备和谈判阶段，一直到1982年公约审议通过，在该期间没有任何国家对这条线进行质疑和反对。而现在，一些国家称断续线不符合公约，但是，这些国家如果有疑问应该在公约的审议过程中就提出，而当时并没有国家提出中国的九段线违反公约。直到1994年公约生效，1996年很多国家批准了该公约，这个过程中仍然没有国家提出质疑，也没有要求中国做出解释和澄清。

C. 法不溯及既往

周边国家正式对九段线提出质疑的时间是2009年。2009年，越南和马来西亚就南海向联合国大陆架界限委员会提交了大陆架划界案，中国提出反对，并在声明后附有一张断续线的地图。自此，周边国家接连提出反对。其中印度尼西亚提出反对的时间是2011年，菲律宾在更晚的时间提出反对。但是媒体和西方学者认为中国拿九段线来否认其他国家的大陆架划界的观点是不合适的。事实上官方1948年就公布了断续线，而1948年时并没有公约，不可能要求1948年的事情符合之后产生的规则，所谓法不溯及既往。

（3）相关名词定义

菲律宾对南海岛礁进行了分类，并认为这些是岛礁不是岛屿，中国不能主张两百海里的大陆架。这项认定涉及公约的两个部分,一是第八部分关于岛屿的定义和岩礁的定义,二是第四部分关于群岛的定义。此外,还引出国际法的另外一个问题——水下暗沙能否当作领土。这涉及方法论的问题,如果咬文嚼字,那水下的暗沙当然不是领土,因为领土是水面上的。但是若具体到南沙岛礁,则不能这样分析,因为南沙群岛到底是岛屿还是群岛需要解读和定义。岛屿的定义很清晰,是高潮的时候永久高出水面的陆地区域,其中不能为人类居住的是岩礁,岩礁不具有专属经济区和大陆架的岛屿。第四部分对群岛国和群岛进行了定义和解释,但是在公约的谈判中对群岛国和群岛的界定是有争议的,一种观点认为只有群岛国拥有群岛,另一种观点认为大陆国家如果拥有群岛的话也可以拥有公约界定下的群岛。如果大陆国家也可以拥有群岛,是否可以划群岛基线?非群岛国家可以划直线基线,但是公约上并没有规定大陆国家可以在什么地方划群岛基线,没有规定在大陆的沿岸划直线基线,没有规定群岛不可以划直线基线。尽管从表面上看群岛基线和直线基线是一样的,但是群岛基线是有特定的国际法意义的,群岛基线内是群岛水域,有特定的法律制度。

群岛水域和群岛基线只有群岛国才可以用,但是反过来说,大陆国家可以拥有群岛,只要符合公约关于群岛的定义,因为这是客观上的地理存在,也可以划定群岛基线。

5. 关于《南海各方行为宣言》的法律效力

仲裁庭认为自己拥有管辖权的很重要的一点原因就是它认为《南海各方行为宣言》是一个政治性的文件,不具有法律拘束力。但是,如果《南海各方行为宣言》不具有法律拘束力,那现在缔结各方在南海就可以不遵守它,如此一来,各方的很多政治承诺就可以不作数。所以仲裁庭做出这种裁决,一旦扩大解释就会有问题。美国的逻辑就是《南海各方行为宣言》没有法律拘束力,所以《南海各方行为宣言》执行不力,要自己制定一个有强制拘束力的"南海行为准则",大家才会去遵守。这种逻辑和理论与中国人的一贯逻辑和理论是不大一样的,中国认为政治上的承诺在道义上是需要履行的,不能因为没有法律上的拘束力就当成一纸空文。这些问题就属于条约解释的框架——怎样可以构成条约,具有法律拘束力,政治文件中的相关规定构不构成法律上的义务,这些也是值得研究和来探讨的问题。

6. 中国以及周边国家权利主张

中国在南海的权利主张问题是两个方面：一是根据一般国际法，中国在南海有很多权利主张可以提。比如说岛礁领土主权，中国主张四个群岛（东沙、西沙、南沙、中沙群岛）的领土都是归属中国的，这个是根据一般国际法取得的，跟公约无关。又比如历史性权利。中国主张在南海拥有历史性权利，这是一般国际法上的权利，它可以运用到海洋法以及在主张海洋权利时当作依据。二是依据公约缔约国享有的权利。其中不能遗漏的是，公约中很多条款都规定要按照公约或者公约规定的一般国际法去执行，不要简单地只看到领海、专属经济区、毗连区和大陆架。

对于周边国家，菲律宾主张依照公约——所有国家在海洋里的主张只能依照公约——超出公约范围就是非法无效的，这也是本案的核心。但是，这把权利限制得太窄了，因为公约还赋予了其他国际法权利，不应该受到限制。这里就涉及重叠和交叉的问题，中国在南海主张的权利来源如果是双重的，就有一个权利的叠加。有重叠怎么办，就应该谈判——逐条理清、妥善商量，须知利益是可以交换的。但是，现在周边国家的做法是简单的否定，周边国家的舆论宣传就是南海问题要依照公约，直接否定了依据一般国际法的权利主张，一开始就否定说这是非法的。这是中国一贯反对的。

7. 国际法规则对本案影响

那么，一般国际法有多少规则是对中国有利的呢？如前面所说的关键日期规则。在有争端之前，所有的默认、默示是能够产生法律义务的。与之对应的是国际法的禁止反言规则，另外还有法不溯及既往原则：不能拿公约去否定其生效之前已经出现的主张和已经具有的权利。所以按照一般国际法这几个规则去解释和适用国际法，周边国家都将身处不利之地，因此这些国家只能选择利用公约。但是直接拿公约权利去否掉其他国际法规则是不可能的，中国也不会上这个当，所以就打起了舆论战。当然，现在南海周边国家和中国还没有坐下来就南海问题进行谈判——没有进行划界谈判，也没有进行岛礁争议的谈判，只是口水战、舆论战，名义上拿着法律，实际上存在很多被偷换的概念。

8. 关于断续线以及中国态度的理由

中国政府为什么不把断续线说清楚？断续线的事实主张是什么？其实没有必要说清楚，因为条件不成熟。这不是一个法律问题，而是一个政治问题。权利主张,法律只是依据之一,更多的还是要依据国家利益。

目前,越南、菲律宾、马来西亚以及文莱这些国家加起来在南海开采的油气井已经有一千多口。有些在中国断续线里面,有些在断续线外面。断续线外面我们是不抗议的,在断续线里面是抗议的。反观中国,除了北部广东沿岸、海南沿岸有油井,从西沙群岛往南都没有油井。这里就要质问越南的权利主张是什么,因为根据海底地貌图,越南中岸就没有自然延伸,它的大陆架很窄。公约第 76 条规定自然延伸的不足 200 海里,可以有 200 海里的权利,除此之外就没有依据了。根据地图可知,越南大陆架,即使不考虑其他国家的主张也和中国的西沙、南沙重叠,需要和中国划界,更何况它的主张已经延伸到菲律宾沿岸。因此,当有人催问中国九段线何时道明,我们也可以反问越南的大陆架划界究竟依据为何。中国是在 1948 年划的,但是越南可是在公约颁布之后提出的,应该严格照着公约划定。所以包括这个仲裁在内都夹杂了政治的东西。因而,不管从法理依据到策略,中国没有必要先说。

9. 可借鉴的案例

(1)荷兰和俄罗斯案。该案涉及一个临时措施——紧急释放问题。即法庭作出裁决,要求俄罗斯在荷兰提交保证金之后作出释放。而这种情况下释放的前提之一就是承认这是对方的管辖海域。对应到本案,菲律宾也会慎重,因为它一旦提出临时措施,可能会变向承认这是中国的专属经济区和管辖海域。

(2)毛里求斯和英国案。该案适用了公约附件七,最后仲裁庭的结论是英国胜诉。裁决中最核心的一条涉及能否划保护区。裁决的结果是英国回去和毛里求斯商量,协商解决,这就是绕了个圈又回来了:协商不成才提交仲裁,最后的结果又是继续协商。产生该结果的核心原因是仲裁庭的庭长是澳大利亚人。

(3)科特迪瓦和加纳案。该案关于国际开放,对南海问题的解决有借鉴意义,也是适用了附件七,最后仲裁的结论是已经勘探开发的继续勘探开发,还没有的则不可。

10. 结语

南海争端突然被炒热,值得我们警惕。这背后是美国在做推手,因为美国需要中国周边海洋局势紧张。因此,在法律上把南海问题炒热就使之变为一个政治问题,也就不能简单地适用法律解决。

另外,海洋争端在全球范围内普遍存在。所以我们要客观认识,用习主席的话说就是我们要有战略定力,我们要清楚问题的根源和本质是什么,然后再进行解释,一定不要被媒体忽悠。

对于预测本案结果,纯粹从法理来说,一定会做出一个对中国不是那么坏的裁决。但是考虑了其他因素之后,仲裁庭就很难作出一个符合法理且公正的裁决。

(二)东海、南海与两岸关系:台湾的观点

2015 年 9 月 21 日,台湾“国立”政治大学陈纯一教授在北大法学院凯原楼 307 会议室为北大学子带来了一场题为“东海、南海与两岸关系:台湾的观点”的讲座。陈老师结合自己多年来研究两岸关系的相关成果以及近期两岸和国际形势的热点,以两岸关系为主轴,为同学们讲解了东海、南海的法律以及政治问题。

1. 两岸关系

从台湾地区的角度来讲,台湾地区对于两岸关系的论述是建立在三个架构之下的:第一是中华民国宪法;第二是两岸之间达成的“九二共识”;第三就是台湾地区单方面主张——大陆没回应,也没表示反对的“互不否认”。

(1)宪法架构

宪法架构是中华民国对于自己的定位。而在国际场合中很多问题,都与宪法架构有关。这部宪法是具有延续性的:民国三十六年(1947 年)十二月二十五日,中华民国实施了这部中华民国宪法。在民国三十七年(1948 年)的时候,鉴于当时的局势,中华民国国民大会于五月十日制定了宪法动员战乱时期临时条款,将中国共产党定位为“叛乱团体”。到民国八十年(1991 年)五月一日,国民大会才终止了动员战乱时期。在很长一段时间内,国会没有改选。当年的国民大会代表是大陆地区选出来的,当年的立法院也是大陆地区选出来的。所以中华民国政府到了台湾之后就明确,它是中国的代表政府。而 1971 年之后,中华民国外交情况越来越不好,与此同时,中华人民共和国的外交情况越来越好。于是,就碰到了一个很现实的问题:这些当年大陆地区选出的立法委员与国民大会代表的代表性何如?某种意义上讲,这部中华民国宪法就是台湾地区与大陆的联结点。

1991 年,整个“国会”面临改选的问题。从宪法角度讲,到底是增修还是重新制定就是一个问题。如果是重新制定,从国际法角度看,就涉及新国家问题。最后,台湾当局还是选择了增修条文。增修条文的第 11 条,将中华民国分为两个地区,台湾为自由地区,另外就叫作大陆地区,就是所谓的一国两区。因为这样的划分,还专门制定了“台湾地区与大陆地区人民关系条例”(以下简称“两岸关系条例”)来解决两岸之间的问题。

两岸之间人民的关系问题很多,夹杂历史、政治与法律问题。其中,1991 年、1992 年是重要的时间点,一方面是开放了探亲,还有就是产生了“九二共识”。“两岸关系条例”中,台湾就是指台湾澎湖金门马祖以及当局统治权所及的其他地区,台湾现在统治权就及于台湾金门马祖了。

从中华民国宪法架构来讲,它还是一个中国的“宪法”。“国家统一委员会”通过了“一个中国”的含义,“一个中国”指的是从 1912 年迄今之中华民国。从国际法角度来讲,中华民国主权及于整个中国,治权及于台澎金马。

(2)“九二共识”

两岸要来往,会有很多的问题,通行许可要谈判。为了解决问题,两岸之间释放了很多的善意,但双方也都会有各自的立场,需要对方的了解。有时候,我们了解自己的立场,同时也需要尊重对手的立场。在这个时候,就必须面对一个中国的问题,因为两岸之间的谈判,到目前为止,都要在这一前提之下进行。即便是台湾,到目前为止,也没有讲过两个中国。

而对于提及“一个中国”的“九二共识”,这个共识到底是什么?本身也是个问题。一个中国,即双方遵守“一个中国”原则,但也可以各自解释“一个中国”的意涵。

在台湾地区,现在常用的词汇就是“九二共识”。“九二共识”,从台湾的角度来讲,就是八个字“一个中国,各自表述”,也就是台湾所说的“一中各表”,而大陆则说是“各表一中”。台湾强调“各表”,而大陆强调“一中”。

从中华民国角度来讲,当然一个中国就是一个中华民国,然后再基于宪法的解释,自成了一个体系。对于大陆来讲,一个中国就是中华人民共和国。无论怎么样,它还是一个国家,这就是两岸关系的基本架构。

到目前为止,两岸之间的所有协议都在这个框架之下开展。否则一开始就是谈不成的。国台办与陆委会表明,两岸关系是特殊的,它与一般的政府机构部门不一样。

(3)互不否认

互不否认——台湾地区马英九政府的主张,大陆方面也没有否认,因为这本身也是一种客观存在。这个概念最早由丘宏达教授在美国教书的时候提出,他讲过互不否认对方为一个政治实体。那什么是政治实体?这就涉及不同的解释了。后来发展出“不可能承认彼此的主权,但是也不会否认彼此的治权”。因为我在这边实际统治管理,你不能否认我在这边统治管理的事实。但是,由于不是两个国家的关系,我不可能承认你的主权,但是,又必须确认你在这片领土内拥有治权。

2. 钓鱼岛问题

钓鱼岛的问题就是它到底是属于琉球的一部分,还是台湾的一部分。因此,如果琉球的问题确定的话,那么钓鱼岛的问题就确定了,但它从来不是日本的一部分。

(1)中国的主张

中国对于钓鱼岛的主张一向倾向于从历史证据来证明钓鱼岛属于中国。这个历史证据主要包括两样东西——册封使的使录和台湾的地方府志。台湾的地方府志上记载,它被划至台湾噶玛兰厅,也就是今天宜兰的一个部分。而日本对于钓鱼岛的主张一直是基于国际法上的先占。而先占能否成立的前提是对无主地的认定。钓鱼岛在最开始的时候一定是无人岛,但是,中国人不可能没有看到它。

(2)现代国际法与东方文化传统的兼容性

还有一个核心问题,由于现代国际法创建于 1648 年的威斯特伐利亚体系之下,所以我们所说的领土取得、主权的概念、方法、逻辑、原则其实还都是西方的概念、逻辑跟原则,它未必跟我们东方的概念一样。在古代,册封使到钓鱼岛的赤尾屿的时候,因为那边有个海沟很深,所以他们常常会说,这是中外之界。换句话说,他们的脑中,没有一个现代国际法“水从属于陆”的观念。中国人的国土观念则是“普天之下莫非王土”,因此我们不会有那种去钓鱼岛上立个碑的观念。

(3)《马关条约》与钓鱼岛

从日本的角度来讲,日本在 1879 年吞并了琉球,1885 年就对钓鱼岛产生了兴趣。因为 1885 年它本国发生了一些事,就搁置到了 1895 年。等到甲午战争胜利后,他们认为时机成熟。1895 年,他们通过内阁决议钓鱼岛是日本领土的一部分,尽管并没有对外公开。

因此,我们需要研究《马关条约》中“割让台湾及其附属岛屿”这一条款,我们需要解决的问题就在于其中提到的“台湾附属岛屿”是什么。其实当时有画过两张图,但是最需要的证据没有画入其中。第一张画的是辽东半岛的,另外一张只是在澎湖列岛上画了一个框框。谈判时是有谈到钓鱼岛的,但是伊藤博文说,他们不会把福建的岛屿都当做台湾的附属岛屿而割让的。所以,台湾这边也从来没有去画。《马关条约》里面说,签订条约 1 个月后,双方都要派大臣去会商经界,结果也不了了之。所以这个事情就这么稀里糊涂的过去了,不过在当时的人看来,也没有人会觉得那些小岛有多重要。

现在,学者们在做一个研究,想要找一个证据,来证明在清朝的眼中,台湾到底是什么。此外,是否日本内阁在秘密通过相关决议的时候,清朝对日本竟然要先夺走该岛根本不知情。从历史上来看,日本从来就不知道它能不能顺利拿下台湾。甲午战争胜利后,日本外交部一直在打听美国、英国对于其拿下台湾的反应。这对于日本来说很重要,不仅是因为伊藤博文认定这些列强不怀好意,不会让他们顺利得逞,另一方面也可以说明日本拿下钓鱼岛的书面文件并不全面。

(4)日本先占说

日本主张台湾东部是无主地。对此,清廷拿出台湾府志,并认为如果是无主地,怎么赫然列在台湾府志上并且有纳粮记录?美国、英国当时也认为从来没有听说过台湾东边是无主地。但日本在国际法上用的理由就是先占。

钓鱼岛和台湾有关,因为如果认为钓鱼岛与台湾没有任何关联性,就无法解释 1895 年之后到现在,清朝、中华民国、中华人民共和国都在干什么。如果钓鱼岛与台湾联系起来,那么从 1895 年到 1945 年,问题就能迎刃而解。因为遭到割让,所以当时它就是日本的领土,所以彼时中国不会有任何反应。而如果不这样,就必须对从 1895 年到 1945 年中国政府的作为做出解释。

要破除日本的先占,有两种方法。第一,要证明它不是无主地,这就需要历史上的证据。第二,现在日本常常会说如果钓鱼岛是你的,那你 1945

年到1968 年在干什么?这里就必须提到一个情境——国共内战,这有助于解释国际法上 acquisition(领土取得)的概念。另外,就是钓鱼岛的名字变了,但并不为我方知晓。在中国的古籍上,钓鱼岛都称为钓鱼台,但是日本人却称之为尖阁诸岛,这件事我们并不知道。在兵荒马乱的时期,我们并没有把钓鱼岛和尖阁诸岛联系在一起,虽然我们在有些地方会说尖阁诸岛属于琉球的一部分,但我们从来没有在一份文件中说钓鱼岛是琉球的一部分。这就是对 1945 年至 1968 年我方无作为的解释。

3. 南海问题

南海的核心问题是九段线(台湾称“十一段线”),与其相关的是中华民国政府于 1947 年公布的南海诸岛位置图。

(1)九段线的意义

这条线可以有两个意义。第一,这是一条疆界线;第二,这是一条岛屿归属线。因为它的画法和陆地疆界是一样的,所以它可以是疆界线。当然,在 1947 年的时候也还没有《联合国海洋法公约》。如果这是一条疆界线,则里面的岛屿和水域从理论上来讲,都是属于中国的。第二种解释则认为这是一条岛屿归属线,只要是这条线以内的岛屿都是属于中国的。而现在世界各国都在问,这条线到底是什么线?

(2)台湾的两难处境

国际社会给台湾施加了很大的压力,因为这条线是中华民国政府画的。但中华民国政府一直没有拿出当时的档案,因为它本身也面临两难处境。一方面,中华人民共和国政府是延续这样的主张的,如果台湾改变它的主张,会影响到大陆这边的主张;另一方面,如果台湾站在美日东南亚这边,又会对大陆的主张不利。因此,对于台湾来说,最好的办法就是两边都不讨好。之所以大陆和中华民国政府在这个问题上的论证一样,是因为台湾讲的中华民国是从 1912 年开始的,而不是 1949 年开始的,因此国家是延续的,没有与以前切割,所以现在讲的这些东西才是有意义的。

(三)中日关系的现状与未来

2015 年 10 月 23 日,东京大学法学院政治学研究科教授高原明生在北大法学院四合院三进院为北大学子带来了一场题为“中日关系的现状与未来”的讲座。高原明生教授结合自己多年的研究,先简要介绍了中日两国国民对彼此的印象,然后重点梳理了中日的现状,最后提出了对中日关系的展望。

1. 中日两国国民对对方的印象

日本非营利组织“言论 NPO”10 月 22 日发表“中日两国国民对彼此的印象”舆论调查,调查显示日本国民对中国存在的不好印象从去年的 93% 下降到 88.8%,其中日本国民对中国存在的好印象存在上涨的趋势。双方对彼此的印象开始改善。

改善的主要原因是全球化,彼此之间的障碍开始缩小,包括民间交流的增多和日中政治关系的改善。从 2015 年开始中日关系呈现改善的趋势,中国国民到日本旅游出现“爆满”现象。2015 年 11 月在 APEC 会议上,习近平决定要改善中日关系,两国的首脑做了第一次会谈。今年四月份在印尼开始第二次首脑会谈,会谈氛围很好。

2. 日本的态度基本上没变

首先,从 2012 年 9 月开始,中方常常把海洋局的船派到钓鱼岛的领海内,用“力”改变现状是日本方面不能接受的。如果中国继续此类行为的话,日本会加强卫护措施(hedging),而自卫队的预算也相应开始增多。此前,日本的防卫预算一直处于下降趋势,但在 2012 年的事件发生后,日本开始增强防卫,但相比于中国国防队(预算)的增长,日本的增长幅度不大。

其次,不要让岛屿问题、靖国神社问题干扰大局、停止交流。这些问题都是老问题,现在不应让这些问题干扰大局。

再者,中日都是大国,中国是排行世界第二的经济大国,日本则排在第三。两者不仅对各自国民担负责任,对于亚洲、全球范围的安全与稳定也均负有改善的责任。对此,日方早有认识。

3. 中方态度逐渐缓和的原因

中方态度逐渐缓和的原因主要有四个。

一是军事方面,认识到了避免事故发生的重要性。2014 年 5 月、6 月,中日双方连续发生军机接近碰撞(near miss)事件,使得双方都开始思考并力避类似事故在未来的重演。

二是经济方面,认识到了政治僵局对经济交流的影响。这种认识产生于中国处于经济减速、地方财政赤字和日企投资减少的背景之下。具体来说,中国的经济处于减速状态是全球化的结果之一,另外,虽然日本的经贸对中国总体影响不大,但是对于中国的局部经贸却有一定的影响。因此,为了双方经济的活跃,需要改善政治关系。

三是中国新一届政府的权力基础已处于稳固状态。对于中方领导人而言,稳固权力基础是审视对日本立场的前提。新一届政府通过反腐败的行为,稳固了自己的基础。

四是国际方面,中国和美国发展新型大国关系已是不易,因此强硬的近邻外交政策不适合当前的中国政权。对此,既需要开展合作,也需要合理管理竞争。

高原明生认为在分析中日关系时,下述分析框架比较有用:从前述四方面进行研究,充分考量包括国内政治、经济利益、国际环境安全和主权、国民感情和认识在内的各项因素。其中,国民感情和认识如何影响其他三个因素是很重要的问题,而国际比较的视角很有益处,可以帮助我们更好地理解两国关系的特征。

4. 未来,我们应该怎么办

为了实现更好的未来,我们还需要认识对应中日关系的两个侧面。

一个是强韧的侧面。首先,双方经济互相依存。其次,中日文化接近、双方国内社会亲近,其原因包括传统和现代的因素,这是欧美国家不太容易理解的一点。日本小学教育会学习中国的古典知识(例如唐诗),所有的日本人都会学习中国的国语。虽然韩国和越南也学习,但他们并不使用汉字,而日本则是用汉字来教授中国古典名著(如《三国演义》《水浒传》《西游记》)。中国的料理也受到日本人的欢迎。如果日本博物馆有关于中国古典的展览,排队的人会非常多。日本现代的动漫和游戏同样受到中国青年的喜欢。高原明生曾经带日本学生到人民大学交流,结果非常好,因为游戏和动漫是双方青年的共同话题。最后,在非传统安全领域的合作,例如在中东等地方抗击海盗,中国和日本有合作项目。而在保护外国籍船只的任务中,中国籍船只受到了日本自卫队最多的保护。此外,双方在环境、传染病、反毒品等方面也开展了广泛合作,但是这类消息鲜少见诸中日媒体的报道中。

另一个则是脆弱的侧面。这需要我们对包括历史的问题和国内安全问题在内的诸多问题提高警惕。而今天通过与大家讨论中日国民感情和认识这一因素,希望中日各界人士能够认识到合作强化两国关系强韧的侧面,管理缩小脆弱的侧面的重要性,要特别注意双方认识的差距、信息不对称的现实。据我观察,两国国民在认识上差距太大,信息不对称非常严重,已经达到了非常危险的程度。

5. 中日之间的误解

(1)钓鱼岛——中日关系低迷的原因

对于钓鱼岛争议,中国官方的看法是搁置争议,所作所为只是针对中国认为的日本挑衅举动而做出的不得以回应;日本的态度则是不接受搁置争议,因为日本不承认存在争议。尽管两方在事态处理上还保有一定的默契,但还是发生了一些纠纷。2010 年,中国渔船和日本海上保安厅巡视船冲突,日方根据其国内法逮捕了船长;2012 年,石原慎太郎主张东京要购买钓鱼岛,称自己采取措施代替日本政府保护岛屿;野田佳彦内阁决定由日本政府购买。

与中国中央和地方的关系不同,日本地方政府实施地方自治,与中央不存在领导和被领导的关系。但对外仍是由日本中央政府承担外交责任。虽然买岛后会引起很多外交问题,日本中央政府为了国内政局平稳还是决定购买。当时的实际情况比较复杂,地方政府并不想将岛卖给日本政府,后因开出高价,日本政府顺利买卖。鉴于当时认为该岛价值不高,日本国民对此也表示不满。所以引起中日关系低迷的“买岛”事件在日本国内看来也颇有些剪不断、理还乱。而后,安倍上台,其所提出的一系列新的、强硬的防卫政策更是加深了双方的误解。

(2)渔船撞船事件

2010 年 9 月发生了一起渔船撞船事件。新华社报道了此事,指出系日本船只两次撞击了中方船只。

事实上通过海上保安厅的录像得知,当时日方同意不发表录像,是海上保安厅的一个职员泄露了该视频。

“冰冻三尺非一日之寒”,在此之前由于中国军力的扩大以及具体事件的发生,日本已经开始感到“威胁”。中国 1992 年制定《领海法》,其中明确了“钓鱼岛”属于中国。而本来中国只是承认钓鱼岛是台湾的附属岛屿。日本方面对此改变很是惊讶,认为由于中方立场发生了改变,进而导致双方原来的默契也发生了变化。

(3)安倍的立场

中方认为安倍觉得与中国关系恶化更符合自身利益,这种观点是不对的。2014 年首脑会议上安倍发言:“我想和习主席一起从大局、长远观点来探讨 21 世纪的日中关系。我觉得应该增进国民之间的相互理解、深化经济关系、实现在东海上的合作、稳定东亚安全环境。围绕以上四点,双方开展多层面的合作是非常重要的。”很可惜的是,中日媒体的报道都不够充分。

就任一年以后,2013 年安倍参拜了靖国神社。很多中国人认为安倍参拜靖国神社是为了提高凝聚力,但这种观点是不对的。当时日本的许多媒体都对此举做了调查。根据较左和倾中的朝日新闻世论调查显示,支持“去是好事”占到 41%,“不应该去”占到 46%,所以其实更多的日本民众认为安倍不应该参拜靖国神社。而作为右派,产经新闻的调查也显示,支持“赞许参拜”占 38%,支持“不赞许参拜”占到 53%。这些事实告诉我们,安倍的参拜并非民心所向。所以双方都需要理解对方的实际情况。

(4)习近平的立场

许多日本民众认为习近平对日本的态度很强硬,这是不对的。习近平在南京大屠杀死难者国家公祭仪式上的讲话:“我们为南京大屠杀死难者举行公祭仪式,是要唤起每一个善良的人们对和平的向往和坚守,而不是要延续仇恨。中日两国人民应该世代友好下去,以史为鉴、面向未来,共同为人类和平作出贡献。……我们不应该因一个民族中有少数军国主义分子发起侵略战争就仇视这个民族,战争的罪责在少数军国主义分子而不在人民。”但是日本的媒体还是关注习近平的强硬态度,没有冷静、全面地看待问题。

(5)双方青年的态度

日本和中国彼此都认为有“愤青”,青年人当中互相缺乏好感,这种观点是不对的。2014 年 12 月,日本内阁府外交世论调查显示,中日之间亲近度最高的是双方青年人。另外,“言论 NPO”对彼此政治体制进行舆论调查得出的结果是:日本民众中,认为中国是社会主义国家的占多数,也有的认为中国是资本主义、平和主义国家等;中国民众认为日本是民族主义、国家主义和霸权主义的占多数。此外,两国民众就“媒体对自己的报道是否为客观公平”的问题的舆论调查显示:中国大部分民众认为是公平的,只有 30% 日本民众认为日本媒体是客观公平的。

6. 共创未来

一是改善、发展公共外交,纠正信息不对称。要避开政治和商业障碍,实事求是;要进行对话,不要中断和停止多层次的交流;共同开展历史研究,以史为鉴、面向未来,我认为日本要多注重战争的历史,中国方面应该多注意一点战后历史。中国教科书对日本战后的态度相关内容也比较少,而战后已经走过七十年了。进一步扩大旅游互访。如果发生困难就停止交流,这是不对的,要继续进行多层次的交流。

二是传达感情,通过交流达到情感相融。青少年交流特别重要,homestay(家庭寄宿)很有效。日本政府每年邀请几千个中国青年到访,中国青年会提出很多敏感的问题,但是很幽默和有礼貌。这样高素质的人才作为骨干对中日关系的改善是大有进益的。

多一点沟通、多创造一些了解彼此真实情况的机会。

二、战争与国际人道法

(一)日本的安全保障与国际法

2015 年 9 月 27 日,来自日本早稻田大学法学院的万岁宽之教授在北大法学院凯原楼 307 会议室为北大学子、早稻田大学来访学生以及来自其他院校的同学带来了一场题为“日本的安全保障与国际法”的讲座。万岁教授结合自己在安保法委员会的工作经验以及相关学术研究,通过简要地梳理日本安保法案(以下简称安保法案)的历史渊源和发展,重点讲解了安保法案在发展过程中所涉及的一些重要国际法问题。

2015 年,日本通过了安保法案,其中体现日本在安全保障问题上的立场考虑了如下三个问题:第一,如果日本在安全力量上空白,可能使其他国家产生侵略日本的意图,为有效避免,应该采取哪些措施?第二,如果在周边环境出现影响日本安全的事态,如需力避该事态发生,需要日本采取哪些措施?第三,海上航线是日本经济繁荣的生命线,为了维护生命线的稳定,又需要采取哪些措施?本次讲座围绕这三个问题,回顾了“二战”之后日本安保法的历程。

1. 历史脉络及重大事件

(1)1946 年《日本国宪法》

“二战”之后,日本被置于以美国为首的盟军占领之下。在此异常状态背景下,1946 年通过了日本宪法,被称为《日本国宪法》。《日本国宪法》并非是应对被占领下的异常状态而暂定的基本法，而是为重生的日本所制定的一个最基本的法案。《日本国宪法》第9条规定了比较严格的和平主义方针，其内容大致是：放弃战争及战争力量，并否认交战权。该条第1款指出，日本国民衷心谋求基于正义与秩序的国际和平，永远放弃以国权发动战争、武力威胁或武力行使作为解决国际争端的手段；第2款则谈及，为达到前项目的，不保持陆海空军及其他战争力量，不承认国家的交战权。在第1款中我们可以看到，它规定了永远放弃通过战争与武力解决国际纷争这一手段，此外，尽管规定了不保持战争力量，但对自卫权尚留有余地。而研读第2款又会发现，自卫权是无法行使的。

(2)日本安保的周边环境——冷战及朝鲜战争

冷战开始后，日本的安全保障着重关注两个问题：一个是中苏关系，另一个是朝鲜战争。

1950年中苏签订的《中苏友好同盟互助条约》是立足于敌国条款之上的。在日本独立之后，如果日本在自己国家的安全保障方面拥有一定的防卫力量，按照《中苏友好同盟互助条约》，中苏可以针对日本采取军事行动。这一可能情境促使日本开始重新思考安全保障问题。

美国对朝鲜的政策改变也是日本重回武装化道路的另一个重要事件。美国由对日实施占领政策转变为培养政策。在保卫日本的名义之下，美国于1950年建立了警察预备队，1952年建立了保安队，1954年建立了自卫队。日本在周边没有实力强大的朋友，日本政府对宪法的理解是不能够行使自卫权。但因为在美占领期间，与安全保障相关的日本周边环境发生了巨大变化，所以日本在独立之后若还是坚持原有的宪法解释，那么能否保障日本安全将会演变为新问题。

(3)1951年《旧金山和约》后的日本安保

日本根据1951年《对日和约》(也就是我们所称的《旧金山和约》)，于1952年恢复独立。在《旧金山和约》中，日本应放弃的岛屿中不包括竹岛。但韩国在1952年宣布竹岛归其所有。而日本自卫队及海上保安厅囿于1946年《日本国宪法》在韩国警卫队面前毫无反手之力。这表明：在日本武力存在空白或真空的情况下，不仅将增加国家被攻击的危险，也还导致地区不稳定。因此，日本由“通过力量真空来保障地区安全稳定”的想法转变为“通过力量均衡来保障地区稳定”的想法。但是，如果想填补力量空白，就会出现一个悖论:为了保卫国家安全,需要填补力量空白重新武装,但重新武装又易招致军事攻击(如前述《中苏友好同盟互助条约》的规定)。当时,有一种想法是以借用美国集体自卫权的方式取得与中苏间的均势。这个思路是当时日美安全保障政策的一个主要想法。这需要根据《旧金山和约》第 5 条以及日美第一次签订的《日美安全保障条约》来实现。在此之中,作为美军的战略据点——冲绳的意义就变得十分重要。此后,在新的日美安保条约中,由于日本届时已经恢复主权国家的地位,新条约中双方地位显得更加平等。

(4)1960 年新条约及其第 5 条、第 6 条事态

1960 年签了新《日美共同合作与安全保障条约》(以下简称“新安保条约”),其中比较核心的是第 5 条和第 6 条。第 5 条规定,如果日本施政下的区域发生武力攻击,那么日本在个别情况之下可以同美国实施集体自卫权。在日本施政下的地域出现遭受武力攻击的事态也被称为“第 5 条事态”。第 6 条规定,为了日本安全以及远东或国际的和平与安全,美国陆海空军可以使用日本国内的设施与区域。即使实际上对日本没有直接攻击行动,针对威胁日本安全远东局势的情形,美国仍可使用位于日本的基地,这种远东情势也被称为“第 6 条事态”。在新安保条约中,作为交换,美军须要担负保卫日本的义务。新安保条约的期限是 10 年,到 1970 年终止,此时若未延长,即告失效。对此,日美各有想法:日本想以延长为条件来解决冲绳交还的问题,而美国一方面了解日本想要回冲绳的意愿,另一方面也希望延长新安保条约,并对事前协议进行修正。

1969 年,日本首相佐藤和美国总统尼克松发表声明,如果朝鲜半岛和台湾海峡发生特定情势,根据事前协议,日本要向美国保证其不会反对美国从日本基地出兵。该声明指出:若朝鲜半岛情势变化,将会对日本的安全产生“急迫”影响,而台湾海峡则会对日本产生“重要”影响。虽措辞有别,实际上对日本而言,都是很严重的影响。因而,日本不会反对事前协议中的安排。这里虽然仅是基地使用问题,但一定程度上日本可以在朝鲜半岛或台湾海峡局势变化时干预美军行动。而这种干预机制在此份声明之后便得以确立起来。

(5)中日邦交正常化

1972 年中日邦交正常化之后,如何应对台湾海峡局势,成了日本所要

面临的新问题。首先,中日关系正常化之后,台湾的法律地位到底如何?《中日关系正常化声明》中第3条规定:日本政府承认台湾是中华人民共和国不可分割的一部分,日本政府充分理解和支持中国政府的这一立场,并且支持《波茨坦公告》第8条的规定。另《旧金山和约》第2条b款表明日本放弃台湾,但是并没有规定将台湾交付何处。因此出现了《波茨坦公告》第8条所规定的《开罗宣言》一定要得到实施,日本的主权范围一定要限制在北海道、九州、四国、本州及其他明文规定的岛屿之内等内容。但事实上,日本一方面不承认台湾独立,另一方面又认为中华人民共和国并没有对台湾进行实际管辖。在日美安保条约体制下,台湾海峡出现事态符合其中新安保条约第6条的规定,那么根据佐藤和尼克松的共同声明,日本将不会阻止美国从冲绳等基地出兵,而且如上文所述,日本也会在一定程度上予以干预。综上,不难看出,中日邦交正常化背后实际上还是存在军事上的紧张关系。

2. 对于日本安保法治变化的分析

冷战结束后,日本认识到若还像冷战中那样只专注于经济发展而对国际军事援助无所作为,将置自己于更边缘化的地位。因而,日本冒出了在与日本能源输送有关的海上航线开展军事援助的新思路。在这个思路之下,与安保相关的法案也逐步地得到制定。比如1992年制定的《国际和平行动协议法》,1999年的《周边事态安全确保法》,2000年的《全国检查活动法》,2001年的《反恐特别措施法》以及2003年出台的《对伊拉克特别措施法》。

若从讲座开首提到的三个问题的思路来分析这几个法案,则与第一个问题有关的是有事法。这是关于当日本遭受武力攻击时,自卫队或美军应如何应对、国民应如何协助的法律。第二个问题与日本周边环境有关,其所对应的是《周边事态确保法》与《船舶检查活动法》。第三个问题关涉海上保卫以及与世界安全,所对应的是《国际和平行动协议法》《与阿富汗反恐相关的特别协议法》与《伊拉克特别措施法》。其中,《国际和平协议法》是指规定了参加联合国维和行动条件的法案,《阿富汗反恐措施法》是指调整参加以美军为首的在印度洋上进行相关活动(比如海上供油活动)的法律,《伊拉克特别措施法》则是规定了自卫队在伊拉克进行人道重建和安全保证援助的法律。

和平安全法律体系包含两部分:一是对国际社会的贡献,二是对日本的安全保障。在日本安保方面,比较重要的改变是原来的《周边事态安全确保法》得到了扩充,形成了《重要影响事态安全确保法》。所谓“重要影响事态”是指若放任不管就会对日本形成武力攻击的事态或对日本和平及安全产生重要影响的事态。与之前的“周边事态”相比,定义的不同之处是删除了“日本周边地区”这样的地区限定性语句;如今,在发生“重要影响事态”情况时,除了按照新安保条约第 6 条的规定行事,日本也可进行类似支援或搜索救助的活动。

与自卫权相关的事态,此前是由《武力攻击事态法》决定的。所谓“武力攻击事态”是指两个状态:一个是武力攻击已经发生的状态;另一个是武力攻击已经变得明确和这种危险变得紧迫时的事态,也就是发生事态和紧迫事态。除此之外,虽然没有达到武力攻击事态,但事态也很紧急并可以预测会出现攻击的事态,被称为“武力预测事态”。“武力攻击事态”与“武力攻击预测事态”合在一起统称为“武力攻击事态”。《武力攻击事态法》在修正后变成了新的事态对应法。据此,若与日本关系密切的国家受到攻击或者日本自身存亡处于明确危险境地之时,也允许日本动用武力,而依据就是集体自卫权。

《日本国宪法》第 9 条规定放弃战争以及禁止保有战争力量,但是根据 1972 年政府的解释,宪法序文中关于和平的生成权利,和第 3 条所谓追求幸福的权利的规定可以被解读为:宪法不可能被解释成它会禁止为了维护本国的和平与安全而采取自卫措施。但同时,按照宪法第 9 条规定的和平主义方针,自卫权不可能是无限制的。对此,政府的见解是:所遭受的外国武力攻击将从根本上摧毁国民生命、自由以及追求幸福的权利,若处于这样一种紧迫、不正常的事态之下时,为了排除这种事态而采取的必要的、最小限度范围内的行动是可以被允许的。要而言之,宪法虽然承认关乎日本存亡所必需的自卫措施,但也指出集体自卫权必须限制在必要的最低的范围之内。这便是 1972 年政府对宪法解释的一个基本思路。

实际上 1972 年政府的解释承认了“必要的最低限度之内自卫权”,如果“必要的最低限度之内自卫权”的限制范围发生改变,那么能够所能容忍的自卫范围也是可以改变的,即集体自卫权的部分允许也是可能的。从逻辑上说来的确如此。按照现在政府的说明,从根本上威胁到国民生命、自由和幸福的权利的这种比较紧迫和比较不正常的事态已经由于日本周边安全保障环境的变化而和1972年所处情势不同,所以需要对“必要的最小限度的自卫的范围”予以调整。换句话说,当下不仅对日本直接发动武力攻击会危及日本的生死存亡,即使是对他国的武力攻击也会产生同样的影响。故而,应该对“必要的最小范围”的理解加以变更并承认,即使是对此加上一些限制。这是事态对应法的一个基本思路。

关于集体自卫权的法律性质从学术上来说大致有三种理解:一是认为对他国的武力攻击构成了对本国某种实际的权利的侵害,所以可以反击;二是因为和有密切关系的国家之间有一种连带关系,这是一种共同防卫;三是援助受到武力攻击的被害国,这是从国际和平与安全的维持角度去理解的。1972年政府解释的原文认为:集体自卫权是为了阻止施加于他国武力攻击的集体自卫权。这个表述比较暧昧,并不具体,比较偏向上述第三种理解。而日本这次新近通过的法案则认为:对有密切关系的其他国家的武力攻击会影响日本的生死存亡。这种理解又与前述的第一种理解比较接近。

现今,《和平安全法》当中的集体自卫权从观念上来说比较接近于对他国的武力攻击会对本国的实际的权利造成侵害,因此允许反击。实际上,这种自卫权是比个别自卫权范围略微超出一点的自卫权。而根据现行宪法,这种“略微超出”应该是有被承认的余地的。从这种角度来说,我不认同那种只要是集体自卫权就都不被允许的观点。但是我认为,现在政府的解释肯定对以前的政府解释做出了一些变更。那么为了证明现在的事态是符合宪法的,政府应该按照国际形势的实际情况对限定的集体自卫权进行详细说明。因此,在关于这一点没有得到理解和认可的情况之下,这次的《安保法案》中的关于集体自卫权的部分承认到底是合宪还是违宪,结论尚难得出,而且也不应该在这个阶段就拿出最终结论,这是我作为一个法律人坦率的个人意见。

(二)国际法与正义战争学说:谁有正当权威?

2015年10月30日,斯德哥尔摩国际法中心主任Pal Wrange教授在北大法学院凯原楼307会议室,为北大学子们带来了一场题为“国际法与正义战争学说:谁有正当权力?”的讲座。Wrange教授从自己对于国际法/国际关系理论及历史的兴趣出发,阐释了诞生于欧洲中世纪的“正义战争学说”(just war theory)在当今的复兴,及其对当前国际法体系的渗透,以及所能带来的变革。

1. 正义战争学说的历史

正义战争学说是一个关于在何等情形下可以诉诸战争的中世纪理论体系。支持正义战争学说的理论家皆认为正义之战需同时满足三项要求:第一,战争行为必须是为了正当的事业。一般认为这其中包括纠正错误(right a wrong),或进行自卫。之所以战争可以被正当地用于纠正错误,是因为君主之间并不存在法庭以供他们平息纠纷。第二,行为背后必须伴随正当的意图,即战争只应当被纠正错误这样的动机所驱使。这一条件进而要求当权者将战争视为是不得已情况下采取的最后手段,发动战争的决定和自身利益受损的结果必须是合乎比例的。进一步而言,战争所用的手段及战时法的相关规则也应得到尊重。第三,唯有合适的权威才可以发起战争。这一相当重要的要求在中世纪欧洲有着突出的政治意涵。彼时国家概念尚未在欧洲诞生,更不必说所谓的民族国家。此时活跃在政治舞台上的各类玩家,既有同时掌握教权和世俗权威的教皇和各类主教,还包括了纷繁复杂的城市国家、王国、封国等,他们之间维持着错综复杂的法律关系。在一个如此复杂的世界中,武力便构成一项重要的政治和经济政策工具,因而有必要去讨论谁才能够正当地运用这样一种工具。尽管国际法继续要求正义战争必须是基于正当事业这一条件,该标准在实践中却更多地沦为了嘴上的空话。直到第一次大战结束、乃至第二次世界大战结束后,国家发动战争的特权才受到了质疑。联合国宪章引入了禁止使用武力的条款且只留下两项例外:自卫,或者是联合国安理会授权。关于正当权威的讨论便很少被提及,因为判断谁是国家的问题只需看看联合国成员国名单就可以解决。

然而冷战结束后,关于人道主义干涉以及保护责任的讨论使得正当权威的问题又以新的形式呈现出来。国际社会普遍承认在诸如 1994 年卢旺达大屠杀一类的情形中,武力可以被正当地运用于保护个体(而非国家)的安全,因而制止此类危机便成为一项正当事业。然而就算是在此类情形中,究竟是任何单独的国家、国家的联合抑或是联合国拥有权威做出决断,仍然未得到解答。

2. 当今国际法中的“正当权威”

实际上,国际法无法就谁才是“正当权威”这一问题提供唯一的答案。但是,最终的回答又一定会和正义战争学说,特别是具体的正当事业(just cause)问题紧密相关,例如正当防卫、保护危难中的人民,或者是民族自决。针对不同的情形,适格主体也会发生变化,或许正如中世纪时期那样,不同的主体可以在不同的事态下获得相互有区别的行动正当性。

国际法研究中尚不存在有关"正当权威"的系统性讨论。可以肯定的是,此类讨论也不会出现,因为"正当权威"以及正义战争学说本身就不属于法律,而是属于和法学理论相关的法律术语。然而,关于唯有国家才能使用武力的战争观念却也同时扎根于国际法和各国宪法之中。因此,这一主题似乎也应当是国际宪制(international constitutional)研究者会关注的最重要主题,尽管现状尚非如此。

前已提及,正义战争学说中的相关术语在有关人道主义干涉、保护的责任的讨论中频频出现。由加拿大政府于2000年设立的"干预与国家主权国际委员会"得出的相关报告,尤其值得关注。在其2001年的报告中,委员会专门阐释了其所谓"保护的责任"的三个维度,即预防、反应与重建。其中,对反应的责任的阐述明确引用了正义战争学说中的话语,例如"正当事业"与正当意图,这明显效仿了中世纪时期的论述。而在"正当权威"概念的阐述中,委员会对做出制止暴行决定的主体这一问题出现了分歧,在联合国安理会,或者包括联合国大会、合适的区域性国际组织或者是单个或多个主权国家之间等可能的选项中摇摆不定。

由此可见,安理会、国家或者其他实体间,究竟谁才具备正当的权威仍属争议问题。然而,相关的讨论却未进一步拓展到其他非国家行为者,诸如游击队、叛军这样的武装团体或者恐怖组织,是否有权使用武力。各国政府一直坚称此类实体不具合法性。尽管在关于全球反恐公约的讨论中,一些政府在嘴上表示民族解放事业或许可以成为将恐怖主义活动正当化的因素,这些政府却又在现实中就否定恐怖分子及其他非国家武装团体的问题与其他国家一次次形成统一战线。这无疑是一个未经探索的学术领域。目前还尚未有学者认为有必要从武装冲突、使用武力或者自卫的角度去分析那些受到利益驱动的主体,诸如企业或者犯罪组织。关于私人军事与安全公司的研究也只集中于国家作为雇主的情形。一般观点认为,私人军事与安全公司的雇员应当像国家战斗员一样承担责任,政府应当为其雇佣的公司的行为后果负责。然而,相关的讨论仍未触及这些实体自身是否直接受到国际法的规制的问题。

3.“正当权威”之行动及其法律后果

倘若“正当权威”这一理论范畴要在法律上具备任何意义,则需要保证某些行为者可以因为自己的权威地位而使其言辞或行动可以产生区别于其他行为者的后果。举现实情境来说,伊拉克或叙利亚情势采取干涉行为的主体“是”或者“不是”正当权威,必会产生不同的法律后果。我们还可以从另一个实例中来考察正当权威学说。在大多数国际法学者眼中,2003 年“伊拉克自由行动”的合法性取决于该行动是否已获得安理会授权,而不在乎美国是否具备正当意图(right intention)。这一判断方法看上去十分形式主义,但实际上却也适用了谁是正当权威的思考模式。任何单个个体都无权决断秩序应走向战争抑或和平;恐怕唯有寄希望于特定的权威主体时,才能保证决定的质量以及国际秩序的维持。基于 2003 年的情势,大多数学者还是认为安理会就当时情况做出的判断会更加明智,而美国也本应尊重联合国安理会不情愿干涉伊拉克的决定。

“正当权威”决定诉诸战争后,又会产生哪些可能的后果呢?第一,做出此类决定的个体将可能会为其决定承担国际法上的责任,其中包括被法庭审判。第二,当一个权威性主体决定诉诸战争时,这一行为的即刻后果便是战争状态的诞生。当冲突达到了战争或者法律上所谓的武装冲突的程度时,人道法、中立法便会生效。战争状态所能引发的法律后果包括:冲突中的各方均可以诉诸暴力,只要这种暴力不受到特别禁止,如构成侵犯人权的情况。第三,“正当权威”的存在与否还将涉及发自于该主体的邀请究竟可否使外部的干涉,或者其他形式的介入合法化。这一问题普遍存在于行使自卫权的情形中,而宪章第 51 条又授权各国可以行使集体自卫权。最后,“正当权威”还拥有在战事结束后去展开谈判的权利。谈判是成为战争冲突一方后产生的重要后果,尽管这一事项往往不会被算入是“正当权威”的职能。但哪怕是在内战之中,这一地位也常常得到承认,尽管在多数情形中政府都会试图否认叛军已经构成一支政治势力或军事力量。然而现实中“和谈权”往往会使一支叛军转化为一国国内重要的宪制力量。内战后的和谈问题当然也可以被理解做是国内事务,进而也只具有国内宪制的效力。然而,国际组织或者第三国如何看待此类谈判,则又超出了国内事务的范畴。国际观察员往往会介入到此类谈判中,相关结果也会涉及是否被联合国或其他国际组织认可的问题。

三、国际法史

（一）南京审判——谷寿夫案

2015年12月22日，联合国前南斯拉夫国际刑事法庭（ICTY）副庭长、中国政法大学国际法教授刘大群法官应北大国际法研究所邀请，以“南京审判——谷寿夫案”为主题，为大家带来了一场精彩的讲座。刘法官首先肯定了南京审判的合法性，对审判的背景和概况进行了介绍，讲解了关于审判的争议及其背后深层次的原因，并引申出关于合法法庭所必须具备的几项标准的讨论，最后分析了南京审判的不足以及重要意义。

1. 南京审判

（1）情况介绍

实际上在第二次世界大战结束以后，亚洲盟国开始筹备对于日本战犯的审判，南京军事法庭于1946年2月13日成立，主要审理1937～1938年南京大屠杀期间的犯罪，共审理了24名罪犯，8名被判处死刑，14人被判处有期徒刑，1人无罪释放，1人在监狱中死亡。

（2）争议

自东京审判、南京审判以来，关于审判的争论，从未休止。特别是在日本，东京审判被称作是“胜利者的正义”。印度法官帕尔曾在其异议意见中说道“对于南京大屠杀已公布的证据，世界不能毫无质疑地接受其夸大之词，处于交战状态的两个国家经常会出现这样的形式，交战一方或另一方总是借助对其有利的公众舆论进行宣传，使所有敌对状态中难以避免的事件得以夸大和歪曲，以煽动偏见和民族情绪，从而使争辩的真正问题变得模糊不清。”无独有偶，日本学界也存在认为南京大屠杀是国民党和共产党为了诋毁日本在中国的形象而编造的这样的论调。

日本人对于东京审判、南京审判的态度，类似于中国人对待保定审判的态度。现在我们对保定审判是非常忌讳的，认为帝国主义侵犯了中国的司法主权，是帝国主义强加于我们的。义和团运动是爱国的革命运动，但是忽略了一个底线，不管运动是爱国的还是造反的，一旦杀害无辜的平民都是一种犯罪。而河北省的代理总督对滥杀无辜不但没有制止，还公开支持。所以我们要想理解日本人对于东京审判的心态,就可以看看中国人对于保定审判的态度,东方人都有一样的问题。

(3)什么是合法的法庭

日本人说我们是“胜利者的审判”,但是其实只有胜利者才有资格进行审判。“胜利者的审判”更多是批判审判者不通过合法程序建立法庭、审判不合法、被告人的权利无保障等。是否构成“胜利者的审判”包括如下四个标准:

第一个标准,法庭是否根据合法程序建立。

这是中国有史以来第一次按照西方文明的标准,采取审判的方式来对待战争罪犯,也是我们文明史上很有意义的时刻。南京军事法院成立以后,选出了五名法官和预备法官,算是比较先进的设计,后来被前南刑庭所吸纳。南京军事法庭是根据中国国内法和国际法成立的,经过了长期的准备。日本其实也承认南京审判的合法性。另外,日本的投降书、《波斯坦公约》、《旧金山和约》也都同意执行南京审判和东京审判的判决,白纸黑字,一目了然。

第二个标准,“法无明文不为罪”这个标准是否得到履行。

国民党政府为了进行南京审判特地制定了一个审判条例,基本上是沿袭了《纽伦堡宪章》和《东京宪章》的规定。此外,国民党政府还专门颁布文件汇总了《海牙公约》和《巴黎非战公约》中的规定。其中主要是关于战争罪和一部分的反和平罪的内容。

第三个标准,被告的合法权益是否得到保障。

南京审判还是比较公正的,符合法律程序,程序总体上是保护被告人利益的,这从可以传唤证人、寻求律师帮助都可以看出。而且中国在审判过程中采取了英美起诉书制度。所有人在起诉前都收到了起诉书。其中有的起诉书写得比较详细,比如谷寿夫的起诉书就非常详细,附件中有220项犯罪事实,其中还有924名受害人的证词,目的是使战犯充分了解自己所面临的指控,以便其进行辩护,这在中国历史上绝无仅有。

第四个标准,是否有足够的证据。

谷寿夫所享受的程序权利是非常完整的,有中国、美国和日本的律师提供法律服务,而费用则由南京政府负担;他有权就对他不利的证人证词进行质问;他还传唤了一位日本人为其作证,来说明南京大屠杀的情况;他也要求很多日本将领出庭作证,但是法庭没有批准,原因是一部分人已经在菲律宾被抓后处以绞刑，还有一部分人则被法庭认为是通谋的军官。

审判当中谷寿夫和辩护律师提出了下列辩护理由：

第一，大屠杀完全是被捏造的；

第二，谷寿夫自己表示完全没听说过南京大屠杀的事情，在南京大屠杀的街上没有看见一个死人，自己是在日本的监狱里才听说的南京大屠杀；

第三，谷寿夫的部队从1937年12月12日攻入南京之后，当月21日就撤出了，与犯罪没有关系；

第四，所有严重犯罪都发生在长江一带区域，而那里并非他的辖区；

第五，他作为军官素来军纪严明，从未枉杀无辜。

此外他还提出了其他一些理由，对这些理由法庭都进行了认真的考虑。检察官传唤了一千多名证人，法庭用实际勘察来展示中华门附近的万人坑，以证明谷寿夫在中华门（他管辖地区）犯下的罪行。好多外国新闻记者的照片视频都佐证了指控。相关的法律问题有：第一，他只说自己参加了大屠杀的一小部分，只待了几天，这个是确凿的，但是法庭认为有充分证据表明大屠杀是一种有系统的、积累性的攻击事件。刑法中有共同犯罪，南京审判中法官也引入了这一概念。换言之，不是当时有人一时兴起开始了屠杀，而是有计划、有预谋、大规模、系统性的屠杀，而且屠杀持续了六周。根据共同犯罪理论，所有人——只要你参与了行动，不管你参与的是哪一部分，都需要为整个犯罪负责。这在当时国际法上是一个相当先进的理论。特别是当时天皇的叔叔发出了明确指令：不留活口。这个命令是有记载的，所有部队都接到了命令。也就是说，南京大屠杀的犯罪形态是共同犯罪。第二，谷寿夫表示自己对此不知情，因此不会存在犯意。但其实这种话是说不过去的，因为日本统战部在攻入南京之后就接到了各种报告，还有很多在南京的外国使馆的工作人员也跑到日本使馆去抗议，连东京的内阁对此也是知情的，而他自己就在城里，本身还是高级将领，根据他的自述，他的部队在南京呆的9天里有7天都在城里。当时"不留活口"的命令所有部队都接收到了，单独把他排除出去是不可能的。每一个心智正常的人都不会说自己不知道。

对于死亡人数问题，日本方面一直纠缠不放。当时起诉书上的40万计算结果，南京审判在判决中确定的是30万人，我们也延续了30万人的说法。日本的法学家与历史学家对这个数字非常敏感，争论十分之大，他们的意见一般浮动在2万人到40万人不等。但严格意义上，屠杀并不是按照人数来判定的。难道杀两万人就不是罪吗?比如说前南法庭中的赛布雷尼察案中,塞布雷尼察杀了 6000 人就被认为是灭绝种族罪了。还有一种抗辩理由是被杀害人员中存在大量的"非法战斗人员"。当时抽调到南京的部队十分混杂,所以指挥混乱,进攻的日军有 5.8 万人,但是守卫南京的中国军队有 13 万人。战乱时很多军人是脱下军装伪装成平民的,其中还有人进行了抵抗。日本人当时也分不清哪个是战斗员,哪个是非战斗员,因此把他们都统一称为"非法战斗人员",借此作为自己的抗辩理由。《日内瓦公约》中是有关于非法战斗人员的说法的,虽然还不是很成熟,但哪怕如此,也需要保护所控制人口的最基本人权,不能肆意处决。

2. 审判的不足和意义

(1)不足

第一,当时中国正在进行内战,来不及或者说顾不上将所有相关罪行都审理完毕。因此,生物实验、强迫卖淫、细菌武器、慰安妇等问题都没有进行审理。

第二,当时还面临国家元首豁免的问题。下达"不留活口"命令的天皇叔叔因为沾亲带故,在中方要求引渡时,被美军以国家元首豁免的理由所拒绝。此君一直活到 93 岁才去世。并且被判有罪的人一开始是在中国服刑,后来又因为战乱被送往日本服刑,而在朝鲜战争爆发后,也都统统被释放了,甚至好多人都成为了政界要人,比如安倍的外公成为了首相,这恐怕会对中国有伤害。

(2)重要意义

南京审判是中华民族五千年文明史上第一次对战犯进行的审判,而且根据我的研究,审判是比较符合现代法治程序与理念的。因此这个审判也是公正的审判,对于地区和平和世界和平作出了贡献,也大大增强了中国人民的法治及道德观念,是中国法制史上重要的里程碑。正如我们对保定审判讳莫如深,因为意识形态问题,南京审判遭到了雪藏,从而导致我们现在对其重视不够、所知甚少。

(二)对国际法委员会在国际习惯法编纂工作的批判

2015 年 12 月 11 日,村濑信也教授在北大法学院凯原楼 307 会议室为北大学子带来了以"Critique:ILC Work on Customary International Law"为

主题的讲座。他首先对国际法委员会的历史和工作机制进行了介绍，对国际法委员会选择国际习惯法这一过于学术性、具有模糊性的主题开展编纂活动的合适性进行了分析和批判。

1. 国际法委员会面临的几大问题

国际法委员会在20世纪50年代和60年代的历史是光辉灿烂的。那时，委员会编纂了很多公约，比如《联合国海洋法条约》《维也纳条约法公约》和《维也纳外交关系和领事关系公约》等。然而在80年代和90年代之间，因为可编纂的议题基本上已经被穷尽了，所以条约的数量有所减少。

国际法委员会现在面临的问题主要涉及两个问题：一个是成员的组成与质量。有20%的人对委员会所做的事情并不了解，有20%的人知道委员会的工作，但是他们从来不指出委员会的问题，只有20%的人会指出委员会的问题，而这就是国际法委员会的现状。对此，我们应该重新建立委员会内部的平衡。35年前，当时有更多的大学教授作为委员，而现在只有8个或者10个大学教授。委员会成员中仅有2位女性委员，来自中国的薛悍勤女士就是其中一位，她和村濑教授一起共事了两年。除此之外还有委员会内部代际平衡的问题，因为大部分的委员年龄都超过了60岁（10人是40岁以下，10人50岁，10人在50岁以上，4～5人年龄高于60岁）。如此看来，委员会人员的组成是需要得到重视的问题。

另一个严峻的问题涉及议题的选择。委员会有很多议题和条约有关，也撰写过对一些公约的评论。尽管委员会不是国际刑法的委员会，而是国际法的委员会，委员会仍会处理有关于国际刑法的议题，且为数不少。所谓编纂是将习惯法视为整体来讨论的，就像当时编纂《维也纳条约法公约》一样。但在村濑教授看来，这是几乎不可能的。很多习惯法规则是灵活的，而且习惯法的效用正慢慢降低，所以委员会需要澄清某些习惯法是否存在。人们需要去法院，法院会向你澄清，这就是习惯法的体系。习惯国际法对所有的国家都有拘束力，因此国家作出承诺是很危险的。一些官方的对国际法的评论，如法律顾问或政府机关做出的评论，或者在诉讼中最终阶段发表的言论，如果作为政府的法律顾问，村濑教授认为自己会很担心政府所做出的这些评论是否构成了习惯国际法的基本要素。村濑教授曾经针对习惯法形成的议题在国际法委员会工作了15年，如果你回顾这些声明，几乎所有的声明的最后期限都是有条件的程序，即必须要结合个案来分析，所以所有的主张都是单独成立的。委员会可能以国际法委员会起草行为指引来结束这一过程。2011 年委员会试图重新拾起这个话题。2012 年,当话题开始的时候,村濑教授发表了消极的意见。在 1950 年,委员会研究不同证据资料的方式和来源,但是这仅供国际法委员会委员自己使用。因为他们不是争论资格问题,而是需要对成员国有一个全面的理解。

2. 习惯国际法编纂工作中存在的问题

国际法委员会需要对一般性的标准有更深层次的理解。这是可以理解的。如果尝试去详细制定发现习惯国际法的判断手法,则需要从三个角度来区分。第一个角度是争端的当事方。当事方会对习惯法发表他们自己的看法,这种是主观的判断手法。另外一个角度是从法官的角度来理解习惯法,这是内在的主观的判断手法。他们要试图去解决这个问题,法官会发表自己的决定,从而影响当事人的判断。这是一个方法论的问题。但是这个方法论的问题从未被国际法委员会所重视。另外一个问题是关于这个领域里国际法院的案件的。有一个学者在 1994 年做了一个研究,针对的是即时习惯国际法。但如果仅仅从国际法院的案件出发,村濑教授认为这些案件是非常分散,远远不够证明这一观点的,因为它仅仅覆盖 5% 的案子。打个比方,一个人丢了他的表,然后他在寻找它。另一个人问他为什么就关注这里,却不到那儿找。一个人太过自信于可以在那里找到表,却不能在这里找到表。这说明就引用的国际法院的案件来说是可笑的,这相当于你忽略了 90% 的案件。如果你要寻找例子,你会很容易关注到国际法院的案子。但是这不是们研究习惯国际法的方法。

即使我们查阅国际法院的案件,仍存在一个涉及方法论的问题,出版在了欧洲国际法杂志的一篇文章上面。上个星期有位德国的学者写了一篇关于如何从国际法院的案件来识别习惯国际法的方法论,他研究了演绎推理、归纳推理和假设之间的关系。他认为,国际法院识别习惯国际法使用的更多的是归纳推理的方法而不是演绎推理的方法。但是其实在很多案件中,法官用的更多的是演绎推理而不是归纳推理的方法,这意味着他们经常从国际法的一般原则中来推导出习惯国际法,这是因为归纳推理的方法经常会失效,其中的国家实践实在是太少了。最重要的是,国际法院的案件可以主张这是他们所运用的习惯国际法。法院不用解释为什么这是抑或不是国际法。例如,在意大利诉德国国家豁免案中,法院手上仅仅有 10 个相关的案件和国家实践,法院不用去解释为什么只用 10 个案子来阐释习惯国际法。现在,伍德先生在他的文章中评论道,国际法院有一个前后一致的方法论,国际法院不需要用演绎推理的方法了。但是村濑教授对这点深表怀疑,他也说国际法院不需要用假设的方式,国际法院用的是实用主义的路径,而伍德先生认为实用主义的路径是与假设的方法是相一致的。

3. 习惯国际法编纂工作的现状与未来

现在,委员会大部分人都对这个项目非常感兴趣。委员会今年起草了指导方针。首先,委员会将这个项目的成果作为结论,但很怀疑结论的命名是否合适。这是从科斯肯涅米对国际法碎片化的研究开始的,因为碎片化是国际法委员会的研究成果,但是这对于国际法委员会来说是个常规的议题。所以村濑教授不认为结论是合理的,指导方针是有用的。结论是一些研究小组得来的。所以对这个结论的起名并不太合适。在这个项目里,委员会没有对什么是习惯法下过任何定义。其次,习惯国际法应当被理解为对所有的国家都有拘束力。在这个项目里,它包含着危险方面。再次,它是不成文法。如果这是习惯法,在民法系统的国家,则习惯用成文法,你不能用不成文的习惯法来起诉某人。这个成文法的方面是一个问题,这是需要被提醒的。现在,国际法委员会认为"双要素理论"是被支持的。国际法的三大学派中,一大学派认为只有国家实践才有可能创建习惯法,另一个学派认为,我们仅仅需要法律确信即心理要素来创建习惯法,这是一元论的观点。主流观点还是认为我们既需要国家实践,也需要法律确信。但是这个报告并没有说明为什么"双要素理论"是有偏向性的。它只是基于大部分的委员会成员倾向于"双要素理论"这一事实做出的。这是一个不一样的话题。

四、学习经验谈

2015 年 11 月 2 日,东吴大学法学院前院长杨桢教授为北大国际法专业的同学们带来了一场名为"普通法精要——学习英美法的理由与方法"的讲座。杨教授首先简要介绍了东吴大学法学院英美法教学的经验,并重点强调英美法对世界各国及国际贸易的影响,其次向同学们介绍了学习英美法的方法,最后与同学们探讨了法律人的人生规划。

1. 东吴大学法学院的经验

(1)1915 年——上海

位于上海的东吴大学法学院自 1915 年成立之初便专注于英美法教学。当时由于领事裁判权的存在,若中国人意图在由英国人占据的法租界进行诉讼,必须应用英美法,使得社会对英美法人才的需求迫切,因此东吴大学致力于英美法教育,为社会培养法律人才。上海东吴大学法学院曾涌现了一批优秀的法学家,甚至许多人后来就任了国际法院的法官。著名国际法学者吴经熊、倪征燠、李浩培等均毕业于这所优秀的法律院校。东吴大学法学院的英美法教育奠定了他们日后成功的基础。一方面,这批学子在接触过英美法教学、系统学习过诸如英美侵权行为法、契约法等课程、大力提高了英语能力后,可以很快适应国外的法学教育;另一方面,英美法教学模式培养了学生的逻辑论证能力,经过训练,他们在思考时更加细腻,这对学生未来的执业十分重要。

(2)1954 年——台北

台湾的各大法学院十分重视英美法学习。以东吴大学为例,东吴大学法学院本科法学教育为五年制,将普通法精髓列入必修课中,一年级学习《英美法导读》(An Introduction to Anglo-American Law),二年级学习《侵权行为法》(Torts),三年级学习《合同法》(Law of Contract),四年级学习《刑法与刑事诉讼法》(Criminal and Procedural Law)及《美国宪法》(American Constitution)。从课程教材到上课、考试,均以英文为主。

2. 英美法对世界各国及国际贸易的影响

(1)普通法与联合国、欧盟

英国虽已势弱,但英美法的影响力仍不可忽视。曾被英联邦统治的 150 多个国家或地区至今仍然使用普通法,或隶属普通法体系,因此,中国交往的国家中也多属普通法体系。

在联合国的主导下,国际统一私法协会协调了世界各法系,编成《国际商事合同通则》(UNIDROIT Principles of International Commercial Contracts)。不仅如此,1988 年,联合国通过《联合国国际货物销售合同公约》(United Nations Convention on Contracts for the International Sale of Goods,CISG),截至 2011 年 7 月 29 日,已有 77 个国家核准、参加或继承该公约,美国、法国、德国、墨西哥、中国等在内的重要国家均已参加。

实际上,有关货物销售(sales and goods)的法律最早起源于英国,19世纪时,英国将合同法里所有有关买卖的案例摘录并编纂成法典。这一做法而后被美国借鉴,编纂成《统一商法典》(Uniform Commercial Code)。最后,联合国参考美国《统一商法典》,以及英联邦下所有国家有关货物销售的法律,制定成CISG。

除了联合国,欧盟的影响力也不容小觑。欧盟有自己的法律,如《欧盟合同法原则》(The Principle of European Contract Law),其中亦包含英美法观念。

(2)consideration与*quid pro quo*

那么,英美法与我们的法律究竟有什么不同呢?通过几个案例,试做分析。

以合同法为例,英美合同法的重要特征之一是consideration[1],中文翻译为对价。但是,将consideration翻译为对价并不准确,*quid pro quo*才是真正的对价。美国Hamer v. Sideway案是关于consideration的著名案例,案中,叔父在参加侄儿生日派对时对侄儿承诺,若其在成年之前不抽烟、喝酒,成年之日将赠与5000元。侄儿按照叔父承诺,成年之前再未抽烟、喝酒,20岁成年之日,侄儿给叔父写信,要求其兑现承诺,叔父欣然回信,保证将兑现承诺,但因侄儿尚年轻,先替侄儿保管5000元,待其成熟后再赠,侄儿思虑后认为有理,于是答应。几年后叔父去世,侄儿向叔父遗产继承人索要5000元,遭到拒绝,于是将继承人告上法院。法院受理后,讨论本案是否具有consideration。经讨论,法院认为,consideration需要合同对双方当事人中的一方有利益(benefit to the promisor),或对另一方当事人有损害(detriment to the promisee)。本案中,叔父的承诺对叔父本人没有好处,但对侄儿有好处,不抽烟、不喝酒,省钱且对身体好,同时也有损害,被剥夺享受抽烟、喝酒的权利。这就是英美法中的consideration,一定要有利益或损害,而不完全是对价。

对价(*quid pro quo*)观念在英美国家非常普遍,在国际事务、国际谈判中也时常出现。consideration有*quid pro quo*的影子,虽不完全相同,但*quid pro quo*观念的影响还是很大的。

---

〔1〕 台湾将consideration翻译为约因,构成契约的原因。

案例 1:国际谈判无法回避“要么接受要么放弃”(take it or leave it),“要么成功要么失败”(make it or break it),讲究对价(*quid pro quo*),从谈判可以获得什么。“台澎金马个别关税领域”成为 WTO 成员时曾面临对价问题,加入前,台湾米酒价格低廉,但酒精浓度高,英美国家要求高浓度酒类必须加税,台湾不得不提升米酒价格,但因米酒制造成本低,价格提高后,很多私酒厂开始生产米酒并兑入工业酒精,导致许多市民喝后死伤,后果十分严重。此事在台湾引发轩然大波,舆论一边倒抗议,要求重新谈判,降低酒价。不得已,当局重新与 WTO 谈判,结果是可以降低酒价,但要求对价,拖延很长时间没有解决。这种观念就是英美法里的对价(*quid pro quo*)。

案例 2:朝鲜战争时,某场战役中,美国军队一个团遭遇中国志愿军一个师,前者人少武器弱,后者人多武器强,被包围后,美国团长召集开会,一致同意投降,于是被俘。朝鲜战争结束后,该美国军队回到美国,既没有被军事审判,也没有被舆论谴责,因为按照英美法对价(*quid pro quo*)的观念,如果作战,必死无疑,没有打的必要,即没有合理对价。

案例 3:王泽鉴老师留德后回台大做系主任,一次他的德国老师到台湾访问,王泽鉴老师以中国待客之道热情招待,连续数日无微不至。一年后,王泽鉴老师休假访问德国,回到母校,曾被招待的德国老师认为王泽鉴老师可能有何要求,但他只是探望老师,简单吃个午饭便离开,这让德国老师十分奇怪,不明白为何不要求回报。可见,英美对价观念的影响无所不在。

案例 4:我在学期教学结束后会请学生至家中吃饭,一次,一位女生穿了不合脚的新鞋,加上我家地板打的蜡很滑,一下子摔了跤。这位学生吃过饭几天后告我,说我作为主人没有维护她的身体。在中国,这不可想象,但在英美国家认为理所应当,主人应当维护客人的安全,如果受伤,主人需要负责。

3. 学习英美法的方法

(1)如何读案例

学习英美法案例,通常先厘清事实(fact),然后看原、被告的争议(issue)是什么,找出原、被告的争议后,分别看原告(plaintiff)和被告(defendant)的主张(argument)是什么,在这些均搞清楚后,最后看法官的判决(judgment)和理由(reason),以及法庭适用的法律原则。相较而言,更多的时间要花在最后一项,即从案例中学习法律原则。

(2)语言的重要性

语言十分重要,尤其是对于国际法学者,熟练掌握英文是必需的。

前英国首相丘吉尔的英文功底十分深厚,还曾获得诺贝尔文学奖。但他并不是天才,实际上,丘吉尔小时候并不聪明,童年在寄宿学校学习时多次留级,三年级时一再留级,四年级念了三遍,一直留在四年级念英文,以至于把英文念到深入骨髓。正是这样日复一日的学习,丘吉尔将他的英文水平练到远高于其他人,他在后来做首相的时候发表过很多漂亮的演说,打动人心。

重光葵是日本历史上著名的外交家,曾代表日本跟中国签投降书。他被外派到英国时,曾跟随一位英国老师学习英语,学习的教材是《伦敦时报》的社论。老师不讲解,只是让崇光葵每日念社论给她听,在念了一年之后,崇光葵的英文大有长进,十分出色。学习英文,必须开口念。

4. 法律人的生涯规划

我从两方面介绍法律人的生涯规划,一方面是继续深造,另一方面是执业。

继续深造可以选择到英美国家继续读书,例如美国的 JD、LL. M,如果选择从事学术,还需要 JSD 或 SJD 学位。再者,还有 LLD 学位,不过 LLD 是学校主动给在学科上有重大贡献的学者颁发的学位。

关于执业,在美国,如果能通过律师资格考试,拿到律师执业资格,无论从事商业还是做律师,都大有裨益。英联邦国家的律师制度更富特色,如澳大利亚、新西兰等,学生在学校完成本科学业后,如果选择做律师,并不直接考试,而是需要在律师事务所实习 1 年,才能取得律师资格。英国本土的律师区分 solicitor 和 barrister,solicitor 是不能出庭的小律师,barrister 是可以出庭的大律师,要想成为 barrister,必须到 Inns of Court 念书。从 Inns of Court 毕业要求很高,除了考试及格,还需要吃满 50 顿饭,即正式着装,邀请一流人才,如文学家、哲学家、音乐家等,边吃饭边讨论,通过这 50 顿饭的熏陶,成为绅士。

人生很短,以十年为计,共有三次机会,一个人只要能把握好一次便可成功。人生可被划分为几个阶段:16 ~ 20 岁,20 ~ 30 岁,30 ~ 40 岁,40 ~ 50 岁,50 ~ 60 岁。其中后三十年最为重要,选对行,努力奋斗,10 年就可以成功。青年人的人生大有可为,现在开始奋斗,一切都不晚。

5. 结论

以我的老师李俊大博士的故事作为结尾,希望他的勤学精神能够鼓励更多人。李老师 1950 年跟随蒋介石到台湾,从警察做起,但他志向高远,不满足于做警察,于是白天上班,晚上到东吴大学开办的夜班学习英美法。李老师十分刻苦,他把所有案例背下来,以第一名的成绩毕业。毕业后,李老师恰好赶上美国 SMU(Southern Methodist University)到台湾招生,于是他又以第一名的成绩赴美攻读 MCL(Master of Comparative Law)。一年后,李老师以特优成绩毕业,回到台湾。而后,李老师又申请到耶鲁大学攻读 LL. M 和 SJD 学位。李老师在耶鲁大学读书期间非常用功,除了背案例,他每天下课后都会看当天的《纽约时报》,一两点入睡,早晨早起念英文,如此常年坚持,李老师的博士论文也是以特优毕业。拿到耶鲁大学学位的李老师并不满足,在已经成功开办一所大的律师事务所的情况下,李老师毅然关掉事务所,以 50 多岁“高龄”,到哈佛大学深造。李老师在哈佛大学期间继续发挥他的拼搏精神,三年后顺利拿到博士学位。有着耶鲁大学法理学博士、哈佛大学法律博士双学位,以及一手极其漂亮的英文,李老师仍不满足,他很遗憾没去牛津大学继续读书。从一个警察一步步成长为耶鲁哈佛的双博士,这就是李老师的真实故事,他的勤学精神值得我们学习。

《北大国际法与比较法评论》约稿函

《北大国际法与比较法评论》(以下简称《评论》)是由北京大学法学院主办的一本辑刊,是国际法(含国际公法、国际经济法和国际私法)与比较法领域中的专业学术出版物。《评论》由法律出版社出版,公开发行,现向全社会广泛征稿。

《评论》定位于高水平学术出版物,坚持学术自律、自主和自尊的方针。内容以论文、译文、评论和书评为主,同时还包括国际司法实践、重要文件资料、学术活动综述、中国国际法实践等栏目。

《评论》面向国内外征集稿件。《评论》按照严格和标准的审稿程序审读来稿。审稿人员从全国知名学者中聘请,采用双向匿名审稿制,坚持以学术水平为唯一的审稿标准。初审通过的论文由编辑部隐去作者的姓名和工作单位后,交由审稿人评审并提出书面评审意见。审稿意见包括是否可以采用或者如何进行修改并阐述相关理由。对于审稿人提出不予采用或者应予修改的论文,编辑部隐去审稿人的姓名和工作单位后交还作者,作者可以书面方式提出不同意见,由编辑部复审。

《评论》采用一般学术刊物通行的注释体例。引用他人著作时,应依著作权法的规定注明出处,如出现版权纠纷,由作者自行负责。来稿请附中英文“标题”,250 字左右的中英文“内容摘要”和 3 到 5 个中英文“关键词”,译文须附原文。另外,来稿须注明作者的真实姓名、学历、任职单位、职称和联系方式。来稿须提供电子版(存为 word 文档)。

《评论》长期征稿。向《评论》的任何投稿都会在收稿之日起三个月内回复录用情况,请勿在审稿期内将稿件投向他处,如改投他处,请务必来信告知。

《评论》原则上对决定刊用的稿件不支付稿酬,但赠送作者两册样书,只在本刊认为适当的时候支付稿酬。

来稿请发送电子邮件至 E - mail:pku_intl@ foxmail. com。欢迎垂询、提出建议或意见。

《评论》主页如下:

http://www. pkulaw. cn/cluster _ form. aspx? menu _ item = journal&EncodingName = &search_tj = journal_id{3a63&Db = qikan&keyword = &range = name&

《北大国际法与比较法评论》编辑部

2016 年 8 月

Note to the Contributors

Peking University International and Comparative Law Review (PKUICLR) is an annual official publication sponsored by Peking University Law School and edited by Editorial Office of the journal. It is the first academic journal in People's Republic of China specializing in international law and comparative law.

PKUICLR welcomes manuscripts on current topics of international and comparative law. Editorial Office invites submissions of Article, Comment, Note, Book Review and Case Study or Miscellaneous within the field of international and comparative law.

PKUICLR prefers original contributions, which means they have not been previously published. Those works presented to PKUICLR in different languages could be translated into Chinese if accepted for publication. Author must observe the academic norms and moralities, avoiding any plagiarism. Authors would not be paid for their submissions, nonetheless, two sample books (*the journal*) will be provided.

Besides a complete text body and 3 – 5 key words, any paper shall have an abstract with maximum 150 words, summarizing/clarifying its main arguments and conclusions. The paper should also be attached with a brief introduction of the author, including name, positions, education backgrounds, contact information and any other Info that the author considers as necessary.

The Editorial Office receives submissions throughout the year and all contributors are required to submit electronic version of their manuscripts in

Microsoft Word format (2000 or above) to email: pku_intl@foxmail.com.

Should there be any question, do feel free to contact via the Email address mentioned above.

PKUICLR's Chinese homepage follows as:

http://www.pkulaw.cn/cluster_form.aspx? menu_item = journal&EncodingName = &search_tj = journal_id{3a63&Db = qikan&keyword = &range = name&

Editorial Office,

Peking University International and Comparative Law Review

August, 2016

图书在版编目(CIP)数据

北大国际法与比较法评论. 第14卷:总第17辑 / 北京大学法学院编. —北京:法律出版社,2017
ISBN 978-7-5197-1035-4

Ⅰ. ①北… Ⅱ. ①北… Ⅲ. ①国际法—文集②比较法学—文集 Ⅳ. ①D99-53②D908-53

中国版本图书馆CIP数据核字(2017)第151528号

北大国际法与比较法评论. 第14卷:总第17辑 **BEIDA GUOJIFA YU BIJIAOFA PINGLUN. DI 14 JUAN:ZONG DI 17 JI**	北京大学法学院 编	策划编辑 韩满春 责任编辑 韩满春 装帧设计 李 瞻

出版 法律出版社
总发行 中国法律图书有限公司
经销 新华书店
印刷 固安华明印业有限公司
责任校对 郭艳萍
责任印制 陶 松

编辑统筹 学术·对外出版分社
开本 720毫米×960毫米 1/16
印张 15.25
字数 237千
版本 2017年8月第1版
印次 2017年8月第1次印刷

法律出版社/北京市丰台区莲花池西里7号(100073)
网址/www.lawpress.com.cn
投稿邮箱/info@lawpress.com.cn
举报维权邮箱/jbwq@lawpress.com.cn
销售热线/010-63939792
咨询电话/010-63939796

中国法律图书有限公司/北京市丰台区莲花池西里7号(100073)
全国各地中法图分、子公司销售电话:
统一销售客服/400-660-6393
第一法律书店/010-63939781/9782 西安分公司/029-85330678 重庆分公司/023-67453036
上海分公司/021-62071639/1636 深圳分公司/0755-83072995

书号:ISBN 978-7-5197-1035-4 **定价**:52.00元
(如有缺页或倒装,中国法律图书有限公司负责退换)